NFT 현명한 투자자

NFT
현명한
투자자

초판 1쇄 발행 2022년 2월 25일
초판 2쇄 발행 2022년 3월 5일

지은이 김동은

펴낸이 손은주 **편집** 이선화 김지수 **마케팅** 권순민
경영자문 권미숙 **디자인** Erin

주소 서울시 마포구 희우정로 82 1F
문의전화 02-394-1027(편집) **주문전화** 070-8835-1021(마케팅)
팩스 02-394-1023
이메일 bookaltus@hanmail.net

발행처 (주) 도서출판 알투스
출판신고 2011년 10월 19일 제25100-2011-300호

ⓒ 김동은 2022
ISBN 979-11-86116-33-3 03320

※ 책값은 뒤표지에 있습니다.
※ 잘못된 책은 구입하신 곳에서 바꾸어드립니다.

알투스

Illustrated by Darin

《 현명한 투자자를 위한 작은 조언 》

예술은 가상세계를 닮았다. 예술품은 현실세계의 다른 상품과 다르다. 종이 한 장 위에 그려진 모나리자의 가치가 수십 개의 빌딩보다 더 높은 것은 특별한 작품세계를 담고 있기 때문이다. 가상세계에서 전시되고 거래되는 작품들은 커뮤니티에서 인정을 받는다면 예술 본연의 가치를 더 제대로 보증 받을 수 있다.

그것이 NFT다. NFT는 이 세상의 오래된 질문, "예술이란 무엇인가?"에 대한 가장 정확한 답을 주고 있다. 더불어 작품 활동을 하는 모든 작가에게, 작품을 감상할 줄 아는 모든 감상자에게, 작품을 거래하며 이익을 추구하는 거래자에게, 새로운 시대의 문을 이미 열어두었다.

그 문으로 들어가느냐 마느냐는 각자 자유다. 그러나 세상의 모든 변화가 그래왔듯, 그 문을 늦게 들어서는 자에게 좋은 자리는 남아있지 않다. 이제 필자는 이 책의 독자님들 손을 붙잡고 그 문으로 함께 들어가기를 제안한다.

프롤로그

NFT에 투자하지 않는 것은
살면서 만나는 큰 기회를 흘려보내는 것과 같다.
그러나 조건은 '현명한 투자자'가 되어야만 한다는 것이다.

지금 어느 오지의 공터에 인기 있는 골동품 시장이 하나 펼쳐져 있다. 사람들은 너도나도 몰려들어서 좌판을 깔고 무엇을 팔거나 무엇을 사고 싶어 한다. 그 공터의 시장을 누가 주최하고 누가 감독하고 누가 관리를 하는지 안 하는지도 모른다. 그 시장이 바로 지금의 NFT의 현상을 말해준다.

NFT 열풍이다. NFT에 투자하려는 사람, NFT를 활용하려는 기업의 주식과 코인에 투자하려는 사람, 자신의 예술적 재능을 NFT로 발행하려는 사람들이 점점 많아지고 있다. 분명 NFT가 미래에 더 커지고 더 지배적인 기술이 될 것임은 분명하다. 그러나 공터의 시장에 몰려드는 사람들처럼 아무것도 모르고 달려드는 것은 대단히 위험하다. 이 책은 그 시장에 달려들기 전에 단단한 채비를 갖추어 현명한 NFT 투자자가 되는 것을 돕기 위해 쓰였다.

NFT는 지금 대중화를 시작했고, 심지어 암호화폐도 미래비전이 아닌 현실, 정확히는 가상세계에서의 쓰임새와 유통을 구현하기 시작한 단계이기 때문에 지금은 대중화의 극 초기 상태라고 할 수 있다.

실제로 가상자산 거래소에서 코인을 투자하는 대다수는 거래소가 회원가입과 함께 내부에 만든 전자지갑 주소 외엔 실제 자신의 전자지갑을 가지고 있지 않은 상태이다.

현명한 투자자는 본질을 알아야 한다. 그래야 극 초기의 시장에서 수많은 변형과 기만의 이유와 원리를 꿰뚫어 보고 지속적으로 올바른 방향으로 투자를 진행할 수 있다. 물론 모두의 관심이 집중되는 초기 버블의 폭발적 차익에 투자하는 것도 하나의 투자 방법이라고 할 수 있겠으나 장기적 관점의 NFT 투자, 현명한 NFT 투자자가 되기 위해서는 더 많은 것에 대해 알고 있어야 한다.

사용자와 구매자 입장에서 무언가를 자세히 알기 위해서는 제작자, 서비스 사업자가 어떤 점을 추구하여 어떤 방법으로 만드는지를 아는 것이 가장 좋다고 생각한다. 아니 사실은 이것이 유일한 방법이다. 내 투자를 받기 원하는 상대가 어떤 방식과 의도로 제안을 설계했는지 상대의 상황을 알아야 올바른 투자를 할 수 있는 것이다.

터무니없이 높은 이율을 제시 받았다면 현명한 자는 왜 그런 이율이 가능한지 논리를 따져볼 것이고, 그 논리에 희망적인 믿음이 섞여 있다면 타당성을 스스로 평가하고 신용의 가치를 매길 것이다. 만일 그 논리에 불법, 기만, 사기, 부도덕이 있고 투자자가 그 불법이나 비도덕성에 편승하려는 탐욕을 가지고 투자를 결정했다면 이는 양심을 지키기 이전에 커다란 리스크로 돌아올 것이다. 왜냐하면 기본적으로 사기는 영악한 자가 무지한 자의 탐욕을 훔치는 것이기 때문이다.

필자는 코인이 안전하고 NFT가 확실한 미래이니 얼른 여기 투자해서 큰돈을 벌라고 권유할 생각이 없다. 버블은 매우 크게 존재하며 그 버블을 하이 리스크 하이 리턴의 투자 기회나 속칭 '눈먼 돈'을 훔칠 기만의 기회로 보는 자들이 혼재하고 중앙의 통제와 관리를 기반으로 하는 국가 법령은 이를 따라오지 못하고 있다. 누군가가 자신의 재산을 지켜줘야 한다고 믿는 투자자는 여러 가지 법률로 보호되는 제도권에 투자를 해야만 한다. 저자는 이 책이 NFT에 투자하기로 결정했으나 현명한 투자를 하기 위한 지식을 먼저 확보하려는 독자들에게 유용한 정보 중의 하나로서 존재하길 원한다.

특히 지금처럼 극 초기 상태로 어떤 표준적인 서비스 방식이 안착되지 않은 상황에서는 그 구현원리를 조금 더 깊게 이해해야만 지금부터 이루어질 NFT의 다양한 시도와 새로워 보이는 제안들의 장단점을 직접 예측할 수 있다. 이런 이유로 이 책에서 다루는 내용들은 NFT 투자를 생각하는 독자 외에도 NFT 작가, 세계관 제작자, NFT 서비스 기획자를 대상으로 한 폭 넓은 내용을 다룰 것이다.

　NFT의 기술적 의미는 소유권을 매길 수 없었던 디지털 상품에 대해 등기부등본처럼 소유권을 부여하는 것이지만, NFT의 사회적 의미는 우리가 돈을 버는 구조, 우리가 살아가는 방식에 대한 혁명이다. 그래서 NFT를 모르는 것은 새로운 삶의 방식을 모르는 것과도 같다.

　이 책은 NFT가 추구하는 마지막 지점인 세계관부터 역순으로 짚어갈 것이다. 단순히 NFT가 무엇인지 용어설명으로만 이해하고 어떻게 투자하는지 절차만 이해해서는 현명한 NFT 투자자, 진정한 가치투자자가 될 수 없기 때문이다.

　마음이 급한 독자 여러분은 43가지 질문 코너의 안내를 따라 필요하신 부분부터 읽어도 좋을 것이다. 자, 이제 현금-은행-암호화폐거래소-암호화폐-전자지갑-NFT마켓-NFT-작가-프로젝트-커뮤니티-로드맵-서비스-메타버스-세계관을 역순으로 짚어 나가 보자.

프롤로그 06
NFT 43가지 질문 16

1장
NFT는
어디에서 왔는가

1. 세계관에서 출발한 디지털 세상
° 점 하나에서 시작되는 세계관 41
° 키워드에 남긴 엄청난 정보량 47
° 답이 없는 질문에 대한 답 50
° 팬덤은 NFT에 대한 모든 것의 시작 51

˚유니버스 크리에이터 53
˚문제는 사람이며, 존경심 57
˚세계관과 스토리는 어떻게 다른가 60
˚팬덤 경제의 동력, 세계관 63
˚아이돌 그룹의 세계관 70
˚세계관 구축 방법 73
˚세계관 활용을 위한 조언 77
˚세계관을 만드는 방법 81

2. 세계관이 만든 메타버스 시대
˚메타버스와 게임 87
˚메타버스라는 신대륙 89
˚메타버스 사회의 서비스 91
˚메타버스와 데이터 자산 93
˚메타버스 시대는 무엇이 다른가 95
˚메타버스의 문화, 세계관 98
˚메타버스의 파생 산업들 99

3. NFT를 즐길 사람은 누구인가
˚메타버스의 참여자는 누구인가 111
˚부캐가 소비의 주체 115
˚충성고객이 될 수도, 저항군이 될 수도 119
˚부캐의 집단화 121
˚기업과 부캐 집단 123
˚메타버스 세상에 최적화된 Z세대 125
˚메타버스에서 팬덤은 어떻게 생성되나 126
˚기업이 메타버스 세상에서 커뮤니티를 만드는 방법 130
˚메타버스와 금손 132

2장
NFT는
무엇인가

1. NFT는 어떻게 만들어졌나
° 무형이 존재를 증명하는 NFT 137
° 블록체인이란 무엇인가 140
° 블록체인에서는 왜 위조가 불가능한가 144
° 탈중앙화의 의미 148
° 암호자산이 에이전시를 대체한다 150
° 비트코인은 어떻게 쓰이는가 154
° 멋진 이더리움 157
° 코인과 토큰의 개념 159
° 암호자산이 무슨 효용이 있는가 162
° 가상세계에서는 암호화폐가 쓰인다 165
° 암호화폐도 NFT도 모두 컴퓨터 코드 166

2. NFT와 암호화폐의 새로운 자본주의, 토큰이코노미
° NFT는 디지털 세계의 상품이자 자산 171
° 코인은 카지노 칩이 아니다 173
° 주식과 암호화폐의 차이 177
° 화폐만 유독 디지털화가 안 돼 있다 181
° 코인이 오르면 커뮤니티가 흥한다 183

°코인 펀더멘탈에서 커뮤니티의 역할 186
°NFT마켓의 수수료가 저렴한 이유 189
°NFT가 갤러리를 대체하면 벌어지는 일 191
°NFT마켓에서 암호화폐의 변동성 193

3. 문화예술의 NFT가 새로운 문명을 만든다
°예술의 가치는 원래 무형의 가치다 197
°NFT아트가 더 예술에 근접해 있다 201
°예술이라는 영역의 해석이 바뀐다 203
°NFT가 문명을 만든다 205
°온라인 문화혁명 속의 NFT 209

4. 커뮤니티가 NFT의 가치를 만든다
°작가의 삶이 달라진다 215
°커뮤니티는 나를 중심으로 한 커뮤니티다 217
°커뮤니티는 커뮤니티를 거절한다 224
°무한 복제를 해도 존재하는 가치 227
°가치는 커뮤니티가 결정한다 232
°NFT에 따라 커뮤니티 성격도 달라진다 234
°커뮤니티의 결정판, 제너레이티브 아트 236
°NFT를 소유할 때의 가치 242

5. NFT 작품 활동은 어떻게 해야 하나
°NFT 세계에서 실패하는 작가의 유형 247
°생각할 시간에 출시를 하라 249
°NFT아트 첫 작업은 어떻게 하나 251
°디지털 세상의 문법 253
°작품의 수량은 어떻게 결정하나 254

3장
NFT에 어떻게 투자하는가

1. NFT에 투자하는 방법
- '돈 되는 NFT 추천 좀 해주세요'라는 질문 259
- NFT투자의 순서 262
- ① 어디서 어떻게 사야 하나? 263
- ② 작가를 확인해야 한다 266
- ③ NFT아트의 가치는 어떻게 평가해야 하나 270
- ④ 소문은 복제되고 가치는 작가와 구매자가 함께 만든다. 275

2. NFT아트의 종류
- 아트워크 NFT 281
- 컬렉션형 NFT 281
- 유틸리티형 NFT 283
- 커뮤니티형 NFT 285
- 채굴용 NFT 288
- 투자형 NFT 289

3. NFT 투자할 때 놓치지 말아야 할 것
- 로드맵을 볼 줄 알아야 한다 293
- 가상 사례; NFT를 통한 오픈 월드 공연장 제작 및 공연 295
- 3D NFT와 영상 NFT에 대한 생각 298
- NFT게임에 투자하는 것 301
- NFT 프로젝트에서 가장 중요한 것 303
- NFT 프로젝트는 얼마나 크고 치밀해야 하는가 306

4장
오픈씨에 계정을 만들고 거래하는 방법

인터넷 브라우저 선택 315
오픈씨 Opensea.io 둘러보기 316
콜렉션; 프로젝트, 콘셉트 320
콜렉션; 개인 계정 336
전자지갑 • 메타마스크 338
콜렉션; 내 계정 350
NFT 구매와 판매; 이더리움 352
콜렉션; 폴리곤 367
오픈씨의 코인들 379
콜렉션; 클레이튼 382
전자지갑 387
전자지갑; 두 지갑 주소 통일하는 방법 392
NFT 구매와 판매; 클레이튼 402

5장
파운데이션에 경매하는 방법

Foundation 소개 417
Foundation 이용 방법 418
Foundation 크리에이터 429

NFT 43가지 질문

1. NFT란 무엇인가?

암호화폐에 그림이나 글씨를 써놓고 이를 유통한다면 안전한 거래가 가능할 것이다. 비유하자면 NFT는 암호화폐라는 돈에 그려진 그림이라고 할 수 있다. NFT는 이렇게 특정 블록체인 기반에 존재하는, 암호화폐 비슷한 구조의 디지털 콘텐츠이다. 주로 이미지, 3D, 영상, 소리 등의 디지털이미지로 구성된다.

2.암호화폐는 정확히 무엇인가?

암호화폐는 전자 보너스 포인트나 은행에 전산 입력된 돈의 숫자 같은 것이다. 기존의 포인트나 은행 전산 통장의 숫자가 각종 보안장치로 꽁꽁 싸매져 중앙에서 관리하는 것이라면, 암호화폐는 거래장부를 암호로 적어 수천 군데 복사해서 뿌려서 이걸 한꺼번에 조작할 수 없도록 해 변조를 방지하는 방식이다.

3.블록체인은 무엇인가?

블록체인은 컴퓨터 프로그래밍 기술이다. 이름 그대로 블록을 체인처럼 연결하는 기술인데, 동일한 파일을 체인으로 연결된 수많은 컴퓨터에 똑같이 복사해서 전송하고, 내용을 확인할 때 그 복사된 파일 여러 개를 읽고 비교해서 원본을 확인한다.

4. NFT가 왜 주목받나?

가장 큰 이유는 언제든 어디서든 손쉽게 거래가 가능하기 때문이다. 기존에는 미술품을 거래할 때 여러 가지 경로와 인증을 거치고 그 과정에서 수많은 수수료 부과 단계가 있고 배송과 보관의 문제가 있지만 NFT는 정말로 매우 간편하고 확실하다. NFT는 무형자산의 거래 용도로 구상되었고, 저작권 등의 가치를 나누는 것이 초기 시도였지만 NFT아트라고 불리는 예술품이 유통되면서 활성화되었다. 저마다 다채롭고 창의적이고 아름다운 작품들이 지금도 계속 나오고 있다. 마치 웹소설이나 웹툰이 출판의 문턱을 낮추고 일반인들의 참여를 이끌어 내어 번영하게 된 것과 비슷하다.

NFT는 암호화폐 기반인 탓에 비트코인 등 코인의 투자가치를 인지한 사람들의 참여를 통해 자금이 유입되고 있다. 덕분에 첫 번째 이유로 든 '손쉬운 거래'와 결합하여 생각보다 많은 자금이 유입되고 있다. 컴퓨터 모뎀 통신, 인터넷, 인터넷 게시판 카페 커뮤니티는 트위터, 페이스북 등을 통해 소셜네트워크, 즉 사회라는 이름에 걸맞게 발전했고 이제 메타버스라고 통칭되는 본격적인 시각적 가상사회를 눈앞에 두고 있다. 그림이나 음악, 디지털 콘텐츠를 비트코인처럼 안전하게 거래할 수 있는 NFT는 이제 새로운 문화, 예술의 소통방식이 될 것이다.

5. NFT를 믿을 수 있나?

믿을 수 있는 곳에서 믿을 수 있는 작품을 사야 한다. 물론 믿을 수 있다는 뜻이 가치 상승을 보장하진 않는다. NFT뿐 아니라 모든 투자의 성과는 믿을 수 있을 때까지 기다리는 정도의 차이라고 생각한다. 블루칩이라 불리는 대기업 상장사에 투자하는 방법도 있고, 무명의 스타트업에 투자하는 사람들도 있다. 둘 다 각각의 투자자에게 유불리의 사정이 있고 리스크와 장단점의 차이가 있다. 하지만 잘되고 못되는 문제 이전에 이 NFT가 속임수나 사기가 아닌지 구분해야 할 것이다. 몇 가지 확인을 통해 조금 더 믿을 수 있는 NFT를 찾을 수 있다.

6. NFT는 버블이 아닌가?

버블은 현재 매우 크게 존재한다. 새로 등장하여 대중의 관심을 모은 상품, 서비스, 시스템, 기술은 초기에는 무엇이나 버블이란 소리를 들었다. 물건이든 부동산이든 주식이든 그 무엇이든 내용을 모른 채로 오르니까 내지는 오를까봐 사는 자금이 모이면 버블이 된다. 물론 버블에 투자하는 것도 엄연히 하나의 단타 투자 방법이라고 생각한다. 하지만 그 위험은 본인의 책임이다. 오르니까 사는 사람들을 노리고 차트나 가격 같은 지표를 속여 가치가 낮은 것을 높여 보이게 속이는 사람들이 당연히 있기 때문에 위험도도 매우 높다. 버블에 투자하는 사람들의 돈은 그 대상, 즉 NFT가 아니라 사기꾼이 훔쳐 가는 것이다. 필자는 독자가 현명한 NFT 투자자가 되어 버블이 아니라 NFT에 투자하길 권한다.

7. NFT에 투자한다는 게 무슨 말인가?

가치 있는 것에 투자하는 지침은 주식이나 펀드 모든 투자에 통하는 말이다. NFT아트 본연의 가치에 투자한다면 손실의 위험이 적거나 나름의 의미를 부여할 수 있을 것이다. 물론 그 외에 NFT도 투자가치를 올리려는 많은 새로운 방법을 시도하고 있다.

8. NFT의 가치는 어떻게 판단하나?

모든 가치는 가치를 부여하는 사람들의 무리에게서 나온다. 내가 태어난 장소, 내가 좋아하는 그림, 내가 좋아하는 상표는 나에게 있어 남보다 가치가 높다고 할 수 있다. 이런 나 같은 사람들이 모여 있는 커뮤니티가 내가 좋아하는 것의 가치를 유지해 준다. 그러니 여전히 필요한 것은 나 자신의 주관이다.

> 경우 1: 만일 다른 사람들의 가치 판단에 의존해서 돈을 버는 투자를 하는 것이라면 될 수 있으면 큰 커뮤니티에서 인정받는 것을 골라야 한다.
> 경우 2: 더 큰 배수의 상승을 노린다면 앞으로 성장 가능성이 있는 소규모 커뮤니티에서 인정받는 저가의 NFT를 노려야 할 것이다. 더욱 신중해야 하

고 위험하다.

경우 3: 하지만 자신이 진짜 마음에 든 것이라면 상승과 확률에 관계없이 삶의 만족도를 높여줄 것이고 이것이 현명한 투자라고 할 수 있다.

9. 그래서 어떤 NFT가 오르나?

FEWK;와 DDOGG를 권한다. Opensea.io와 http://ddogg.world 에서 살 수 있다. 왜 이것을 권유하냐면 필자가 만든 NFT라서 여러분이 이걸 사면 내가 코인을 벌기 때문이다. 투자 권유란 것이 결국 이런 것이다. 그러니 현명한 NFT투자자들은 표준적인 방법과 자신의 소신에 따라 스스로 판단해야 한다. 모든 가치는 그것이 가치가 있다고 생각하는 커뮤니티가 부여하는 것이다. 내가 어떤 커뮤니티에 들어있는지, 어느 커뮤니티에 들어갈 것인지도 중요한 요소인 것이다. 좋은 NFT를 찾았다는 것은 좋은 커뮤니티를 찾았다는 말이기도 하다.

10. NFT는 어디에서 구매하나?

NFT마켓에서 구매할 수 있다. 작가들이 올리거나 마켓에서 화랑처럼 선정한 작품을 올린다.

11. NFT마켓은 어떤 것이 있나?

오픈씨, 파운데이션 등이 대표적이다. 국내 NFT마켓 거래소들도 있다. 클레이튼의 그라운드X가 운영하는 https://klipdrops.com/, 서울옥션과 관계된 https://xxblue.com/, 코인 거래소인 업비트가 운영하는 https://upbit.com/nft, 마찬가지로 코인 거래소인 코빗의 https://nft.korbit.co.kr/, 작가들이 주로 클레이튼 기반의 NFT를 오픈씨에 유통시키기 위한 경로로 사용하는 https://mytems.io/나 https://www.krafter.space/도 NFT마켓이라고 할 수 있다. 그 외에도 수많은 커뮤니티 전용의 작은 NFT마켓이 있다.

12. NFT마켓은 어떻게 이용하나?

가장 유명한 마켓인 오픈씨https://opensea.io와 파운데이션https://foundation.app/의 사용법을 뒷 부분에 첨부하였다. NFT마켓의 사용법은 인터넷 쇼핑몰이나 게시판과 크게 다르지 않다. 단지 NFT를 결제하기 위한 전자지갑으로 로그인하는 경우가 대부분이고, 결제에 블록체인별 전자지갑을 사용한다는 부분이 번거로울 뿐이다. 특히 국내는 전자지갑보다 결제에 사용할 암호화폐를 구하는 것이 매우 번거롭게 만들어져 있다.

13. NFT마켓에 가입하려니 뭘 만들라는데? 전자지갑이 뭔가?

전자지갑은 암호화폐를 보관하는 프로그램이다. 쉽게 생각하면 인터넷 쇼핑을 하는 독자라면 접해 봤을 네이버페이, 카카오페이, 페이코, 페이나우, 시럽페이 등의 암호화폐판 지갑이라고 생각하면 된다. 이 페이들은 회사의 중앙 서버 방식이지만, 전자지갑은 기본적으로 개인용이기 때문에 별도의 설치가 필요하다.

14. NFT마켓에 전자지갑이 필요한 이유는?

코인으로 NFT를 거래하기 때문이다. NFT는 기본적으로 '돈에 그린 그림'이란 표현대로 블록체인 코인 시스템을 바탕으로 하기 때문이다.

15. 전자지갑은 어떻게 만드나?

전자지갑마다 만드는 방법이 조금씩 다르다. 뒷 부분에 사례를 통해 설명해 놓았다. 범용적으로는 메타마스크가 유명하고 클레이튼 코인은 클립이나 카이카스라는 암호지갑을 쓴다.

16. 전자지갑은 어떤 것을 만들어야 하나?

국내에서는 메타마스크, 카이카스가 가장 유명하다고 할 수 있다. 그 외에도 세계적으로는 Coinbase Wallet, WalletConnect, Fortmatic, Bitsky, Venly 등이 있다. NFT 거래소마다 쓰는 지갑이 다를 수도 있다. PC용, 모바일용 등이 있다. 메타마스크가 가장 유명하다. 마이크로소프트 엣지나 익스플로러, 구글 크롬에 메타마스크를 설치할 수 있다. 메타마스크 다운로드 https://metamask.io/download.html

메타마스크가 유명한 블록체인 코인을 대부분 커버하고, 국내에서 만들어진 클레이튼 코인 역시 조금 복잡한 방법으로 추가할 수 있지만, 클레이튼은 카이카스라는 지갑을 설치하는 편이 낫다. 카이카스는 아직 마이크로소프트 엣지와 익스플로러를 지원하지 않지만, 크롬 익스플로러용 확장 프로그램을 사용할 수 있는 기능이 있다. 크롬 웹스토어에 접속해 kaikas를 검색하면 [다른 스토어의 확장 허용]이라는 승인 요청 버튼이 화면 상단에 나온다. https://chrome.google.com/webstore

클레이튼은 카카오톡〉더보기〉전체서비스〉클립에서 제공하는 전자지갑을 쓸 수도 있지만 이 지갑은 클립 자체 NFT 외의 다른 클레이튼 기반의 NFT에 대해서 폐쇄적이고, 사용자의 정보인 지갑 개인키를 공개해주지 않아서 권유하지는 않는다. 2021년 현재 클레이튼 기반의 NFT라 하더라도 작품을 클립 지갑으로 보내서는 안 된다. 작품을 찾을 수 없게 된다.

17. 왜 여러 가지의 전자지갑이 있는가?

그건 NFT 블록체인의 기반이 서로 다르기 때문이다. 일단 지갑에 관계없이 어떤 메인넷과 연결될 수 있느냐가 중요하다.

18. NFT는 어떤 코인으로 사나?

그것은 NFT마켓마다 다르다. NFT마켓 자체가 코인의 활성화를 위해 운영되는 경우가 많아서 지금은 거의 중간 수수료가 없는 형태로 운영된다. 예를 들어 오픈씨Opensea.io 같은 경우 다른 지갑들을 지원하긴 하지만 기본적으로 이더리움 블록체인 기반이다. 국내에 사용하는 작가가 소수여서 이 책에서 크게 다루진 않지만 지명도가 있는 힛앤눈크https://hicetnunc.art/ 같은 경우에는 테조스XTZ라는 암호화폐를 사용한다.

19. 왜 NFT마켓마다 코인이 다른가?

NFT가 코인에 새긴 그림이기 때문이다. 어떤 코인에 새겼느냐에 따라 프로그래밍 코드가 일치하는 코인을 주로 쓰는데 이를 블록체인 기반이라고 한다.

20. 그렇다면 어떤 코인이 있나?

코인은 아마 독자들은 알고 있을 비트코인BTC, 이더리움ETH이 대표적이다. 거래소를 방문하면 정말 많은 코인을 볼 수 있다.

21. 너무 코인이 난무하는 것 아닌가?

기본적으로 모든 코인은 마치 국가화폐처럼 저마다의 신용을 가지고 있다고 여겨야 한다. 국가는 지구에서 가장 큰 커뮤니티 단위이기 때문에 국가화폐는 그에 맞는 신용도를 가지고 있지만 달러, 원화, 위안화, 엔화는 인지도가 낮은 다른 나라들의 통화와 신용도 차이가 있다고 할 수 있다. IMF 시절의 원화 신용도는 매우 낮았을 것인데, 그것은 암호화폐식으로 설명하자면 달러:원화 교환 풀pool에서 달러가 바닥나고 있었기 때문이다. 암호화폐는 다른 코인과 교환되기 위한 풀을 가지고 있다.

어떤 나라의 화폐 신용도는 스타벅스나 국내 백화점 상품권보다 그 신용도가 더 낮을 수 있다. 이것을 누가 보증하는가? 아무도 보증하지 않는다. 이상한 말이지만 한국통화도 어떤 보증도 하지 않는다. 국가는 통화에 개입할 뿐이지 금본위제 등으로 부르는, 돈을 반드시 무엇과 교환해 준다는 보증은 없는 것이다. 오직 신용뿐이다. 독자가 이름을 잘 모른다고 걱정할 필요가 없다. 독자가 이름을 모르는 코인은 독자층에게 신용도가 낮을 수밖에 없다. 이 신용은 독자가 거래소 상장 여부, 시가총액이나 거래량 등을 통해 부여하게 될 것이다. 물론 그중에는 지인의 권유도 있겠지만 이 역시 신용의 부여는 독자가 스스로 판단해야 할 권리이자 책임이다.

22. 그 코인들이 전부 NFT에서 쓰이는가?

그렇지는 않다. 코인의 유통을 돕기 위해 NFT마켓을 운영하는 경우도 많다. 그래서 결제를 그 코인으로 하도록 하거나 적어도 수수료를 그 코인으로 내도록 한다. NFT마켓을 정한 후 그곳에서 사용되는 코인을 알아보는 것도 좋은 방법이다. 요즘은 여러 코인을 지원하지만, 어쨌든 주로 사용하는 코인이 있는데 그 이유는 NFT가 특정 블록체인에 속하기 때문이다.

23. 블록체인 기반이 다르다는 게 무슨 뜻인가?

블록체인 기반이 다르다는 것은 지금 단계에서는 코인마다 저마다의 블록체인 기반이 있다고 생각하면 된다. 즉, 코인마다 블록체인 기반이 다르다. 비트코인, 이더리움, 클레이튼 등 우리가 아는 모든 코인이 전부 독자적 블록체인을 기반으로 하는 것은 아니다. 그중에는 코인이 아닌 토큰들이 있기 때문인데 토큰은 아래에 설명하겠다. 지갑들은 코인 초기에는 블록체인별 전용 지갑이 있었지만, 지금은 멀티 메인넷을 지원한다.

24. 메인넷은 또 무엇인가?

이 블록체인을 운영하는 인터넷 망을 주로 '메인넷'이라고 한다. 나중에 더 자세히 설명하겠다. 지금 단계에서 그렇게 중요한 것은 아니다. 코인들은 블록체인 기반이며 메인넷이 있고, 토큰은 같은 메인넷에서 운영된다는 것만 알아 두자.

25. 코인과 토큰은 무슨 차이인가?

자체 블록체인을 가지고 있으면 코인, 그 코인의 블록체인 기반에 속한 일종의 '가족 코인'은 토큰이라고 부른다. 가령 클레이튼은 코인이고, 클레이튼 기반으로 생성된 '위믹스'는 토큰이다.

물론 이것은 기술적 구분일 뿐 토큰도 구조가 코인과 동일하기 때문에 거래소에서는 구분 없이 거래된다. 요즘은 원화^{KRW}로 사고파는 거래소에 상장되면 코인, 스왑을 하는 교환소에 있는 것을 토큰이라고도 하는데 정확한 것은 아니지만 이렇게 해석되기도 한다는 것을 알아 둘 필요는 있다.

26. 구체적으로 어디서 코인을 구하나?

우리나라 거래소는 업비트, 빗썸, 코인원, 코빗이 있다. 거래를 위해서는 거래소 가입 후 은행계좌를 등록하면 주어지는 개인 가상계좌에 돈을 입금하고 거래소에서 필요한 코인을 구매한다.

27. 거래소에 없는 코인도 있다던데?

모든 코인과 토큰이 거래소에 상장되는 것은 아니다. 일단 기술적으로 개인이 토큰을 만드는 데는 5분도 안 걸린다. 그냥 컴퓨터에 '내 코인 30억 개'라고 타이핑해서 게시판에 올리는 것과 기술적으로 큰 차이가 없다. 상장은 보통 심사를 거치며 법적 기준과 유통량, 백서라는 사업 비전을 검토하고 신용 상태를 본 후 상장되어 거래된다. 거래소마다 상장된 코인이 다를 수도 있다. 예를 들어 다른 곳에는 있는 클레이튼이 업비트에는 없는데 그 이유는 업비트의 대주주가 카카오이고, 클레이튼은 카카오 계열사에서 만들었기 때문에 상장이 금지되어 있어서 없는 것뿐이다.

28. 이름도 못 들어 본 코인은 어디서 구하나?

토큰들은 스왑이라고 부르는 교환소에서 거래된다. 이곳은 달러나 원화와 같은 법정화폐를 다루지 않는다. 가령 클레이튼을 이더리움과 교환하거나, 거래소에 상장되지 않은 토큰을 다른 토큰과 교환비에 따라 교환하는 곳이다. 이곳에서는 거래소와 달리 호가와 매가의 체결이 아닌 교환비에 의해 자동으로 교환이 이뤄진다. 해외에는 유니스왑, 팬케이크 스왑https://pancakeswap.finance/ 등이 있고, 국내에는 클레이튼 기반의 클레이 스왑https://klayswap.com/이 있다.

29. 거래소와 교환소는 무슨 차이가 있나?

거래소는 한국통화를 기반으로 하고, 주식처럼 호가와 매가의 결합으로 거래된다. 교환소는 스왑이라고 불리며 법정화폐를 사용하지 않고 코인과 토큰 간의 교환기능을 제공한다.

30. 교환비와 호가/매가가 뭔가?

호가/매가는 주식처럼 파는 사람이 내놓은 가격에 사거나, 사는 사람이 내놓은 가격에 파는 것을 말한 것이다. 교환비는 달러 환율처럼 그 비율에 따라 내가 원하는 만큼 교환할 수 있다는 뜻이다.

31. NFT에 종류가 있나?

NFT아트의 가장 기본적인 형태라고 할 수 있는 아트 NFT부터 수집용 컬렉터블 트레이딩카드, 소유하면 다른 서비스에서 해택을 주는 유틸리티 NFT, 컴퓨터 조합으로 일정수량을 만드는 제너레이티브 아트가 있는데, 제너레이티브 아트는 소셜 커뮤니티에서 프로필 사진 등으로 사용되는 PFP Profile Picture NFT, 디지털 아이덴티티 등의 용도가 있다.

32. 제너레이티브 아트가 무엇인가?

제너레이티브 아트는 마치 게임 캐릭터의 갑옷이나 무기, 액세서리를 만들듯 파트별로 컴퓨터로 조합된 대량의 NFT이다.

33. 작품을 살 때 어떤 절차로 사야 하나?

마음에 드는 작품이라는 것이 정석이겠지만 가치를 판단하려면 먼저 작품 가치의 상실 위험요인을 확인하고, 작가와 커뮤니티를 확인해야 한다.

34. 작품 가치의 상실 위험요인이 무엇인가?

스캠, 저작권 침해, 작품 포기, 신원불명, 진행 중단 등이 있을 수 있다. 스캠은 오픈씨opensea.io 같은 경우 누구나 자유롭게 작품을 올릴 수 있음을 악용해 제목과 작품을 그대로 도용하는 경우이다. 저작권 침해는 작품이 작가 자신의 것이 아니거나 타인의 저작권을 침해한 작품을 올리는 경우이다. 이 경우 작품이 관리자 측에 의해 직권 말소가 될 수 있다. 작품 포기는 작가가 작품을 조금 올리다가 NFT를 포기하는 경우로 작품 가치를 상실하게 되는 요인이 될 수 있다.

NFT는 실명을 밝힌 유명 작가도 있지만 SNS 계정, 닉네임이나 프로젝트명만으로 작품 출품 등이 진행되는 경우가 많다. 작가 혹은 진행 측이 해킹하여 계정을 탈취하거나 다른 필명으로 전향해 버리는 신원불명의 경우도 있을 수 있다.

진행 중단은 여러 개의 계정을 운영하다가 잘 되는 쪽에만 집중하는 경우, 프로젝트 팀으로 운영하다가 팀이 여러 이유로 해체되어 프로젝트가 중단되는 경우, 프로젝트 부진 등을 이유로 중도에 더 이상 관리하지 않는 경우 등에 발생할 수 있다. 완판되지 못한 제너레이티브 아트에서 이런 일이 많이 발생한다. 독립된 코인을 쓰는 NFT 마켓의 경우 기반이 되는 코인의 대중성이 높지 않을 때 나중에 거래가 어려울 수도 있다.

35. 그럼 위험요인은 어떻게 피할 수 있나?

이를 완벽히 막는 것은 불가능할 것이다. NFT의 폭발적 가치 상승으로 초기 진입이 필요하고, 그에 따라 리스크가 발생하기 때문이다. 작가를 선별하는 믿을 수 있는 NFT 거래소에서 구매하는 것도 리스크를 줄이는 한 방법이다. 대형 프로젝트형 NFT의 경우 제휴를 체결한 대형 조직과 공식 홈페이지를 갖추고 있다. 이 경우 작품에 에이전시 비용이 포함되어 있을 수 있다.

첫 번째 방법은 작가의 신용을 확인하는 것이다. 작품을 구매할 때 연결된 트위터 등의 소셜네크워크 계정, 계정에 연결된 팔로어들을 확인함으로써 어느 정도 확인이 가능하다. 스캠 작품을 진짜 계정으로 연결하는 경우가 있기 때문에 신용할 수 있다고 믿어지는 소셜네트워크 계정에서 작품으로, 역으로 링크를 통해 이동한 후 구매하는 것을 권한다.

두 번째는 제너레이티브 아트 등 프로젝트형 NFT의 경우 로드맵을 확인하는 것이다. 로드맵의 지난 경과가 어떻게 지켜졌는지 확인하는 것도 방법이다.

세 번째 방법은 커뮤니티의 품질을 확인하는 것이다. 작품이 마음에 든다면 본인이 그 커뮤니티에 들어가길 권한다.

네 번째 방법은 작가가 얼마나 꾸준히 작품을 제작하여 왔는지 확인하는 것이다. 이 때문에 많은 작가의 첫 작품은 올린 지 대략 2.5개월 이후 부터 팔리기 시작한다.

다섯 번째 방법은 각 NFT 플랫폼에서 제공하기도 하는 볼륨을 확인하는 것이다. 볼륨은 작품의 거래 액수, 소유자 숫자, 거래량의 정보를 제공한다. 극 초기에는 모든 것이 낮을 수밖에 없지만 규모가 좀 큰 경우에도 볼륨이 제공하는 정보의 숫자가 낮다면 주의해야 한다.

여섯 번째 방법은 블록체인의 기록을 확인하여 홀더holder, 보유자 숫자와 거래 빈도를 확인하는 것이다. 블록체인별로 모든 거래를 투명하게 볼 수 있는 방법을 제공하는데 클레이튼을 예로 들자면 https://scope.klaytn.com/nft에서 NFT를 검색하고 정보를 확인할 수 있다.

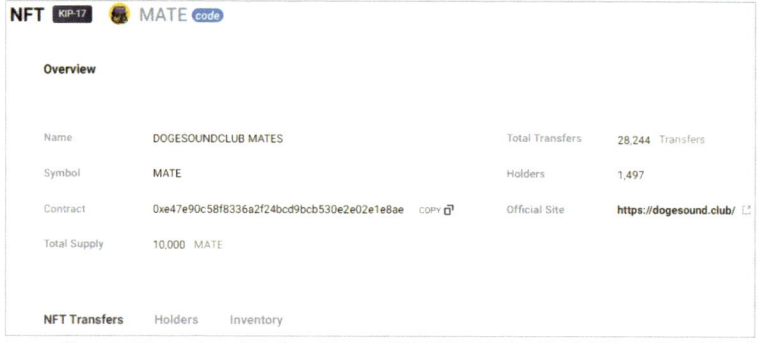

https://scope.klaytn.com/nft/0xe47e90c58f8336a2f24bcd9bcb530e2e02e1e8ae?tabId=nftHolder Doge Sound Club의 mate 홀더들

36. 커뮤니티의 품질이란 것은 무슨 말인가?

투자자는 여러 종류가 있을 수 있다. 필자는 모든 유형의 투자자가 작품과 커뮤니티의 발전에 나름의 도움을 주기 때문에 존중받아야 한다고 생각한다. 가령 제너레이티브 아트 투자자 중에 작품과 관계없이 며칠 내에 재거래 가격이 두 배가 넘기를 바랄 수도 있다고 생각한다. 이들은 초기에 프로젝트를 빠르게 부스트업 시켜주는 역할을 한다. 하지만 이들의 입김에 의하여 작가나 운영 측이 무리한 가치 상승의 계획을 강행하는 분위기일 수도 있고, 운영 측이 프로젝트를 매출로만 보고 판촉을 위해 고수익을 암시하는 등 과대 광고를 했을 수도 있다.

37. 커뮤니티에는 어떻게 들어가는가?

NFT 작품들이 모여 있는 컬렉션이나 작가의 프로필 등에 기재되어 있다. 작가 소통용으로는 트위터, 인스타그램 등이 주로 쓰이고, 커뮤니티용으로는 보통 카카오톡 오픈채팅과 디스코드, 텔레그램을 쓴다.

38. 제너레이티브 아트를 구매할 때 민팅을 하라고 하는데?

제너레이트 아트 민팅은 주로 지정 홈페이지에 전자지갑을 연결하고 '민팅'이라는 것을 하면 정한 금액이 지갑에서 차감되고 랜덤으로 NFT가 발행되어 전자지갑에 들어오는 형태가 일반적이다. 민팅이란 영어로 Minting이며 NFT가 발행되는 것을 의미한다. 그래서 구매자가 민팅을 한다는 뜻은 그전까지는 발행되어 있지 않다가 전자지갑의 코인과 교환되면서 그때 랜덤으로 발행된다는 의미이다. 제너레이티브 아트는 적은 수부터 많은 수까지 저마다 다른 분량이 발행되다가 최근에는 보통 1만 장을 발행한다. 이때 1만 장을 모두 발행해서 전시해 두고 판매할 경우 뒤에 참여한 사람들이 '이미 먼저 온 사람들이 좋은 것을 다 가져갔을 것이다.'라는 막연한 불안감을 주어 구매가 잘 이루어지지 않기 때문에 랜덤으로 발행되는 제너레이티브 아트가 선호된다.

이 경우 NFT 간의 구조적 가치 차이가 있는 것은 아니고 보통 재거래를 할 때 사람들이 선호하는 요소들, 레벨이나 희귀성, 색깔의 맞춤이나 예쁜 모양 등의 기호가 다르게 적용된다.

39. 커뮤니티에 들어오는 사람들이 로드맵이 있냐고 묻는데?

로드맵은 NFT 프로젝트를 진행하는 쪽에서 가지고 있는 향후 계획서 같은 것이다. 이 NFT를 어떻게 확장하고 발전시켜 어떻게 가치를 향상시킬 것인지에 대한 내용이 적혀 있다. 작가가 만드는 NFT 아트는 작가가 계속 작품 활동을 통해 실력을 발전시키는 것이 대부분이기 때문에 딱히 로드맵이 있을 필요가 없지만, IP사업 등의 방향으로 발전시키려는 NFT나 기업이 발행하는 NFT들은 가치 향상을 위한 사업 활동들이 필요하다. 대표적으로 제너레이티브 NFT나 뉴스에서 자주 보는 '가상의 땅을 NFT로 파는 활동' 등이 그렇다.

40. 로드맵에는 뭐가 적혀 있나?

로드맵에는 앞으로 어떤 사업을 하고, 어떤 콘텐츠를 만들며, 어떤 흐름으로 NFT의 가치를 올려 커뮤니티의 증대, 투자 수익의 증가를 꾀할 것인지가 적혀 있다. 이는 단순히 사업계획을 넘어 문화와 예술의 기반이 되는 세계관을 가진 커뮤니티로서의 성장을 다루기 마련이다. 예를 들어 '가상의 땅을 파는 것'은 많은 조롱거리가 됐지만, 실제로 그 땅 NFT가 충분히 팔렸을 경우 운영 측은 이 콘셉에 암호화폐를 지불한 사람들의 무리, 즉 커뮤니티와 '암호자산'을 가지게 된다. 돈과 구매자를 가졌다면 무엇을 못하겠나. 그래서 이제 3D나 2D로 된 게임같은 가상세계와 그 안의 땅에 건물을 지을 수 있는 기능, 캐릭터를 가지고 들어갈 수 있는 기능들이 구현되고, 그 건물을 직접 만들 수도 있지만 NFT로 건물을 살 수도 있다면 이제 가상세계 건축가들이 멋진 집을 지어서 NFT로 판매할 수 있다.

이 가상세계에는 자신의 땅에 NFT 건물을 설치할 수 있는 기능이 있을 것이다. 그러면 이제 특히 '땅값'이 높았던 곳 중심으로 '땅값'에 비례하여 더 화려하고 높은 가격의 건물들이 설치되고, 그 안에서 또 NFT 전시회나 NFT 상품을 판매하는 행사가 열리게 된다. 거리에는 사람들의 캐릭터들이 돌아다니고, 하얀색 민무늬 캐릭터에 질린 사람들은 이제 모자나 의상, 신발 등의 NFT를 구매해서 자신을 치장하게 된다. 이런 식으로 NFT로 형성된 커뮤니티는 NFT아트를 콘셉트와 세계관으로 발전시키고 콘텐츠, 서비스, 플랫폼, 소셜 네트워크의 가상경제를 품은 세계, 즉 메타버스로 발전한다. 여기에 세계관이 필수적으로 요구된다.

41. 메타버스는 무엇인가?
메타버스에 대해서는 정말로 많은 논의가 이루어지고 있다. 일단 트위터나 페이스북 같은 SNS 뿐 아니라 VR, 3D, 2D 컴퓨터 그래픽으로 만들어진 가상공간에서 참여자들이 가상 캐릭터를 가지고 돌아다니며 암호화폐 기반으로 경제 활동을 하고 NFT 기반으로 문화예술 활동을 하는 인터넷 서비스라는 정도로만 이해하기로 하자.

42. 그럼 세계관은 무엇인가?
세계관은 이 메타버스 커뮤니티가 공동체로서 함께 향유하는 특별한 용어나 디자인, 단어, 철학, 예술, 표현양식 등을 포함하는 지식체계 같은 것이다. 무협이나 판타지, SF, 추리, 핵전쟁, 동물의 숲, 해리

포터, 스타워즈, 아이돌 가수들의 초능력 세계 설정, 아기공룡 둘리나 펭수, 농장을 경영하는 세계 등도 세계관의 한 모습이라고 할 수 있다. 크게는 기독교적 세계관 혹은 공상과학 세계관, 백설공주나 중세 해적 세계관도 있을 수 있다. 이렇게 사회를 구성하는 테마와 콘셉트 그리고 그 안의 문화, 예술, 철학, 패션, 문명 수준, 사람들이 주로 하는 일과 경제구조 등을 규정한 것이 세계관이다.

43. NFT 구매라는 것을 정리하면 어떻게 연결되나?

'NFT 투자가 핫한데 어떻게 사야 하나?' 라는 독자의 니즈가 '현명한 NFT 투자자'로 연결되기 위해서는 독자 - 한국통화 KRW - 은행 - 코인거래소 - 암호화폐 - 전자지갑 - NFT마켓 - NFT - 작가 - 프로젝트 - 커뮤니티 - 로드맵 - 서비스 - 메타버스 - 세계관으로 관심의 단계를 이어가야 한다.

Created by WhtDrgon(김동은) • NFT 작품 • A granny in a fishing village

1장

NFT는 어디에서 왔는가

1. 세계관에서 출발한 디지털 세상

° 점 하나에서 시작되는 세계관

'NFT는 어디에서 시작된 것인가?'라는 질문을 받으면 나는 세계관을 말할 것이고, 그 세계관은 점 하나에서 출발했다고 말하겠다. 자, 여기 점이 하나 있다. 점은 존재 그 자체를 제외한 모든 것, 즉 길이, 넓이, 부피, 높이가 없는 가상의 존재이며 모든 구조와 이야기의 근본이다. 그리스식 작도법 형태를 가져와서 말해 본다면 두 개의 점을 찍은 후 원을 그려 교차점을 기반으로 도형을 만들어 간다. 임의의 두 점 사이의 거리는 기본 단위가 되고 이 두 점은 무에서 규칙과 도형, 표현과 예술을 만들어 간다. 이러한 역할에서 점은 스토리텔링, 특히 게임식 스토리텔링과 유사하다. 이는 세계관이 선형적 구조인 서적이나 애니메이션, 영화보다 비선형 구조의 게임에서 더욱 필요로 하며 발전했기 때문이다. 메타버스라는 가상세계 역시 이 비선형 구조를 가지고 있기 때문에 기존의 온라인 게임과 유사한 구조를 가지게 된다.

아무것도 없는 곳에서 이야기를 시작해 보자. 바로 문자 그대로의 의미인 원점. 여기 점 하나를 찍겠다. 여기 점이 하나 있다는 것만으로 의미와 가치를 가지기는 힘들다. 그래서 존재의 의미를 만들어주는 것이다. 점이 존재하려면 최소한 어떤 '생각'을 해야한다. 생각은 무엇인가? 그것은 '결정'이다. 점이 혼자 있으니까 '독獨'이며 결정을 하니까 '단斷'이다. 이것을 '독단'이라고 불러보기로 한다.

백지의 점

점은 홀로 결정한다. 우리 역시 마찬가지이다. 우리를 표현하는 모든 것을 제거하고 기본을 남긴다면 결정만이 남는다. 독단적이다. 우리는 모두 어쩔 수 없이 독단적이다. 아니 독단적이어야 한다. 등 떠밀려서, 오라는 데가 없어서, 부모님의 바람 때문에, 상황에 치여서 어쩔 수 없이, 가장 가격이 싸서 등등의 여러 가지 이유로 결정하지

*SCIENCE VS MAGIC

만, 결국 모든 것은 자신의 인생에 대한 스스로의 '의사결정'이다. 독단은 곧 의사결정의 엄중함을 말하는 것이다.

창작의 세계에서 독단은 창작자의 스토리이며 주인공의 행동이고, 독자의 입장에서는 상상의 자유이다. 그렇다면 저 마음대로 하면 되는가? 이때 세계관이 이러한 독단을 통제한다.

---

*가상의 세계를 하나 생각해 보자. 거기에 필요한 것은 줄 달린 돌멩이와 땅바닥이 전부이다. 점으로 연결하여 직선을 긋고, 점이 아닌 곳으로 연결하면 원이 그려진다.

우리는 모든 것을 독단한다. 하지만 주변의 여러 이유, 합리성, 최대의 이익을 이유로 그것이 독단이 아니라고 믿는다. 스스로의 의지가 아니라고 믿는 결정을 한다. 예를 들어, '가장 가격이 싸서 산 것이지, 내가 원해서 이 제품을 고른 것은 아니다.', '가장 빠른 길로 간 것이지 내가 원해서 그 길을 선택한 것은 아니다.', '직장 상사가 시켜서 했을 뿐이며, 남들이 다 그렇게 하니까 그렇게 한 것이다.' 이렇게 스스로 내린 결정조차 독단이 아니라고 생각한다. 이 결정의 지점을 잘 봐야 한다. 세계관은 특별한 기법을 통해 '반드시' 동일한 결정을 내리게 만드는 위대한 트릭을 구사한다. '예측 가능'하다면, '결정 유도'도 가능하다. 게임 속 전쟁에서는 자원 관리 대상 중 하나인 '정보'에 위조된 정보를 집어넣어 상대의 고유한 의사결정을 내가 원하는 방향으로 결정되도록 유도한다. 이렇게 정보를 창조해 내서 자연스러운 의사결정을 만드는 것이 세계관의 영역이 된다. 쉽게 말하면, '의사결정에 사용되는 정보를 위조하는 것' 그것이 세계관이다.

재미있는 세계관이라는 것은 흥미 있는 구성요소가 있다는 뜻이며 독자가 그 안의 재미있는 스토리를 기대하는 것이지 세계관 자체가 재미를 위해 존재하는 것이 아님을 잊으면 안 된다. 세계관은 재미에 대한 기대를 북돋운다. 왜냐하면 세계관은 정보를 통해 독자로 하여금 스스로 자연스럽다고 여기는 의사결정을 유도하는 작업이기 때문이다.

호숫가의 집. 점

다시, 점을 하나 찍는다. 이것은 호숫가의 집이다. 여기 호수가 있고, 그 옆에 집이 있다. 우리는 그 집 지붕이 어떻게 생겼는지 알고 있고, 재질과 색상도 알고 있다. 문이 있을 것이고, 손잡이를 잡으려고 하면 그 모양도 알 수 있다. 그리고 문을 열면……. 무엇이 보이나? 우리 모두 각자 생각하는 것이 다를 것이다. 하지만, 그 집 옆에 '빨간 포르쉐' 리무진이 서있다고 한다면, 이제 집의 디자인이 달라질 것이다. 그 집의 지붕이 빨간색이라고 하면 모양과 다른 구성요소들도 달라질 것이다. 이때, 이 빨간색이 세계관 설정의 키워드가 된다.

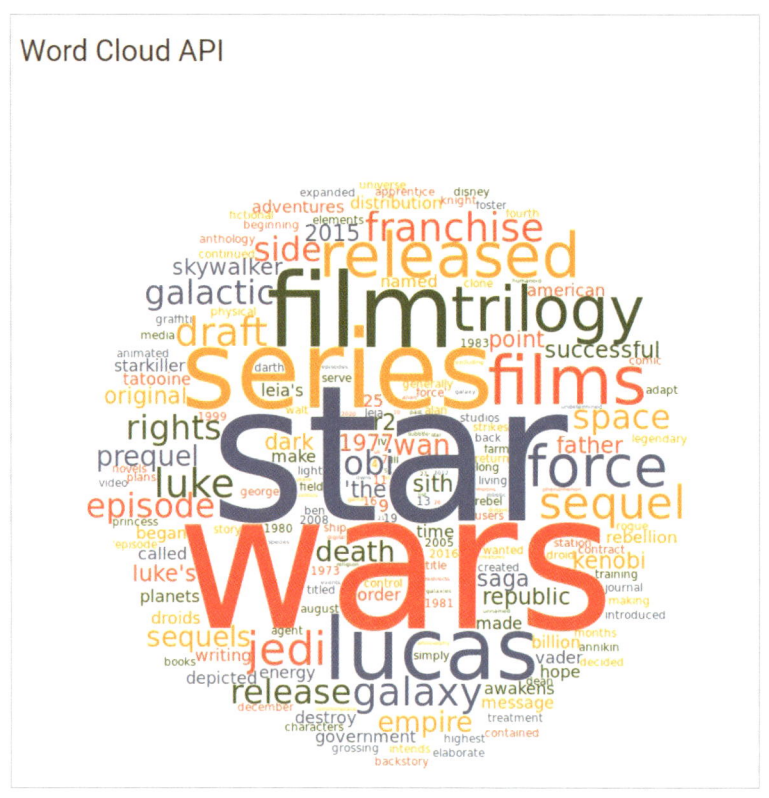

세계관이 제공하는 정보들

　세계관은 이 즉흥적으로 만들어진 '호숫가의 집'에 대한 내용을 공식적으로 체계화하는 것이다. 스토리는 말과 글을 일렬로 늘어놓아 내용을 전달하지만 세계관은 언어에 가까울 뿐 재미있는 스토리가 아니다. 키워드가 세계관의 대사가 된다. 세계관은 키워드로 말한다. 스토리가 장면으로 구성된다면 세계관은 이 키워드가 모인 워드 클라우드의 형태를 지닌다. 이를 태그라고 하기도 하고 검색어, 분류어라고 하기도 하는데, 이런 단어들은 일종의 콘텐츠 식별 전문용어가 된다.

이 빨간 점들은 점점 저마다 제각각으로 진행되던 사람들의 상상을 비슷하게 만들기 시작한다. 이 수많은 빨간 점이 모이면 키워드 클라우드가 되고 세계관을 형성한다. 이 이미지들의 결과물이 애니메이션이나 영화로 나온다면 비슷해질 수 있다. 하지만 세계관은 1차적으로 이 세계관으로 규정된 프랜차이즈에 가맹한 창작자들을 위한 것이다. 그러니 비주얼로 상상을 규정하는 것은 너무 이른 판단이다. 사람들의 디렉션, 즉 의사결정을 보호하면서도 일치감 있는 작품군이 나와야 한다.

° 키워드에 담긴 엄청난 정보량

키워드에는 생각보다 더 많은 정보가 담겨 있다. 문명 수준이나 문화, 언어, 종교, 인물, 사건 등등……. 이루 말할 수 없이 많은 내용이 단 하나의 단어에 연결될 수 있다. 우리가 아는 모든 정보에는 용량이 있는데 이것이 e메일보다는 전화 통화, 전화 통화보다는 대면으로 일을 더 부드럽게 진행할 수 있는 이유이다. 키워드는 선언보다는 연결을 통해 자신을 드러낸다. 그런데 이 키워드의 용량 속에는 독자의 경험에 따라 호숫가의 집처럼 자동으로 채워지는 부분도 있는데, 이 공백을 의도적으로 사용하는 것이 세계관 스토리텔링의 핵심 기술 중 하나이다.

객체간 정보량과 연결

　위의 34kb 정도의 용량인 이 사진은 어떤 정보를 함축하고 있는가? 사진은 실체가 아니다. '현실과 구분할 수 없는'이라는 말도 허상이다. 사람들은 실체와 사진 사이에 자신이 가지고 있는 경험이 없다면 그걸 실체처럼 인식해 버린다. 이 사진에 대한 기초정보가 있다면 거기에 얼마든지 새로운 정보가 만들어질 수 있고, 키워드가 유지된다면 새로 들어온 정보도 같은 것으로 인식될 수 있다.

　그렇게 하나의 키워드에 담기는 내부 정서가 같아지고 그것이 세계관 제작의 존재 이유가 된다. 세계관은 대를 잇는 사업의 핵심 가치를 유지시킨다. 마블의 *마블 시네마틱 유니버스MCU가 서로 다른 시공간 속에서도 계속 유지되며 팬들의 인정을 받는 이유이다.

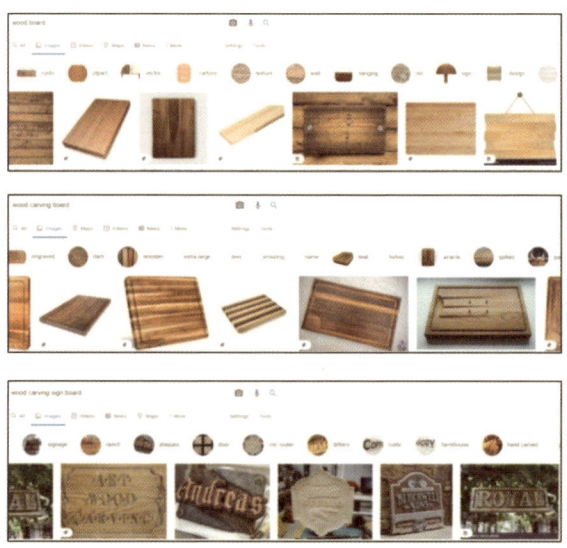

객체화와 키워드 정보 확보

　호숫가의 집에서 대문 위에 어설프게 이름을 새긴 간판이 하나 붙어 있다면 우리는 상상에 앞서 그 간판의 재질이 무엇인지 어떤 모습인지 상상할 기본 정보가 필요할 것이다. 우리는 'Wood carving sign board'라는 키워드를 통해서 자료를 검색하게 된다. Wood board, Wood carving board, Wood+Carving+Sign+Board의 차이점을 보자. 정확한 키워드는 이래서 필요하다. 키워드를 객체화해서 다른 연결고리를 찾아내는 것이다. 이 방식은 세계관을 제작할 때 자료의 확보, 그리고 연결 구조를 만들 때 쓰인다. 이것을 '객체화'라고 부를 수도 있다. 스토리의 흐름을 키워드라는 객체로 분리하는 것이다.

---

*MCU는 마블코믹스의 만화 작품에 기반을 두고 마블 스튜디오가 제작하는 슈퍼히어로 영화를 중심으로 드라마, 만화, 기타 단편작품을 공유하는 가상의 세계관이며 미디어 프랜차이즈이다.

°답이 없는 질문에 대한 답

관례적
예로부터 굳어져
계속 전해 오는 것

파격적
일정한 격식을 깨뜨리거나
정례를 벗어나는 것

집단의 독단

앞서 '의사결정에 사용되는 정보를 위조하는 것'이 세계관이라고 규정하였다. 정보 위조는 전쟁에 비유하기 위해서 쓴 단어이니 독자가 작가의 의도대로 상상하게 하기 위해서는 어떤 방법이 있는지 생각해 보자. 세상에는 답이 없는 질문에 대한 답이 있다. 트렌드가 가장 대표적이다. 다음 세대의 트렌드는 무엇인가? 앞으로 시장에서 먹힐 콘텐츠는 무엇인가? 트렌드에는 얼리 어답터가 있고, 트렌드 세터가 있다. 패션 디자이너와 패션쇼, 선두의 상품, 대중상품, 범용화된 것 등등이 있다. 타인의 의사결정은 자원이 된다. 관례는 그렇게 만들어지고 사람들은 큰 생각 없이 그렇게 따른다.

스토리에는 주인공이 있다. 세계관 입장에서 본다면 스토리는 세계 내에서 벌어지는 수많은 사건 중 하나일 뿐이다. 주인공을 제외한 나머지들은 세계에 살고 있는 사람들의 집단이라고 할 수 있다. 답이 없는 질문의 답은 다음에 유행할 패션 판매량 1위 같은 것들이 '답을 말해주지 않는 답 없는 집단의 답'이 되고, 얼리 어답터나 트렌드 세터들이 '주인공'의 포지션을 가지도록 해준다. 누가 주인공이 되느냐는 이 집단의 트렌드를 통해 보여주게 된다. 우리 모두가 트렌드를 알고 싶어 하지만 그들은 행동과 결과로만 말해준다. 세계관은 이런 이들이 어떻게 움직이고 살아가는지, 즉 이들의 관례가 무엇인지를 설계한다. 이것이 그 답 없는 집단에 대한 보편성이 된다. 그것을 세계의 관례라고 할 수 있다.

° **팬덤은 NFT에 대한 모든 것의 시작**

이제, 팬덤에 대해서 알아보겠다. '팬+덤=팬덤'은 무엇인가? 세계관은 부캐의 유형과 함께 이 세계에서 가치있는 것들의 '크레딧'에 대해 말해준다. 크레딧이란 크레딧 카드, 신용카드를 말할 때 쓰는 그 의미로 가치를 부여하는 모든 것을 의미한다. 세상에는 자신이 가진 크레딧이 통용되지 않는 집단을 부르는 여러 가지 별칭들이 있다. 오랑캐, 바바리안, 오덕, 빠순이, 광신도, 요즘 애들, 꼰대들, 한남, 페미 등등이다. 그러나 이것들은 부정적 의미의 유형을 포함하여 우리가 만나는 모든 사람의 어떤 단면들이며 '부캐'일 뿐이다. 그리고 그런 유형이 모인 집단 안에는 관례와 정서와 크레딧이 있다.

팬덤을 이야기할 때 패러독스에 대해서 먼저 알 필요가 있다. 패러독스는 World of Darkness^{테이블 탑 롤플레잉 게임 시리즈 제작사}의 Mage ^{월드오브다크니스사의 상품 브랜드}시스템에서 유래한 단어이다. 패러독스는 마법사의 노력과 현실의 합의 사이의 모순을 해결하는 현상이다. Umbra라고 부르는 차원의 정신세계와 현실 사이에는 태피스트리 Tapestry라고 부르는 짜임이 있고, 이 태피스트리 프레임워크를 따라서 마법이 현실에 영향을 미치기 위해 '마법사의 노력'이 현실의 합의를 따라 이루어진다. 마법사가 현실의 상식을 심각하게 위배하면 이를 '저속한 마법'이라고 하고, 패러독스 스피릿을 일으키며 마법과 함께 마법사를 붕괴시킨다. 이 과정이 세계관을 유저에게 각인시키려는 노력과 비슷하기 때문에 여기서는 스토리텔러가 강요하려는 환상세계와 그 대상인 유저의 현실적 이해의 충돌을 설명하는 데 사용하고 있다.

현실 연결, 세계관의 중요 파라미터라고 쓰지만 정확히 말하면 이것은 '패러독스'를 감소시키고 장르 설정에 유저가 천천히 진입하도록 하게 하는 장치이다. 패러독스는 생각보다 많은 단계를 가지고 있다. 당장 당신의 가족 중 한 명이 진지하게 연기 연습을 하는 것만으로도 그것을 유치하다고 여기는 비슷한 감정을 느낄 수 있다. 그 모습이 낯설고 어색하고 이상하지 않겠는가? 실제 배우에게서는 그렇게 느끼지 않을 것이다. 비슷하게, 내가 아무리 아이돌을 좋아한들 게임 컬래버로 등장한 아이돌이 마냥 반갑지는 않을 수 있다. 거꾸로 좋아하니까 하지 않는 장르의 게임으로 해당 스타를 '경험'하러 갈 수도 있겠지만, 갑자기 경마장의 말들이 전부 예쁜 소녀들이라고 하면 흠칫할 수도 있는 것이다. 이런 저항감이 있기 때문에 일반적으로 콘텐츠에 진입장벽이 있다는 것은 부정적인 표현 같지만, 이러한 이유 때문에 팬덤 콘텐츠에는 오히려 진입장벽이 필수적이다. 좋지 않은 경험을 안고 돌아가게 해서는 안 되기 때문에 콘텐츠에 모바일로만 작동하는 QR코드 등의 번거로움의 문턱을 만들어서 최소한의 성의를 가진 좋아하는 사람만 들어오게 해야 한다. 팬덤에게 제공되는 모든 콘텐츠는 결국 아이돌과 연결 되어있다. 아무나 들어왔다가 나쁜 경험을 안고 나가는 것을 처음부터 막아야 한다. 어떤 단계나 선언을 통해서 이 콘셉트나 테마, 장르에 동의하지 않는 유저들이 이 부분에 '접근하지 않을' 기회를 줘야 하는 것이다.

°**유니버스 크리에이터**

콘텐츠를 유니버스로 옮기는 숙련되고 세련된 기술이 필요하다. 이를 위해 대중이 펭수, 도깨비를 받아들이는 '임계점'을 측정하고, 컨트롤할 수 있는 연구를 해야 하고 이것을 할 수 있는 사람을 이제는 '유니버스 크리에이터'라고 부르게 될 것이다.

자연발생적이 아닌, 계획적이고 의도적인 세계관 수립방식의 진지한 연구가 필요하며, 이는 문화콘텐츠 학문이 고도화시켜야 할 상업적 영역이라고 보면 된다. '다모' 같은 퓨전사극이나 '도깨비' 같은 비현실적 드라마들을 세계관 드라마라고 부를 수 있다. 비현실의 캐릭터가 현실로 깊숙이 들어온 조커, 펭수 같은 콘텐츠들이 대중의 *'항마력'을 바탕으로 환상계와 리얼계, 예를 들자면 나름 진지한 아침마당 같은 프로와 레이저를 쏘는 우주선이 나오는 콘텐츠 사이를 구분 없이 활동한다. 예전에는 배역을 맡은 배우가 뉴스 인터뷰를 하는 일은 있어도 배역인 캐릭터를 대상으로 인터뷰하는 일은 없었다.

넷플릭스를 매개로 유저들을 국가, 성별, 나이로 구분하는 것이 무의미해지고 있다. 유니버스 크리에이터들은 콘텐츠를 중심으로 유저를 분류하고 수용할 유저군들을 선별하고, 또 영역을 넓혀갈 수 있게 되었다.

세계관 제작에 사용되는 다양한 스킬 중에 대표적인 것은 소위 '떡밥'이라고 부르는 '증거 없는 우연'이다. 포어섀도 Foreshadowing는 본래 '전조'라는 의미이다. 스토리에서 앞으로 닥쳐올 일에 대한 어떤 암시 같은 표현기법인데, 이게 오지 않으면 맥거핀미끼, 속임수이 된다. 쉽게 말해 '떡밥'을 던지는 것이다. 떡밥은 증거 없는 우연의 연결물이며 스토리가 아니라 바둑의 포석에 더 가깝다. 이 떡밥이 어떻게 사용될지는 모르지만, 그래도 어느 정도 짐작 가능해서 복선으로 사용된다. 필요할 때 사용할 수 있고 증거 없이 폐기할 수 있는 장점이 있다. 세계관 구성은 유저의 반응을 통해 여러 가지 사례와 경험을 통해 실체를 가지게 되기 때문에 정해진 플롯을 가지고 있지

---

*항마력; Unreality sensibility, 콘텐츠나 배우에 대한 애착 때문에 유치함이나 거북함을 버티는 정도 _ 필자의 정의

않다. 처음에는 의미를 모르고 지나갔던 요소가 뒤에서 스토리를 해석하는 데 중요해지는 것은 작가의 치밀한 복선일 수 있지만, 세계관에서는 '떡밥', 즉 포어섀도를 기본 요소로 활용한다. 그래서 스토리나 플롯의 역할을 '포어섀도'가 하게 되는데, 마치 바둑에서 미리 전략을 위해 놓아두는 포석을 많이 놓게 되는 것이다. 이 포어섀도는 세계관의 스토리이며 자산이다.

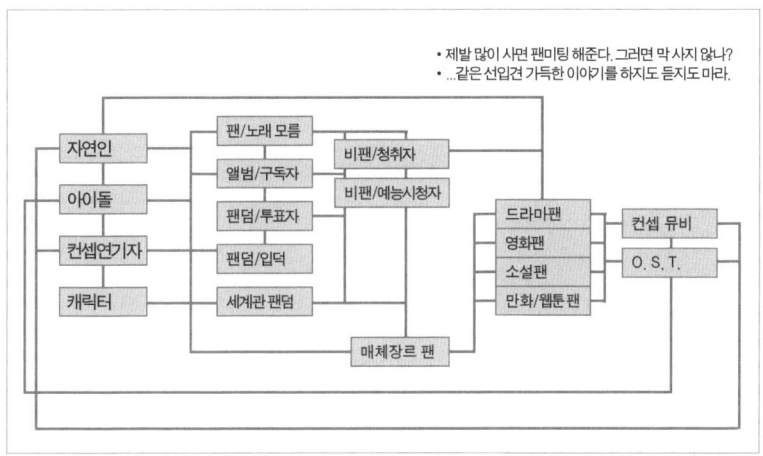

아이돌 유니버스 포지션 구조의 상상도

알버트 아인슈타인은 '우연은 신이 익명을 유지하는 기술이다.'라고 말했는데, 우리가 신은 아니지만 세계관 제작자로서 이 우연을 사용할 수 있는데 이것이 작가가 쓰는 작위 혹은 '기계장치의 신神, deus ex machina과는 다른 것이다. 이렇듯 세계관은 사람들의 선입견과 다르게 거대한 설정의 나열이 아니다. 마치 나무의 나이테처럼, 설정들은 지나온 라이브가 구축한 것들이 연속된 고착물일 뿐이다. 세계관은 세계적인 것이 될 수 있는 거대한 위용을 자랑하지만 그것을 쉽게 베낄 수 없으며 그렇게 한다면 콘크리트 나무를 만드는 것과 같다.

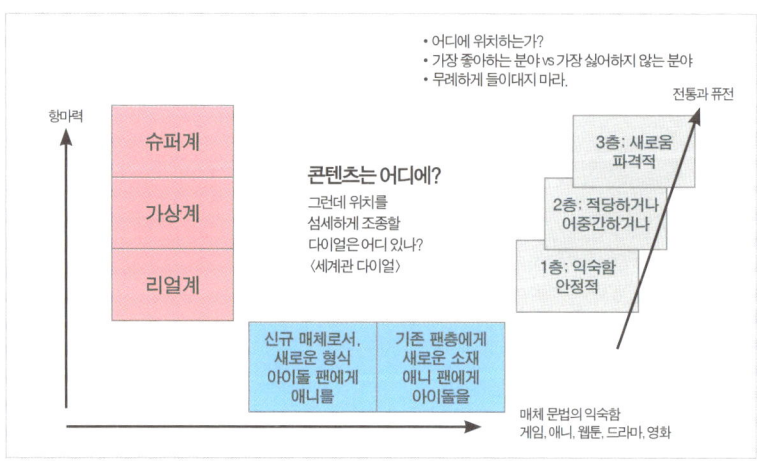

아이돌 팬덤 콘텐츠 구조의 상상도

세계관을 만든다는 것은 취미를 깊게 하고, 지식을 흡수하며, 교류 관계를 넓히고, 식견을 높이며 다양한 면에서 인생을 풍요롭게 만들어 주는 뜻있는 일이다.

*메타버스와 세계관

---

*메타버스와 세계관: 명화 속에서 볼 수 있는 세계관

˚문제는 사람이며, 존경심

문제는 여전히 사람이고 존경심이다. 어떤 부류의 사람들은 '특히' 전문기술 보유자에 대한 시선이 예민하다. 자신이 기술자라고 믿는다면, 기술보다 처세가 더 필요한 조직에서 잠깐 일할 수는 있어도 익숙해져서는 안 된다. 사람도 마찬가지. 그저 회사도, 인맥도 모든 가치 기반이 자신의 지식과 기술임을 잊으면 안 된다. 왜냐하면 아무리 스스로가 메인스트림이라 믿어도 사실상 모두가 서로의 일부인 서브컬처니까.

로컬 경제, 구독 경제, 팬덤 경제, 배송 전쟁, IP 전쟁, 플랫폼 전쟁, 마이 데이터, AI, GAN, Virtual Human, 메타버스, 자율주행 In Car……. 최근 들어 더욱 부쩍 많이 듣고 있는 말들이다. 그런데 이 생소하기도 하고 어느새 익숙하기도 하고 낯설기도 하고 두렵기도 한 모든 신기술은 한 점, 즉 세계관으로 연결된다. 세계관은 이런 모든 신기술과 가상의 세계를 지탱해 주는 정서의 집합체이며 메타버스 시대, 미래의 가상화에 대한 기술이다. 세계관의 목적은 세계의 공통된 정서의 기반을 만드는 것이다. 가상사회는 배타적 지식체계를 기반으로 구성되는 비국경 세계이다.

어떤 수학은 고차원에서 더 잘 작동한다는 이야기가 있는데, 세계관도 마찬가지다. 세계관은 메타버스 환경에서 더 잘 작동한다. 세계관은 스토리의 배경설정 기능을 하기 때문이다. 일회성의 스토리에서는 배경은 필요한 만큼 있으면 되지만, 주인공을 누군가가 조정하거나 수많은 사람이 함께 사는 사회라면 배경은 필요한 만큼만 사용하는 것이 힘들어진다. 영화 역시 카메라에 들어오는 부분만 세트를 만들면 되지만, 누구나 어디든 돌아다닐 수 있는 테마파크나 게임 세계라면 이동 공간에서 보이는 전부를 만들어야 할 것이다.

모든 상품은 한때 전문용어와 기술을 자랑하고 16GB, 64Poly 등 숫자로 용량과 종류를 내세우고 재질을 자랑해 왔다. 하지만 그 모든 발명과 혁신의 종착역은 감성과 가치 부여 즉 신용, 크레딧이다. 제품 구매가 '내가 무엇을 좋아한다.'라는 선언이라면 내가 어떤 것에 가치를 가지고 있는 사람이라는 선언을 함께 포괄하게 된다. 제품을 선택하는 일은 결국 '내가 누구인가?'에 대한 대답이 된다. 자이, 레미안, 캐슬 같은 아파트 브랜드도 마찬가지다. 세계관은 사물에 세계의 의미를 부여한다. 그 기능 때문에 메타버스에도 세계관을 통해 의미를 부여하게 될 것이다. 그곳은 '특정한 사람들'이 모여 있는 곳일 테니까.

그래서 세계관에서는 익숙함과 새로움의 조화를 추구해야 한다. 좀비는 익숙한 인간의 새로움이며, 재난 영화 속의 장소는 익숙한 곳들이다. 우리가 가진 모든 것은 결국 심적으로 '내가 갖기로' 결정 또는 허락한 것이다. 이 책에서 말하는 '크레딧'은 이 과정을 명사화시킨 표현이다. 이 크레딧을 통해 세계관 속 사람들이 어떤 것에 가치를 가지는 사람들인지를 규정한다. 그 대상이 부캐이기 때문에 본캐, 즉 실제 사람의 성별, 나이는 의미가 없다. 우리가 봐야 할 것은 부캐다. 캐릭터가 있어야 그 캐릭터의 행동을 연기시킬 수 있다.

용건은 스토리가 되어 나타난다. 우리가 사람을 만날 때 처음엔 다 용건이 있었을 것이다. 자의든 타의든, 직접적 용건이든 간접적 용건이든 말이다. 수업 들으려고 강의실에 갔든지, 어디 모임에 나갔든지, 소개팅을 갔든지, 부모님이 자녀 계획을 세웠든지.

영화를 예로 들면 우리는 어떤 스타를 보러 간다거나 유명하다거나 하는 이유로 '용건'을 가지고 영화를 보게 되는데, 같은 세계관을 공유하는 마블의 수많은 영화는 딱히 배우나 영화가 용건이 아니더라도 세계 자체를 더 즐기기 위한 용도로 새로운 각도와 인물로 조명된 콘텐츠를 즐기게 된다. 이렇게 '용건 없이 만나는 관계'가 되는 것이 세계관의 목표라고 할 수 있다.

우리는 학교에서 '민주주의 사회에서는 사람이 제일 중요하다.'라고 배웠다. 사람에게는 아이덴티티가 있는데, 아이덴티티는 무작정 다른 것이 아니다. 동류와 함께 있을 때 그중에서 다른 것이다. 다른 애들은 다 포켓몬을 모으는데 혼자 '따조'나 딱지를 모으면 외롭지 않겠나. 사람은 동류에게 위로 받는다. 그래서 가르치고, 모으고, 결혼하고, 애 낳고, 커뮤니티 활동을 하는 것이다. 세계관은 그런 사람

속에서 나온 것이다.

°세계관과 스토리는 어떻게 다른가

메타버스, 블록체인, 암호화폐, NFT로 연결되는 구조에서 가장 먼저 기성세대가 이해해야 할 부분이 바로 '세계관'이다. 지금까지는 어떤 회사의 업태나 업종을 물리적인 생산물로 구분해 왔다. 책을 만들면 출판사, 음반을 찍으면 음반회사, 게임을 만들면 게임회사라고 분류한다. 즉 생산물, 사물 중심의 구분 방식이었다. 그런데 당장 우리가 음반회사라고 부르는 회사를 봐도 이제 더 이상 음반, 즉 노래를 만드는 회사가 아니고 콘텐츠 그 자체를 만들어 낸다. 심지어 책도 만들고, 플랫폼과 커뮤니티를 운영하고 굿즈를 만든다. 이와 같이 제조업 중심의 사고방식에서는 이런 활동이 다 따로따로 분리가 되어 있지만 메타버스 세상에서는 세계관 그 자체를 만들게 된다. 제휴를 통해서 동일한 세계관에서 웹툰이나 웹소설 등의 콘텐츠를 만들고 세계관을 좋아하는 사람들을 한 자리에 모으게 되고, 제조물이 아니라 세계관 IP를 중심으로 하는 콘텐츠 제작사가 되는 것이다. 음반회사, 게임회사, 출판사, 굿즈제작사 등으로 나뉘게 되지 않고, 커다란 세계관 아래 종합적인 콘텐츠 회사가 된다.

웹툰, 웹소설 부분에서 관심 갖고 볼 만한 것이 많이 있다. 그런데 소설이나 만화 같은 콘텐츠뿐만 아니라 보다 미묘한 형태들이 존재한다. NFT아트가 될 수도 있고, 제품의 디자인 자체가 통일감을 바탕으로 브랜드 아이피[IP]가 될 수도 있다. 요즘은 브랜드의 세계관을 만드는 작업에 비정형적인 스토리텔링이 이루어지기 때문에 매체의 형식과 문법에 의존하는 것보다는 아이피 자체가 가진 본질에 집중해서 촘촘하게 설계하는 것이 더 가치를 가지게 된다. 스토리가 없는 소설을 쓰는 것이라고도 할 수 있다.

지금까지 우리는 매체의 한계 때문에 내러티브, 스토리만을 콘텐츠로 봐 왔다. 글자를 일렬로 쓰고 영상과 목소리로 순서대로 이야기를 해야만 했다. 이야기를 하려면 종이에 글을 쓰거나, 시간을 들여 말하거나, 영상을 찍는 선형구조에 따를 수밖에 없는데, 예외적인 경우라도 해도 마치 찻집에 앉아서 삼국지 속 관우의 이야기를 선형으로 풀어나가며 듣는 사람의 반응을 봐가면서 재미없어하면 빨리빨리 넘어가고 재미있어하는 부분은 더 흥미진진하게 설명하는 정도이다. 글도 마찬가지로 시간의 흐름, 문장의 흐름을 따라 일렬로 이어진다. 결국 이야기 구조는 기승전결이라는 스토리를 가질 수밖에 없다. 그런데 점점 기술이 발달하면서 그럴 필요가 없어지고 있다. 예를 들어서 마블의 영화들은 프랜차이즈 형태로 엄청나게 많이 나와 있다. 물론 특정의 시기가 스토리 중에 있을 것이다. 어떤 편은 시기상으로 앞이고, 어떤 편은 시기상으로 뒤이지만 그것은 특정 사건의 전후일 뿐 전혀 중요하게 생각되지 않는다. 시기상으로 앞선 편을 먼저 보지 않더라도 뒤편을 이해하는 데 문제가 없다.

게임도 마찬가지이다. 그 전의 게임들은 기승전결이 있었다. 캐릭터를 키우고 스토리의 흐름에 따라서 엔딩에서 보스를 해치우고 세계의 평화를 지킨다. 오픈 월드의 대두로 자신이 원하는 곳 어디든지 갈 수 있게 되었지만 그럼에도 불구하고 게임은 여전히 스토리 구조를 가지고 있었다. 엔딩을 향해서 가야만 하기 때문이었다. 그러나 이제 생존을 테마로 하는 워킹 시뮬레이션 장르들에서는 그렇지 않다. 무인도에 떨어졌고 나무를 구해서 집을 짓는다. 예를 들어 마인크래프트 같은 경우는 스토리가 없는 구조다. 마인크래프트는 단순한 구조로 되어 있다. 어디에 가면 용이 살고 지하로 들어가다 보면 무엇이 있고, 이런 구조들은 게임 세계를 탐험하는 즐거움을 주지만, 이것이 스토리는 아니다.

스토리는 세계관이 완성되면 그것을 바탕으로 만들어지기 시작하지만, 매력적이지 않은 세계관을 가지고 재미있는 스토리를 만들기는 시너지효과가 없어 힘들기 때문에 먼저 이 세계관이 매력적이라는 것을 증명하는, 즉 커뮤니티를 모으고 그 커뮤니티들로부터 지지 기반을 받아 내는 작업이 필요하다. 전 세계의 범용적인 사람들에게 모두 알려주는 것이 아니라 이것을 좋아하는 사람들을 한 자리에 끌어모으는 것이다. 그것이 좀 낯설고 연령대에 어울리지 않는 것일 수도 있다. 귀여운 강아지들의 세계를 좋아하는 사십대 남자들의 그룹 같은 것이다. 좋아하는 대상이 어떤 연령층이냐에 상관없이 그 세계 자체를 좋아하는 사람들을 모으는 '커뮤니티 구독 모델'의 창조가 필요한 것인데, 그 구심점이 바로 세계관이다.

세계관을 굳이 어렵게 생각할 필요는 없다. 드라마 '전설의 고향'의 모든 시리즈는 사실 다 비슷비슷하기 때문에 같은 세계관하에 있다고 보면 된다. 매 편에 등장하는 전설은 다르지만 여우가 나오든 도깨비가 나오든 귀신이 나오든 지역적으로 같은 세계라고 느끼게 되는데 이런 단편적인 소재 중에 사람들이 선호하는 것을 확장시키고 NFT아트로서 발현시킬 수도 있다.

° **팬덤 경제의 동력, 세계관**

엔터테인먼트 업계에서 세계관의 역할이자 목표는 당연히 견고한 팬덤을 구축하는 것이다. 브랜드가 엔터테인먼트 업계처럼 세계관을 구축하고자 하는 이유 역시 브랜드의 팬을 모으기 위해서일 것이다. 충실한 팬덤을 쌓는 데 세계관이 중요한 이유는 크게 세 가지로 생각해 볼 수 있다. 첫째, 팬덤 내의 2차 창작을 촉진할 수 있다. 둘째, 팬들의 참여를 통한 세계관 확장이 가능하다. 세계관은 이 과정이 필수이고, 실제로 사용자가 참여 가능한 영역을 확보하는 것은 점점 필수 요소가 되어가고 있다. 마지막으로 이런 탄탄한 기반으로 폭넓은 IP 확장을 도모할 수 있다.

2차 창작 콘텐츠 시장에서 2차 시장이란 보통 영화의 상영 이후 비디오, DVD, OTT^{온라인 동영상 스트리밍} 또는 굿즈 등을 통해 부가적인 매출을 내는 시장이라는 뜻이다. 엔터테인먼트 업계에서도 회사가 주도하는 2차 시장이 있다. 그러나 아이돌이나 애니메이션 팬덤 사이에는 다른 양상의 2차 시장이 하나 더 존재한다. 바로 회사가 판매한 굿즈나 앨범을 팬들끼리 전매하거나 팬들이 직접 굿즈를 제작해 판매하는 등 팬들이 주체가 되는 시장이다.

예를 들자면, 아이돌 그룹의 앨범을 한 장 구매하면 멤버 한 명의 포토카드를 얻을 수 있다고 해 보자. 자신의 '최애' 멤버의 포토카드를 얻기 위해서 팬들끼리 포토카드를 교환하거나 프리미엄을 지불하고 구입할 수도 있다. 인기가 많은 멤버일수록 희소성이 생기고 프리미엄의 가치도 높다. 팬 한 명이 같은 앨범을 여러 장 구매하기도 한다. 최애가 여럿일 수도 있고 '차애'의 굿즈를 모으는 것도 즐거운 경험이기 때문이다. 한 팬이 트위터에 특정 멤버의 굿즈를 디자인해 시안을 올리면 구입하고 싶은 팬들이 모여 돈을 걷고 공동구매를 추진하기도 한다. 굿즈를 디자인한 팬이 '총대'를 메고 굿즈의 디자인부터 제작, 배송 등 전 과정을 책임진다. 그림 실력이 좋은 팬은 다른 팬에게 일정 비용을 받고 요청에 따라 특정 멤버를 그려주는 '커미션commission'을 수행하기도 한다.

엄밀히 따지면 이처럼 팬들끼리 모종의 거래를 하는 것은 '상도덕'에 어긋날 수 있다. 특정 멤버의 굿즈에 프리미엄을 붙여 파는 것은 '암표' 판매와 크게 다르지 않으며 직접 굿즈를 만들어 파는 행위 역시 저작권 침해에 해당할 수도 있다. 그러나 아이돌 문화 그리고 서브컬처를 다루는 엔터테인먼트 산업에서는 이 같은 2차 시장과 창작물을 암묵적으로 용인한다. 결국은 2차 시장의 매출이 회사로 흡수되는 구조를 가지고 있기 때문이다. 엔터테인먼트 업계의 비즈니스 모델은 구독 모델에 가깝다. 앨범이 나올 때마다 앨범을 비롯해 굿즈, 콘서트 등이 시즌에 맞춰 기획된다. 한 팬이 2차 시장을 통해 수익을 얻었다면 이는 곧 다음 구독앨범 시즌에 신상품을 구매할 예산이 되는 셈이다.

같은 굿즈를 공유하거나 서로 나름의 이득을 주고받는 등 2차 시장에서의 거래를 거치며 팬들은 연대감을 형성한다. 그리고 그 안에서도 나름의 엄격한 규율과 자체적인 경제 원칙이 존재한다. 프리미엄이든 굿즈 제작비든 팬덤 내부에 형성된 적정 가격선이 존재하며 이 금액을 넘어가는 순간 팬들 사이에서 비판이 제기된다. 한 그룹에서 특정 멤버만을 편애하는 '악개악질 개인 팬'를 지양하는 분위기 역시 멤버에 따른 프리미엄의 차이가 도를 넘는 일을 막는다. 상도덕에 어긋나 보이는 시장이 지속성을 갖출 수 있는 나름의 이유 중 하나다.

그러나 소속사가 적극적으로 나서서 2차 시장을 부추기면 어떻게 될까? 엔터테인먼트 산업은 기본적으로 아티스트와 그를 통해 파생되는 다양한 창작물이 소비의 대상이 된다. 하나의 인격체인 아티스트가 돈벌이의 수단이라는 인상을 노골적으로 드러내는 순간 소속사는 팬들의 질타를 피할 수 없게 된다. 특히 미성년자인 멤버들이 지나친 스케줄로 힘들어하는 기색이 내비치면 팬들이 소속사에 항의의 목소리를 높이는 것도 이와 같은 맥락의 정서로 해석할 수 있다.

이 지점에서 세계관의 진면목이 드러난다. 아이돌 그룹이 세계관을 갖추고 있다면 자연스럽게 팬들의 2차 창작을 독려할 수 있을 뿐 아니라 2차 창작의 대상 역시 넓어지게 된다. 과거에는 멤버들이 거의 유일한 2차 창작의 대상이었지만 현재는 세계관 내 모든 요소가 2차 창작의 대상이 된다. 심지어 세계관의 요인들이 서로 연계돼 새로운 소재를 만들어 낼 수도 있다. 다른 시장보다도 애니메이션 업계에서 2차 창작물이 활발하게 나오는 것도 같은 이유로 풀이된다. 다소 마이너하게 여겨지는 분야에서 같은 대상을 즐기는 팬들은 단단한 연대감을 갖게 된다. 또한 판타지부터 역사물까지 다양한 세계관을 갖춘 애니메이션은 애초에 2차 창작을 할 만한 소재가 풍성하다.

2차 시장도 팬들의 참여로 형성되는 시장이지만 매출로 연결되지 않는 팬들의 참여 역시 엔터테인먼트 업계에서는 소중한 자산이다. 2017년 5월 21일 BTS는 빌보드 뮤직 어워드에서 6년간 왕좌를 지킨 저스틴 비버를 제치고 '톱 소셜 아티스트'를 수상했고, 이후 최근까지 5년 연속 수상 행진을 이어나갔다. 상의 이름처럼 톱 소셜 아티스트는 소셜미디어^{SNS}에서 가장 인기 있는 가수에게 주는 상이며 같은 해에 아리아나 그란데^{Ariana Grande} 등 세계적인 스타들과 블랙핑크, 세븐틴 등 K팝 스타들이 후보에 올랐다. BTS에게 이 상이 돌아간 건 당연히 SNS에 화력을 집중한 팬덤, 아미^{ARMY}의 공이 크다.

이는 엔터테인먼트 업계에서 아티스트의 음악과 퍼포먼스는 기본이고 팬들의 참여가 중요하다는 사실을 보여준다. 거의 모든 팬덤 활동이 온라인에서 전개되는 지금은 팬들이 SNS에서 아티스트를 언급하거나 좋아하는 아티스트에게 투표하는 등 사회적 행위가 더욱 중요해졌다. '프로듀스 101'을 비롯해 국민들의 투표로 그룹의 멤버가 결정되는 서바이벌 프로그램에서도 팬들은 원하는 멤버의 데뷔를 위해 본인이 투표에 참여하는 것은 물론 주변인들까지 투표에 참여시키기 위해 온갖 선거 유세를 펼친다.

근래 최고의 인기를 끈 예능 프로그램 '스트릿 우먼 파이터^{이하 스우파}'는 팬들의 참여를 적극 활용해 이슈 메이킹에 성공한 사례다. 스우파는 크루를 결성한 여성 댄서들이 미션에 따라 춤 배틀을 펼쳐 최종 우승 크루를 가리는 프로그램이다. 이때 거의 모든 미션의 승부에는 글로벌 대중 투표 점수가 반영되는데 본 방송이 방영되기 전부터 각 크루의 미션 영상이 유튜브에 먼저 공개된다는 점을 주목해 볼 필요가 있다. 어쩌면 방송에서 가장 핵심이 될 수 있는 내용을 방송사 자체 채널이 아닌 전 세계 시청자들이 쉽게 접근할 수 있는 유튜브를 통해 선공개하면서까지 팬들의 참여를 독려하는 것이다. 팬들이 미션 영상을 보고 자신이 좋아하는 팀 영상에 '좋아요'를 누르면 '좋아요' 수가 그다음 주에 발표되는 최종 순위에 반영된다. 보통 각 영상의 조회 수는 500만 회 이상이다. 가장 많은 조회 수를 기록한 '홀리뱅' 크루의 안무 창작 미션 영상의 조회 수는 영상 업로드 후 불과 한 달 만에 953만 회를 기록했다. 스우파 관련 영상 중 유튜브에서 가장 많은 조회 수를 기록한 영상은 미션을 통해 제작된 힙합 아티스트 제시의 신곡 'Cold Blooded'의 뮤직비디오인데 조회 수가 총 3,353만 회에 달했다. 2021년 11월 기준 팬들은 SNS에 자신이 응원하는 크루의 영상이나 사진을 올리며 지인들에게 투표를 구한다. 미션 결과에 반영되지는 않지만 시시각각 노출되는 조회 수는 팬들의 '좋아요 전도'에 기름을 붓고 팬들 사이의 동질감을 형성한다. 내가 응원하는 크루의 영상 조회 수가 많으면 안도감을 느끼고 스스로가 잘나가는 크루의 팬이라는 사실에 희열을 느낀다. 반면 조회 수가 적으면 더욱 절실한 마음으로 주변에 투표를 부탁하며 크루를 지지하는 데 몰입하게 된다. 미션 영상을 선공개함으로써 팬들은 투표를 위해 자신이 응원하는 크루뿐 아니라 모든 크루의 영상을 보게 된다.

그렇다면 팬들은 왜 스우파의 본방송을 챙겨 볼까? 물론 투표 결과가 궁금해서다. 그러나 스우파에는 또 다른 관전 포인트가 있다. 바로 멤버 사이 또는 크루 사이의 관계에서 발생하는 '스우파 세계관'이다. 앞서 살펴본 팬들의 몰입과 참여를 통해 스우파의 각 크루도 아이돌 그룹과 같은 일종의 세계관을 형성했다. 예컨대 '코카N버터'는 '빡세게' 태닝을 하고 수위 높은 춤을 추는 센 언니들의 크루다. 실제 상대 크루 멤버들을 향해 강한 비판을 하거나 강한 눈초리를 날리며 '진짜 무서운 언니들'이라는 평가를 받기도 했지만 회가 거듭될수록 눈물도 정도 애교도 많은 멤버의 모습이 조명되면서 팬들의 사랑을 받았다. 특히 바쁜 일정 때문에 태닝을 하지 못해 점점 하얘지는 멤버들의 사진이 인터넷에 공개되며 오히려 '킬링포인트'로 화제가 되기도 했다. 코카 N버터는 총 8개 크루 중 4위를 차지하는 데 그쳤지만 코카N버터만의 세계관을 구축하는 데 성공하며 충성도 높은 팬덤을 형성했다. 비단 코카N버터뿐 아니라 참여한 모든 크루에는 각각의 세계관이 존재하고 모두가 팬들의 사랑을 받고 있다. '8개 크루가 모두 다 좋은데 왜 이들끼리 경쟁을 붙여놨냐'라며 가장 좋은 크루를 찾는 데 어려움을 겪는 팬들도 여럿 존재한다. 이는 과거 우승팀이나 상위권 멤버들이 상대적으로 큰 사랑을 받던 아이돌 서바이벌 프로그램과의 차이점이다. 개인의 매력으로 승부를 보는 것이 아니라 크루 전체가 각기 다른 매력의 세계관을 형성하며 모두가 고루 큰 사랑을 받았다.

팬들의 참여와 반응은 제작자들이 각 콘텐츠나 인물을 설정하고 세계관을 채워가는 데 좋은 이정표가 된다. 스우파 역시 프로듀서가 먼저 각 크루에 대한 콘셉트를 잡고 촬영과 편집을 시작했을 것이다. 그러나 본격적으로 방송이 나간 이후에는 팬들이 보고 싶어 하는 모습이 무엇인지 파악하고 이를 참고했을 가능성이 높다. 스우파의 멤버들, 특히 각 크루의 리더는 채널을 불문하고 현재 섭외 1순위인데 이들은 단독으로 출연하기보다는 보통 여럿이 함께 출연한다. 그리고 함께 출연하는 프로그램들을 살펴보면 살벌한 스우파의 분위기와는 사뭇 다르다. 우승자를 가리기보다는 서로 간의 화합과 우애가 돋보이는데 이는 시청자들의 의견을 반영한 결과로 보인다. 스우파 방영 당시 팬들은 갈등과 긴장을 강조한 제작진의 편집을 불편해하며 제작진의 '악편악마의 편집'을 비판했다. 그리고 여성 댄서들 간의 우정을 보고 싶다는 본인들의 의견을 영상 댓글이나 SNS, 커뮤니티 등에 적극 피력했다. 실제 스우파에서 화제성이 높은 장면 중 하나는 과거 불화로 해체된 팀의 리더허니제이와 팀의 핵심 멤버리헤이가 춤 배틀을 벌이며 화해하는 장면이었다.

° **아이돌 그룹의 세계관**

아이돌 세계에서도 팬들을 세계관에 초대해 팬들의 충성도를 강화하고 있다. BTS, 엑소 모두 마찬가지로 독특한 설정의 가상세계가 배경이 되면 팬들은 수사관이 돼 세계관 곳곳에 의문을 던지기 시작한다. 뮤직비디오에 나온 소품의 의미는 무엇인지, 이번 타이틀곡이 이전 곡과 어떤 관계인지, 멤버 중 누가 숨은 빌런인지 등 각자가 추리한 내용을 팬 커뮤니티에 공유한다. 자신의 추리가 많은 팬의 공감을 받으면 희열을 느끼고, 과거에 추리했던 내용이 사실로 밝혀지면 팬들이 해당 글을 다시 찾아가 댓글을 다는 '성지순례' 행동을 보인다. 이 같은 참여 과정을 통해 팬들은 더욱 아이돌의 세계관에 빠져들고 팬덤에 대한 소속감과 아티스트에 대한 충성심이 깊어진다.

과거 H.O.T, 젝스키스 시절에도 멤버들을 중심으로 한 다양한 콘텐츠가 파생됐다. 지금의 BTS와의 가장 큰 차이는 '맥락'이다. 어제는 학교 선배였던 '우리 오빠'들이 오늘은 뜬금없이 반전을 부르짖는 평화의 수호자 또는 사이버 전사가 되는 식이었다. 즉 과거에는 큰 맥락 없이 새로운 콘셉트가 전개됐다. 현세대 아이돌인 BTS 역시 앨범뿐 아니라 웹툰, 게임$^{BTS\ 월드}$, 드라마^{유스} 등 다양한 미디어 장르를 넘나드는 '트랜스미디어^{Transmedia}'를 바탕으로 IP를 확장해 나가고 있다. 하지만 과거 아이돌과의 차이점은 그 중심에 BU$^{BTS\ Universe}$가 있다는 점이다.

한때 특정 산업군에 속한 회사가 다른 산업의 상품을 출시하는 것을 '영역 확장'으로 이해하며 때로는 시너지를 고려하지 않은 뜬금없는 의사결정으로 치부했다. 그러나 최근 콘텐츠 업계에서는 IP 개념이 정립되면서 네이버, 카카오와 같은 플랫폼부터 넥슨, 넷마블 등 게임 업계까지 '슈퍼 IP' 사냥에 나서고 있다.

특히 최근에는 '웹소설-웹툰-영상$^{영화,\ 드라마,\ OTT\ 등}$'으로 IP가 확장되는 사례를 어렵지 않게 볼 수 있다. 네이버 시리즈에서 2018년 11월 웹소설로 시작한 '재혼 황후'는 연재 시작 5달 만에 누적 다운로드 조회 수 400만 회를 기록했고 인기에 힘입어 2019년 10월부터는 네이버 웹툰에도 정식 연재를 시작했다. 또 드라마화도 예정됐다. 넷플릭스 인기작 '지옥' 역시 2019년 선보인 네이버 웹툰 연재물이 원작이다. 확장된 IP가 인기를 얻으면 다시금 원작이 주목을 받기도 한다. 원작은 원작대로, 확장 콘텐츠는 확장 콘텐츠대로 막대한 수익을 끌어온다는 사실을 깨달은 네이버와 카카오는 더 강력한 IP를 확보하기 위해 다른 웹소설, 웹툰 플랫폼, 영상 제작 스튜디오를 인수합병하거나 기획사와 협력 관계를 맺는 등 전방위적인 투자를 아끼지 않고 있다.

이처럼 IP가 확장되는 과정에도 세계관이 핵심적인 역할을 한다. IP는 비즈니스를 위해 구성된 거래 가능한 형태의 형상물을 부르는 명칭일 뿐 IP의 확장과 참여를 가능하게 하는 게 바로 세계관이다. 엔터테인먼트 업계에서 아이돌이 세계관을 갖게 된 이유 중 하나는 음악과 뮤직비디오만으로는 팬들의 참여를 유도하고 IP를 확장해 나갈 힘이 부족하기 때문이다. 아이돌 그룹에서 파생된 콘텐츠가 어떤 미디어에서 어떤 형식으로 선보이든 오리지널의 세계관이 확고하다면 정체성을 잃지 않는다.

실제 확장 IP가 벌어들이는 사업적 가치도 무시할 수 없다. 사실 아이돌의 팬들이 게임, 영화 등 다른 콘텐츠를 좋아하리라는 보장은 없다. 과거 아이돌들이 출연한 영화나 뮤지컬에 팬들이 몰린 것은 그저 내가 좋아하는 아티스트가 출연했기 때문이다. 물론 이를 통해 아티스트의 새로운 면모를 육안으로 확인해 볼 수 있다는 사실은 매력적이다. 그러나 여기에 세계관이 개입되면 팬들이 확장 IP를 적극적으로 향유할 타당한 이유가 하나 더 생기게 된다. 예를 들어 앨범에서는 공개되지 않은 세계관의 핵심 스토리가 영화나 웹툰을 통해서 공개된다면 어떨까? 아무리 영화나 웹툰을 좋아하지 않아도 해당 내용이 궁금해서 혹은 이미 흥분 상태인 커뮤니티에서 소외되지 않기 위해서라도 영화표를 예매하거나 웹툰 애플리케이션을 내려받을 것이다. 즉, 세계관은 IP 확장에 있어 통일성과 생명력을 동시에 부여하는 셈이다.

° 세계관 구축 방법

"떡 하나 주면 안 잡아먹지!"는 한국 사람이라면 모두 아는 전래 동화의 대사이다. 여기 나오는 호랑이와 떡 파는 어머니를 여우와 짚신 장수로 바꾸어도 분위기가 크게 흐트러지진 않을 것이다. 이 짚신 장수는 장터에서 떡 파는 어머니 앞에 좌판을 펼쳤고, 여우는 호랑이가 떡을 먹는 모습을 보고 부러웠을 수 있다. 짚신 장수는 떡 파는 어머니가 넘는 고개의 옆 고갯길을 넘다가 여기서 여우를 만났을 수 있다.

이렇게 호랑이나 떡 파는 어머니와 같은 인물, 고개 같은 장소, 맹수를 만나고 음식을 요구 당하는 사건 등 기존 스토리의 특징적인 요소들이 서로 연결되고 각 요인이 교체되면 '해와 달이 된 오누이'가 확장된다. 주요 캐릭터인 호랑이, 떡 파는 어머니가 없어도 이야기가 확장되고 구성되는 데 큰 문제가 없다. 이것을 '해와 달 오누이 세계관'이라고 할 수 있다. 이 세계관 안에서 여우뿐 아니라 다양한 동물이 얼마든지 추가되거나 동물들의 왕국을 설정할 수 있다. 떡 파는 어머니와 짚신 장수 외에도 장터를 구성하는 수많은 사람을 추가할 수 있다. 이런 요소들은 이 콘텐츠를 즐기는 이들에 의해 선호되고, 복제되고, 강화되며 점점 탄탄한 세계관으로 거듭날 수 있다.

그렇다면 어떻게 이 같은 세계관의 요소들을 뽑아내며, 어떻게 이들을 하나의 세계관으로 엮어낼 수 있을까. 아래의 방법이 꼭 정답은 아니지만 하나의 가이드가 될 수는 있을 것이다.

기성세대가 말하는 '요즘 애들이 좋아하는 그것'을 갖는 게 목적이라면 외부로부터 그럴싸해 보이는 IP를 구입해 사용하는 게 더 낫다. 그러나 팬들과의 진정성 있는 소통이 문제라면 세계관을 통해 전달하고자 하는 메시지가 무엇인지 고민하는 과정이 선행돼야 한다. 결국 이 세계관을 누구에게 소구할 것인지를 설정하는 게 키포인트인데 기존 마케팅에서 주로 차용하는 인구통계적 방법이 꼭 정답이 아닐 수도 있다. 남녀노소보다 개성이 우선인 포스트모던 시대에 이 같은 세분화 전략이 유일한 진리라는 생각은 내려놓자. 같은 보이그룹의 팬이라도 10대 남성 팬이 있고, 할머니 팬이 있다. 아이돌의 팬이라는 정체성은 이들의 '부캐'에 가깝다. '20대 여성 팬을 모으기 위해 어떤 세계관이 필요할까'라는 접근보다는 '우리의 팬들이 어떤 가치에 공감할까'를 먼저 파악해야 한다. 팬들의 부캐는 '고양이 집사'일 수도 있고 '워커 홀릭'일 수도 있다.

브랜드의 경우 전하고자 하는 핵심 메시지를 좀 더 편하게 찾을 수 있다. 기업에서 CI Corporate Identity를 공들여 만드는 과정에서 이미 핵심 메시지를 고민했을 것이다. 그 메시지는 예컨대 '또 하나의 가족', '사랑해요 ○○' 등 기업의 커뮤니케이션 활동에서 다양한 문구로 표현됐을 것이다.

핵심 메시지와 연관된 키워드들을 모아 세계관의 재료들을 도출하는 과정은 브레인스토밍과 유사하다. 이 과정을 통해 핵심 메시지를 명료화할 수도 있다. 보통은 말하고자 하는 핵심 메시지가 추상적이거나 한마디로 정리하기 어려운 경우가 다반사일 것이다. 예컨대, '부드럽게 위로를 준다'라는 메시지를 구현하고 싶은 경우 연관된 인물, 사건, 사물, 배경을 뽑아내 보자. '티슈', '두부', '교회 오빠' 등 다양한 단어가 떠오를 수 있다. 세계관마다 차이가 있겠지만 필자의 경험상 이 워드 클라우드가 어떤 임계점에 이르기 위해서는 보통 3,000~4,000개 정도의 단어가 필요했다. 그리고 각 단어를 서로 연결해 보는 것이다. 이때 다른 단어들과 가장 연결고리가 많은 단어가 핵심 메시지가 될 수 있다. 단 이 같은 단어들을 직접 드러내는 건 '전쟁이 싫다.'라는 메시지를 전달하기 위해 육성으로 '전쟁이 싫다.'라고 외치는 격으로 다소 세련된 방식은 아닐 수 있다. 좀 더 고급스럽게 에둘러 표현하기 위해서는 2순위, 3순위 단어를 활용하는 것도 함께 고려해 볼 필요가 있다.

이후 연결 관계가 가시적으로 보이는 단어를 하나의 그룹으로 묶을 수 있다. 인물, 사건, 사물, 배경을 토대로 떠올린 단어들을 묶으면 각각 이미지가 연상된다. 예컨대 오래된 옛날 성 분위기의 '은잔', 피를 빠는 듯 목에 하는 '키스', 피처럼 붉은색의 보석 '루비'라는 단어 조합을 보면 '뱀파이어'라는 개념이 연상된다. 마찬가지로 요즘 사람들은 핑크색, 초록색 트레이닝복이나 노란색 '달고나'를 보면 자연스럽게 '오징어 게임'이 생각날 것이다.

여기서 선택을 받은 단어들이 앞으로의 세계관에서 꾸준히 쓰일 기본 재료이자 '기믹Gimmick·관심을 끌기 위한 장치'이 되며 이 장치들 덕분에 향후 다른 앨범을 내도 세계관은 통일성을 유지할 수 있다. 선택받지 못한 단어들 역시 이후를 위해 잠시 저장해 뒀다 필요하다면 언제든지 꺼내 쓸 수 있다.

앞선 연상 과정을 통해 마련한 세계관의 기억을 효과적으로 표현하는 역할은 '장르'가 수행한다. 같은 기억에 로맨스를 입힐 수도 있고, SF를 입힐 수도 있다. 과거에는 장르 선택에 있어 서사가 중요한 역할을 했으나 최근에는 그 중심이 캐릭터로 옮겨왔다. 예컨대 '빙그레우스'라는 인물을 효과적으로 나타내기 위해 중세 시대물이라는 장르를 결정하는 것이다.

주요 기믹과 장르가 정해졌다면 배경에서 인물이 사건을 어떻게 풀어 나갈지는 아트디렉터들의 몫이다. 첫 작업이 앨범 재킷이 될 수도 있고, 뮤직비디오가 될 수도 있다. 세계관을 자유롭게 가지고 노는 것은 팬들의 몫만이 아니다. 앨범 재킷은 당연히 사진작가가, 뮤직비디오는 당연히 뮤직비디오 감독이 전문인 영역이다. 이들이야말로 어떤 흐름으로 내용을 전개하고, 어떤 장치를 활용할 수 있을지 가장 깊게 이해하고 있는 이들이다. 깊은 고민을 거쳐 설정된 기믹이 존재하기에 이들을 믿고 맡겨도 창작물 간의 통일성이 깨지거나 서로 내용이 맞지 않는 패러독스paradox가 발생할 가능성은 낮다.

° **세계관 활용을 위한 조언**
고생 끝에 만든 세계관을 어떻게 활용할지 감이 오지 않거나 세계관을 만들어야 하는지에 대한 판단 자체가 서지 않을 수도 있다. 이들을 위해 다음과 같은 다섯 가지 조언을 제안한다. 한마디로 요약하자면 완벽주의에서 벗어나라는 것이다.

첫째, 값을 매길 수 없다. 종종 세계관을 만들고 싶어 하는 브랜드와 미팅을 가지면 가장 먼저 던지는 질문 중 하나가 "세계관을 만들면 진짜 매출이 오르나요?"이다. 기업이 투자를 진행하기 전에 확실한 결과가 따를지 고민하는 건 당연하다. 안타깝게도 세계관의 효과를 수치로 파악하는 일은 쉽지 않고 매출과 같은 재무적 지표를 통해 이해하고자 하면 세계관을 구축하기 위해 시간과 노력을 들이는 건 납득하기 어렵다. 세계관의 유용성을 판단하기 위해서는 고객 충성도 등 세계관의 활용과 걸맞은 지표를 차용해야 할 것이다.

둘째, 효율을 따져서는 안 되는 것이다. 세계관 구축은 긴긴 과정을 거쳐야 한다. 키워드만 해도 3,000~4,000개를 뽑아낸다. 그간의 고생을 치하하기 위해 모든 요소를 한 세계관에 다 쏟아붓고 싶어 하기도 한다. 효율을 따지며 빈틈없이 완벽한 세계관을 만들고 싶어 하는 것이다. 그런데 과연 4,000개의 키워드가 모두 담긴 세계관이 탄탄하다고 할 수 있을까? 오히려 설정 간의 오류가 생기거나 세계관이 너무 방대하고 복잡해서 팬들이 이해하기 어려워할 것이다. 어떻게든 논리적으로 모든 요소를 다 넣었다고 쳐도 그 세계관에서 팬들의 참여를 통해 채워 넣을 수 있는 건 무엇일까. 사실 이런 고민을 하기 전에 이 같은 세계관을 만드는 게 불가능하다고 봐도 무방할 것이다. 세계관은 영화나 드라마에서 사용되듯이 완벽한 설정을 갖추는 것과는 다르다는 점을 명심해야 한다.

셋째, 세계관도 바뀐다. 세계관이 절대 불변할 필요는 없다. 새로운 요소들이 추가될 수도 있고, 필요하다면 새로운 세계관을 짜도 된다. 더 이상 기존의 콘셉트가 먹히지 않는데 현재의 세계관 안에서는 콘셉트를 바꾸기 어렵거나, 혹은 멤버의 탈퇴 등과 같은 현실적인 이유로 세계관에 변화가 필요할 수도 있다.

엑소의 경우 중국인 멤버 2명이 중도 탈퇴하며 세계관의 수정이 불가피해졌다._{현재는 중국인 멤버 1명이 추가 탈퇴해 총 9명이다} 엑소는 2015년 콘서트에서 영상을 통해 팬들에게 기존 10인 체제의 세계관이 리부트_{reboot·재가동}됐다는 사실을 선포했다. 더 이상 엑소 멤버들은 외계인이 아니게 됐다. 대신 엑소 멤버들의 초능력을 9개의 미발견 물질을 연구하는 과정과 연결했다. 팬들의 적극적인 세계관 놀이 참여를 위해 트위터 계정을 오픈했고, 다음 발매될 앨범의 멤버별 티저 영상 속에는 다음 티저 영상의 주인공과 공개 시간에 대한 떡밥이 숨어 있었다. 팬들의 집단 지성이 발휘되는 순간이었다. 이들의 마지막 미션은 팬송의 형태로 발표되었는데 해당 영상을 통해 팬들 역시 미발견 물질에 대한 연구에 참여하고 있다는 사실을 알렸다. 후에 SM은 이 이벤트를 두고 멤버 탈퇴 등으로 어려움을 겪었던 팬들을 위한 선물이라고 밝혔다.

이처럼 세계관이 바뀔 수 있는 이유는 세계관이 팬들과의 '약속'에 의해 형성되기 때문이다. 팬들 역시 세계관이 기획사에서 만든 판이라는 사실을 알고 있지만 이 놀이에 참여하고 싶어 하기 때문에 멤버들을 초능력자로 이해하는 것이다. 피치 못하게 세계관에 수정이 필요하다면 더욱 큰 공을 들여 팬들이 그 이유와 과정을 이해할 수 있도록 팬들과 새로운 합의를 이뤄야 한다.

네 번째, 각자의 '덕질'을 보호하라는 것이다. 때로는 의도하거나 바라는 대로 팬들이 세계관을 해석하지 않을 때도 있다. 또는 생각보다 몰입하지 않는 팬들이 있을 수 있다. 팬들이 한 아티스트를 좋아하는 형태가 모두 동일하지 않을 수 있기 때문이다.

과거 한 채널에서 '펭수의 신원 확인'이라는 주제로 뉴스를 보도했다. 그쯤 펭수가 외교부 행사에 참석했는데 기자가 외교부 관계자에게 펭수의 신원을 묻자 '10살짜리 펭귄이다.'라는 답이 돌아왔다. 다수의 팬은 외교부 관계자의 우문현답을 칭찬했다. 펭수 세계관에 적극적으로 몰입한 이들은 펭수 안에 있는 사람을 궁금해하는 것 자체가 펭수라는 캐릭터를 즐기지 못하는 처사라고 생각할 것이며, 이 같은 행동을 보이는 이들을 배제하고 펭수를 중심으로 하는 의사소통에 끼워주지 않을 것이다.

다섯 번째, 아이돌도 마찬가지다. 팬들은 멤버라는 사람 자체를 좋아할 수도 있고, 멤버가 노래하는 모습을 좋아할 수도 있다. 아이돌 멤버가 드라마에 출연 소식을 전했을 때 환호하는 팬들도 있지만 걱정이 앞서는 팬들도 있다. 이처럼 팬들의 니즈와 취향은 다양한 형태로 전개되며 몰입의 수준도 전부 다르다. 팬들 사이의 멤버에 대한 특정 모습을 강요하거나 혹은 앨범 구매, 스트리밍, 뮤직비디오

시청들을 강요한다면 유치함이나 혐오감을 느끼거나 팬들 간 불화가 생길 수 있다. 마찬가지로 세계관이 팬들의 공감을 바탕으로 진화하지만 이를 원하는 방향대로 통제를 가하는 순간 세계관에 부정적인 감정을 느끼는 팬들이 생겨날 것이다. 세계관에 대한 팬들의 몰입 정도와 감성은 모두 다를 수 있다는 사실을 인정하자. 건강한 팬덤이 형성되기 위해서는 팬덤 내의 강요는 물론 기획자들의 강요 역시 존재해선 안 된다. 자발적 행태로 흥미를 느끼고 덕질에 임할 때 든든한 팬덤이 형성될 수 있을 것이다.

° 세계관을 만드는 방법

세계관을 만드는 첫 번째 단계는 앞서 말했듯이 키워드를 모으는 일이다. 단어들을 모아야 한다. 아직까지 우리가 알지 못하는 그 무엇을 표현할 단어들 말이다. 예를 들어서 뱀파이어 세계관이라면 우선 뱀파이어라는 단어가 있을 것이고 그 뱀파이어라는 단어에서 이빨이나 검붉은 망토나 오래된 성같은 건물이라든가, 그 세계관 속의 소재로 쓰일 단어들을 모아야 한다. 경험상 4,000개 정도의 단어라고 말했는데, 이쯤 모아지면 어떤 한 덩어리의 지점에 이르는 것 같다. 마치 전용 사전을 만드는 것처럼 이 세계관 내에서 의미를 부여하고 있는 단어들의 리스트를 만드는 것이다. 이것이 첫 번째 단계이다. 이것을 1장 처음에서 말한 '점'들을 모은다고 표현할 수 있을 것이다.

두 번째 단계는 이 점들을 연결하는 선을 긋는 것이다. 점이 되는 단어들의 연관 관계를 선으로 이어주는 것이다. 예를 들어 골프와 라운드, 복싱과 라운드의 관계는 다르지 않겠는가. 이 연관되는 단어를 통해 의미를 선명하게 만드는 것이다. 그냥 맥락 없이 라운드라고 하면 이게 뭔지를 모르게 된다. 뱀파이어에 등장하는 마늘과 단군신화에 등장하는 마늘은 어떤 단어와 연결되는가에 따라서 지위와 이미지가 달라지는 것이다. 이런 식으로 단어와 단어, 이미 모아 놓았던 단어들의 연결 관계를 전부 허공에 만들어 주는 것이다. 새로운 것이라면 허공에 만들고, 기존에 있는 것이라면 분석해서 새로 만드는데, 연결도가 주욱 그려지기 시작하면 핵심 단어, 으뜸 단어라는 게 나올 수 있다. 그런데 그 단어가 사람들의 상상과 다를 수 있다. 보통 스토리적으로 표현한다면 '한적한 오후였다.' 이렇게 시작할 수도 있고, 아니면 어떤 한 남자의 이야기로 시작할 수도 있지만, 세계관 체계하에서는 이미 모아 놓은 단어들의 연결도를 만들면 가장 많은 연결을 가진 단어가 핵심 단어가 되는 것이다. 핵심되는 단어들을 추린 다음에 '스토리텔링이 시작되면 어떤 단어부터 이야기를 끌고 나가야 하는가.'라는 구조가 잡히게 된다.

세 번째 단계에서는 '시트'를 만든다. 인물 시트, 장소 시트, 사건 시트, 사물 시트. 이렇게 네 가지 정도다. 시트라고 부르는 이유는 연결도를 가진 키워드들이 한 장의 종이에 담기기 때문이다. 인물이 있으면 그가 갖고 있는 장비가 있을 수 있고, 태어난 장소 등 활동하는 곳이 있고, 그 인물을 설명하다 보면 여러 가지가 더 나오게 되는데 연결되어 있는 단어들의 집합체가 나오는 것이다. 이것으로 작은 이야기 구조를 만드는 것이다. '주인공이 애용하던 총이다.', '누구와 함께 살았던 동물이다.' 등등 시트들을 차곡차곡 쌓아나가는 단계이다. 첫 번째가 점이었고 두 번째가 점들이 연결된 선이 퍼진 2차원이었다면 세 번째는 여러 키워드가 연결되어 여러 시각을 구술한 3차원적인 느낌이 든다.

네 번째는 이 시트들을 가지고 오프닝 시나리오를 만드는 단계이다. 삶의 단면 같은, 어찌 보면 싱겁기까지 한 이야기일 수도 있다. '어떤 남자가 자다가 일어나서 편의점에 들러서 컵라면을 사 먹고 집에 돌아와서 다시 잤다.' 이런 식이다. 재미도 없고 이야기라고도 할 수 없지만, 이 이야기는 우리 사회 속 삶의 단면을 보여주고 있다. 우리가 이런 모습에 너무 익숙하기 때문에 새로움을 못 느낄 뿐이고, 이것은 이 세계관의 일상을 보여주는 것이다. '아, 새벽까지 문을 여는 가게가 있고, 걸어서 그 가게에 갈 수 있구나.' 이 내용을 조금만 색다르게 변형하면 크게 회자된 드라마 '오징어 게임'처럼 새로운 색깔이 씌워질 수 있다. 이런 오프닝 시나리오들을 필요한 만큼 만든다.

이렇게 오프닝 시나리오에서는 동적 이미지를 만들 수 있게 된다. 그게 애니메이션이 될 수도 있고 영화가 될 수도 있고 뮤비 콘셉트가 될 수도 있고, 앨범 자켓일 수도 있다. NFT아트처럼 일정한 프레임을 가지는 GIF 영상물이 될 수도 있다. 이렇듯 세계관은 다중적인 작업을 통해 만들어진다. 그렇다면 세계관을 어디에 쓰는가를 생각해 볼 수 있다.

Created by WhtDrgon(김동은) • NFT 작품 • purple peach

2. 세계관이 만든 메타버스 시대

°메타버스와 게임

게임은 메타버스를 받아들이는 데 가장 앞서 있는 영역이다. 이에 게임 업계에서 선행된 이슈를 통해 메타버스의 고객을 이해해 볼 수 있다. 메타버스의 고객은 현실의 개인보다 훨씬 더 파편화되고 단편적인 특징의 '부캐' 집단이며, 회사의 철학과 문화에 공감해 투자하듯 소비하기 때문에 기업은 *'록인lock-in 효과'와 같은 긍정적인 효과를 얻을 것이다. 그러나 이들이 만족할 수 있는 세계관과 서비스를 제공하지 못한다면 도시의 폭동에 견줄 만한 거센 고객 항의를 받게 될 수 있다. 기업들은 현실의 모든 서비스를 메타버스로 옮겨 갈 준비를 해야 하며, 메타버스에서 발생하는 방대한 캐릭터 로그 기록, 즉 고객 데이터를 활용할 방안을 고민해야 한다.

*고객이 특정 상품이나 서비스를 이용하기 시작하면, 이후에도 계속 기존의 것을 이용하게 되는 상황

페이스북이 2020년 전 세계 20여 개국에 출시한 신형 무선 가상현실VR 헤드셋 '오큘러스 퀘스트2'는 지난해 말까지 전 세계에서 약 110만 대 이상 판매됐다. 국내에서도 판매를 시작한 지 1주일 만에 1만 대의 초판 물량이 매진돼 2차 판매에 들어가기도 했다. VR의 대중화가 예고되면서 각종 게임 엔진도 본격적으로 메타버스에 어울릴 기능들을 지원하는 등 업계에선 본격적인 가상현실VR, 확장현실XR, 혼합현실MR 등의 콘텐츠가 힘을 얻을 것으로 기대하고 있다. 시장 조사 업체 스트래티지애널리틱스는 2025년 메타버스 관련 기기 매출만 약 300조 원에 달할 것으로 예측했다.

메타버스에 대한 관심이 말 그대로 '급증'하고 있는 지금, 메타버스를 준비하고자 하는 이들은 게임 산업을 눈여겨볼 필요가 있다. 최신 기술을 아낌없이 '낭비'하는 게임의 특성상, 다가올 메타버스 시대에서 게임이 주요 역할을 할 것임은 분명해 보인다.

많은 언론은 메타버스가 영화 '레디 플레이어 원'에서처럼 VR가상현실 기기를 통해 접속하는 화려한 가상의 세계일 것이라 상상한다. 이에 따라 메타버스를 정의해보면 메타버스는 "누구나 접속할 수 있는, 즉 '오픈월드'를 기반으로 한 가상화된 체계이자 사회"를 말한다. 이와 가장 가까운 현재의 콘텐츠가 바로 게임이다. 엔비디아의 CEO 젠슨 황은 2020년 개최된 개발자 콘퍼런스에서 메타버스 세계의 대표적인 사례로 마인크래프트와 포트나이트라는 2개의 오픈월드 게임을 꼽았다. 게임 유통 사이트 '스팀'에 따르면 오픈월드가 적용된 게임은 전 세계적으로 3,000개가 넘는다.

메타버스는 사람들이 모여드는 새로운 세계관, 문화, 질서를 가진 땅이다. 온라인 게임은 그 역할을 이미 20년 전부터 경험해 오고 있다. 팬데믹 시대를 맞아 모든 식당이 온라인 배달 서비스로 전략을 선회하는 등 타 업종의 문법을 받아들이며 변화를 꾀하고 있다. 마찬가지로 새로운 도시와 사람, 문화, 기술이 등장하는 지금은 '메타버스 개화기'라고 할 수 있다. 게임 업계에서 선행된 이슈를 통해 메타버스를 이해하는 시각이 필요하다. 메타버스라는 가상화된 사회의 구성요소와 파생 요소를 게임 산업을 중심으로 살펴보자.

° **메타버스라는 신대륙**

2010년 12월 북아프리카 튀니지에서 발생한 '재스민 혁명'은 인류가 가상사회인 소셜네트워크서비스, 즉 SNS를 통해 현실 사회의 폐쇄성에 대항한 대표적인 사건이었다. 재스민 혁명을 통해서도 알 수 있듯 SNS로 대표되는 가상사회는 단순히 자신의 일상을 지인들에게 전하는 것을 넘어 사건에 대한 개인의 시각을 공유하는 문화영토의 영역이다. 그렇다면 이러한 가상세계 문화영토에서 종래의 근대적 '국가'라는 개념은 어떻게 활용되고 있을까?

한때 돌풍을 일으킨 일본 닌텐도사의 게임 소프트웨어 '동물의 숲'

을 보면 그 해답은 명료하다. 이 게임 소프트웨어는 한일 관계 경색으로 한때 우리나라 사회 전반에 걸쳐 성행했던 일본 불매운동, 이른바 '노^{No}재팬 운동'의 충격을 피해 갔다. 시중에서 구할 수가 없을 정도로 인기가 많아 중고시장에서 2배 가까운 가격에 거래되기까지 했다. 이처럼 대중은 이 가상사회에 기존의 국가를 연결하지 않고 있다. 즉, 그들에게 있어 메타버스란 민족적 경계가 모호한 '비非국적'의 세계인 셈이다.

여기서 주목할 점은 메타버스가 새로운 콘텐츠가 아니라 사회, 경제, 문화적 활동을 하는 장소라는 것이다. 콘텐츠는 그 종류에 따라 활동 무대가 규정돼 있지만 메타버스는 공간의 제약이 없다. 최첨단 기술을 바탕으로 장비를 머리에 쓰고 고개를 돌리면 다른 장소에 온 듯한 360도 VR 배경과 가상의 AI 캐릭터가 'AI스러운' 목소리로, 'AI적인' 대사를 주고받는 것이 메타버스라고 상상할 수도 있다. 하지만 이런 겉모습만이 메타버스의 본질은 아니다.

메타버스는 곧 현실의 상품과 디지털 상품 사이 간격을 연결하는 '입지'다. 우리 기업들이 특히 메타버스 현상을 주목해야 하는 이유이기도 하다. 디지털 상품뿐 아니라 실물 상품의 제조 유통을 포괄하는 거의 모든 기업이 메타버스를 활용할 수 있다. 현실에서는 이미 온라인 쇼핑을 이용하는 연령대가 고령층까지 확대돼 온라인 상품 매출이 폭증하고 있다. 이 같은 상황에서 앞으로 메타버스의 입지적 역할은 더욱 확대될 것이다.

국가를 구성하는 세 가지 요소는 영토, 국민, 주권이다. 메타버스를 문화영토라고 부를 수 있다면 이 영토에서 활동하는 국민과 이들이 요구하는 권리를 주의 깊게 살펴봐야 한다. 특히 'MZ세대'라고 칭하는 우리 사회 신세대들을 주목할 필요가 있다. 이들은 태어날 때부터 온라인과 모바일 디바이스에 익숙하며, 네트워크를 통해 세상과 소통하는 습관이 있다. 메타버스의 흐름은 부득불 신세대의 특성 및 습관을 따라가게 된다.

° 메타버스 사회의 서비스

미국 경제학자 에드워드 카스트로노바Edward Castronova는 2001년 온라인 게임 1개가 러시아급 GNP와 비슷한 규모라는 논문을 발표했다. 이미 이 시점에서 게임으로 구현된 국가급 가상사회가 메타버스의 태동을 예고했다고 할 수 있다. 메타버스 역시 게임처럼 수많은 사람이 한자리에 모일 수 있는 만큼 부캐나 캐릭터로 이뤄진 집단이 생성되고 나아가 가상 도시 및 국가의 탄생을 예상해 볼 수 있다. 그리고 사람들이 사는 국가에는 여러 가지 일이 생긴다. 작게는 세무 처리부터 크게는 개인과 집단 간의 법적 분쟁, 재산권, 상속권 분쟁까지 다양하다.

이미 지금의 현실 사회에서도 디지털 트랜스포메이션의 결과로 사회의 거의 모든 서비스를 온라인으로 처리할 수 있게 됐다. 그 덕분에 손쉬운 방법으로 현실에서 직접 모습을 나타내지 않고도 온라인에서 소비자의 권리를 요구하고, 변호사 서비스를 사고, 해당 회사에 투자한다. 최근 미 증시를 뒤흔든 '게임스톱^{GME}' 사건은 여러 이해관계가 얽혀 있지만 그 시작은 게임 소매점 '세임스톱'에 추억을 두고 있는 게임 애호가들의 투쟁이었다. 이는 온라인에서 결집한 소비자들의 힘을 보여주는 사례라고 할 수 있다.

메타버스 국가 안에서는 서비스나 상품만이 디지털화, 메타버스화되는 것이 아니라 회사나 조직체계, 종업원 역시 사용자와 함께 가상화될 것으로 보인다. 또한 메타버스에서 발생할 수 있는 문제에 대응하는 소비자 법률 서비스들이 필요하다고 예측해 볼 수 있다. 카스트로노바 교수의 논문이 발표된 시점에 가상세계의 소유권과 전송권 같은 개념들이 여러 변호사 콘퍼런스의 주요 주제이기도 했다. 메타버스는 게임 산업에서 발생한 문제보다 훨씬 더 복잡한 문제가 나타날 것이다.

현실에 존재하는 관혼상제 역시 메타버스로 옮겨갈지 모른다. '리니지'와 '바람의 나라' 같은 게임에는 캐릭터 간 결혼이 존재한다. 다른 게임 유저들이 하객으로 참석하기도 한다. 메이플스토리는 아예 결혼을 위한 예식 서비스와 결혼 반지 등을 판매한다. WOW, 울티마 온라인 등의 게임에선 유저 캐릭터를 추모하는 장례식이 열린다. 이것이 바로 메타버스에서도 현실에서만큼 무궁무진한 사회적 서비스 개발에 대한 상상력이 필요한 이유다.

°메타버스와 데이터 자산

1997년 이후 MMORPG다중 접속자들을 대상으로 한 온라인 롤플레잉 게임 장르의 게임이 유행하자 전 세계 게임 회사는 게임 세계를 운영하기 위한 별도의 온라인 전담 서버를 수십여 대 씩이나 둬야 했다. 특히 '로그서버'라는 장치는 오로지 캐릭터들이 발생시키는 데이터를 기록하고 또 보관하기 위해 존재한다. 유저들이 게임을 하면서 남기게 되는 이 캐릭터 활동 기록은 고객 상담 부서에서 고객 간 분쟁을 해결해야 할 때 사실 확인용으로 쓰이거나, 게임 개발 부서에서 게임 속 재화의 흐름을 파악하거나, 새로 추가된 지역·괴물·무기 등이 실제로는 얼마나 활용되는지를 확인하거나, 유저들의 성향을 분석하는 데 사용됐다.

물론 게임 이외 분야에서도 PC통신 시대부터 인터넷 웹페이지의 로그 기록은 고객 활동 분석의 주요 수단이었다. 그러나 페이지의 이동을 단편적으로 분석했던 과거와 달리 캐릭터의 활동이 계속해서 이어지는 메타버스에서는 고객 분석이 새로운 분기를 맞을 것이다. 또한 메타버스는 온라인 접속과 비접속의 상태가 명확히 구분되는 인터넷과 달리 현실과 가상세계가 분간되지 않는 공간이다. 즉, 가상세계의 활동 기록뿐만 아니라 현실세계의 활동 기록까지도 메타버스에서 융합될 수 있다.

예를 들어, 닌텐도의 '링피트'라는 게임은 홈트레이닝을 연상시키는 운동 장비를 이용해 게임의 캐릭터를 조종하도록 설계됐다. 게임 유저는 캐릭터를 조종하는 과정에서 다양한 운동을 하게 되고, 이 운동 실적이 캐릭터의 레벨을 상승시킨다. 게임의 캐릭터를 따라 오프라인에서도 자기 관리를 하는 셈이다. 이는 결국 현실의 데이터를 게임 속 캐릭터로 옮겨 부캐와 본캐의 경계를 허물고 메타버스를 실물경제의 영역으로 연결해 준다. 앞으로 등장할 메타버스에서도 웨어러블 건강 측정 장비들이 가상세계 캐릭터와 연결되면 실제 사용자를 나타내는 고급 데이터가 될 것이다.

또 다른 게임 '디어다이어리Dear Diary'는 아주 오래된 표현으로 말하자면 일기장을 의인화한 프로그램이다. 유저들은 일기장과 대화를 통해 자신의 속내를 드러낸다. 다이어리란 본래 개인의 방 깊숙이 보관되는 것이다. 그러나 디어다이어리처럼 현실 공간이 메타버스와 결합하면 지금까지 접근하기 힘들었던 개인 영역 역시 데이터의 형태로 드러나게 된다. '명상'이나 '자기 관리' 같은 콘텐츠 역시 '개인-부캐-본캐'의 분석으로 연결될 수 있다.

이처럼 메타버스의 캐릭터 활동 데이터는 그 활용성이 더욱 커질 것으로 보인다. 현실세계의 배송·구독경제, 팬덤 경제, 각종 웨어러블 기기의 건강 데이터, 암호자산은 메타버스 안에서 하나의 실로 꿰어진 구슬과 같이 지금보다 더욱 가치 있는 보배가 될 것이란 뜻이다. 기업들은 이 같은 데이터를 어떻게 활용할 수 있을지 지금부터 고민해야 한다. 이 같은 기록은 사람이 아니라 캐릭터의 데이터라는 점에서 기업에 조금 더 자유로운 활용 가능성을 열어준다. 현실적 가치를 더해가는 메타버스 속 데이터 자산은 메타버스가 발생시키는 핵심 자산이 될 것이다.

그러나 이런 환경 속에서 인류는 육체노동과 지식노동, 서비스·감정노동이 아닌 데이터를 발생시키는 소비 노동의 시대를 맞이한다는 점에서 철학적인 논의도 필요해 보인다. 또한 메타버스를 운영하는 서비스와 거기서 파생되는 모든 것에 대한 데이터 보안 문제도 사회적 합의가 필요하다. 암호화폐뿐 아니라 이메일, 메시지 등의 통신 수단을 포함한 모든 사회 인프라가 현실과 분리되어 메타버스 세계 전용의 망을 구성하고 모든 데이터가 기록될 것이기 때문이다.

°메타버스 시대는 무엇이 다른가

메타버스 시대는 그동안 암묵지 형태로 있던 세계관이 형식지 형태로 사업적으로 드러난 시대라고 규정할 수 있다. 예를 들어 '일반인'은 스스로를 일반인이라 부르지 않는다. 강남 사거리에 앉아 분주히 움직이는 사람들과 분리되어 외부인의 시각으로 사람들을 관찰할 때나 붙일 수 있는 말이다. 이때의 이들은 어딘가에 있는 평범한 사람들이 아니라 '다른 세계관의 사람들'이라고 간주해야 한다.

　남녀 커플이 있는데, 둘만의 연애편지 속 세계를 한 사람이 일방적으로 대중 앞에서 공개하고 프로포즈하겠다고 선언하면 상대방이 동의하지 않을 것이다. 이런 둘만의 세계와 현실 접점의 순간에 대한 경계는 분명하다. 담임선생님이 등장하기 전과 후의 교실은 다른 세계이다. 선생님이 등장하기 전 학생들만의 세계에 그대로 진입할 수 있는 선생님은 엄청난 존경과 사랑을 받는 경우에나 가능할 것이다.

　우리의 육체가 물리적 세계를 딛고 있기 때문에 완전히 분리할 수 없지만, 고려KOREA로 대표되는 단군 민족 문화와 대한 민주 공화국, 현 정권, 태극기와 광복절은 엄연히 다 '다른 세계'이다. 다른 시간대에 존재함을 말하는 것이 아니라 각각의 세계 그 자체가 다른 것을 의미하는 것이다.

　2020년 한 아이돌 그룹의 온라인 콘서트는 99만 3,000명의 관객을 기록했다. 국내의 한 걸그룹의 인터넷 팬사인회에서 수천만 명의 팬들은 스타의 사인을 받고 셀카를 찍었다. 약 40만 명이 참가한 최대의 록페스티벌 우드스탁이 왠지 초라해 보일 정도의 숫자이다. 공연만이 아니라 코로나의 여파로 242년 전통의 영국 백화점 데번햄스가 폐업하는 시대에 서울의 백화점에서는 5시간 동안 23만 명이 온라인 쇼핑을 했다. 이 모든 것들이 벌어진 장소를 사람들은 예전에는 인터넷 혹은 가상세계라고 불렸지만, 기술의 발달로 이제 그 공간을 현실감 있게 만들기로 하면서 '메타버스'라고 부르기 시작했다.

메타버스가 메타와 유니버스라는 단어의 결합이라는 면에서 먼저 유니버스를 설명할 필요가 있다. 유니버스는 세계를 뜻하는 말로 게임이나 마블의 어벤저스, 스타워즈, 스타트렉 등의 가상세계를 지칭하는데 더 많이 쓰였다. 요즘 가수들마다 가지고 나오는 '세계관'의 영어 명칭이다. 메타에는 보조적인 의미가 있기 때문에 메타는 원본에 의존적인 개념이고, 유니버스와는 다른 곳이란 뜻이 된다. 즉 메타는 역설적이게도 유니버스 입장에서 현실을 의미한다. 일례로 SF나 천문학에서 스페이스는 인간이 직접 가는 공간, 유니버스는 관측이나 계산으로 명명한 공간, 코스모스는 철학적인 개념을 포함해서 인식하는 모든 공간을 말한다고 한다.

즉 가상의 유니버스와 메타라는 단어가 결합한 메타버스는 현실을 유니버스화한 곳이라고 해석할 수 있다. 그렇기 때문에 메타버스는 가상이면서도 현실의 사회, 경제, 문화에 근본을 두고 있다. 유니버스의 특성 역시 함께 지니고 있기 때문에 마블 유니버스나 판타지, 무협, SF, 호러 등의 기존 유니버스가 가진 장르와 마찬가지로 메타 버스 역시 장르를 이루는 세계관을 가질 것이다. 세계관을 만들 때 인물, 장소, 사물, 사건으로 구성하는 것처럼 메타버스도 인물, 장소, 사물, 사건으로 구성된 세계관으로 설계할 수 있다.

메타버스의 문화, 세계관

메타버스는 가상으로 이루어진 곳이라서 어떤 나라나 어떤 동네에 해당하는 지역성이 없다. 가상세계에 유치한 주민의 수가 콘텐츠이다. 마치 게임과 SNS가 그래왔듯 무료의 행진이 이어질 것이기 때문에 가격 경쟁력도 가질 수 없다. 가능한 차별화는 '메타'와 '유니버스' 두 가지 요소뿐이다.

메타는 현실에서 어떤 제품, 어떤 서비스와 어떤 고객, 즉 어떤 부캐를 데려오는가의 문제이다. 어떤 사람의 부캐들은 으스스한 고딕이나 고스풍의 세계에서 뱀파이어의 사랑을 테마로 하는 곳을 선호하고 어떤 사람들은 도시 가득한 좀비들의 세계, 푸른 바다에서 범선에 후추를 가득 싣고 인도와 리스본을 왕복하는 세계, 거대한 용이 날아다니는 중세의 시대 등을 선호할 것이다. 이런 테마들을 세계관이라고 한다.

세계관은 우주선이나 고성의 모양새를 설명하는 자료가 아니라 '부캐'의 입장에서 선택하는 '가상세계에 대한 백서'로서 메시지와 사람 또는 AI 스타의 무대 공간을 만든다. 세계관이 엉성하면 부캐는 이를 '진정성'이 없다고 판단한다. 자신들의 세계에 대한 이해가 부족하기 때문에 콘텐츠를 제공할 자격이 없어서 무리에 받아들일 수 없다는 뜻이다.

부캐 집단들은 세계관 하에 구성된 세계의 주민이 되어 주어진 역할로 살아가고 주어진 규칙에 따라 성장하며 문화를 만들어내게 된다. 세계관은 마치 종교 경전처럼 말 그대로 세계를 바라보는 관점, '세계관'을 제공하는 것이다. 이 부캐들을 자신의 세계에 이주시키기 위한 작업이 한창이다. 가수 팬덤과 웹툰 팬, 웹소설, 드라마, 영화, 게임이 서로의 경계를 허물고 서로의 팬들을 유혹하고 있다.

° 메타버스의 파생 산업들

IT분야 비즈니스 외에도 메타버스의 파생산업에는 다양한 분야가 있을 것이다. 첫 번째는 장비사업이다. 그동안 갑갑하게 막혀 있던 VR장비와 웨어러블 기기 등의 첨단 하드웨어들이 판로를 모색할 것임은 말할 바가 없다. 특히 오큘러스2는 기존의 '장비' 수준에서 상품 수준으로 격상되어 왔고, 애플과 MS의 상품도 큰 기대를 받고 있다.

두 번째, 광고분야에서는 사람들이 돌아다니는 모든 공간은 광고의 대상이 된다. 판촉, 마케팅의 방법은 무궁무진할 텐데 메타버스 환경에서는 모든 고정관념을 버려야 할 것이다. 광고 매체가 시각적인 영역 뿐 아니라, 매일 반복되는 메타버스 사용자의 일상생활 속에 들어간다. 예를 들어 사람은 매일 물을 마시는데 이 물 마시는 행위에도 'OO수', 'OO시스' 등의 생수 회사 메타상품을 보상 받고 소비하는 소비 노동이 광고 형태로 발전할 것으로 예측해 볼 수 있다. 거꾸로 브랜드가 특정 메타버스에 역컬래버 형태로 입점 유치되는 일도 생길 것이다.

세 번째는 IP의 컬래버이다. 모든 메타버스가 전용 세계관을 장착하지 않아도 게임, 만화 IP를 통해 고객의 요구를 수용할 것이다. 현실의 스타, 스타의 캐릭터, 만화의 캐릭터와 지역, 소품들이 다양한 형태로 관계를 맺을 것이다.

만화, 게임, 연예산업의 전통적인 2차 시장이 메타버스 산업의 하나가 된다. 일본에는 '아키하바라'라는 곳이 있고 수많은 팬, 금손들이 만든 2차 콘텐츠들이 불법의 경계를 넘나들며 원작자들과 암묵적 합의하에 존재한다. 메타버스에서도 금손들의 수익창출과 경제 생태계 조성을 위해 각종 파생 콘텐츠의 제조 유통이 이루어지는 2차 시장이 필수가 될 것이다.

네 번째, 메타버스 산업으로 지목할 수 있는 영역이 바로 리세일 Resale이다. 무형의 콘텐츠 분야 뿐 아니라 제조업 역시 '살 사람'에게 파는 한정판들이 등장하고 있다. 밀가루, 구두약, 골뱅이 상표 맥주가 나오고, 시멘트 회사의 팝콘이 나온다. 커피숍과 패스트푸드점이 내는 상품들을 새벽부터 줄 서서 사는 것도 한정판이 만들어 내는 2차 시장이라고 할 수 있다. 장차 메타버스 시대에서는 실물에도 가상세계의 제품이나 가치를 부여할 것이기 때문에 지금 '운동화' 거래로 대표되는 가치 교환 리세일 시장은 더욱 커질 것이다.

다섯 번째, 교육산업을 빼놓을 수 없다. 사람과 문화와 공간이 있는 메타버스에서 교육산업이 큰 역할을 할 것은 자명한 것이지만, 특히 메타버스는 '시뮬레이터'의 기능을 함께 가지고 있다. 게임 플라이트 시뮬레이터는 비행기 조종에 대한 상당한 소양을 예비 교육시킨다. 커피를 내리는 바리스타부터 원자로 내부의 정비까지 상상할 수 있는 모든 교육이 제공될 수 있다.

여섯 번째로 조직 내부 교육 분야가 있겠다. 스타트렉을 좋아하는 사람들을 트레키라고 부르는데, 스타트렉 드라마는 예전부터 이 트레키를 위하여 삶의 교훈과 행동양식을 가르쳤다. 많은 에피소드가 우애와 상명하복, 올바름, 갈등의 해결, 연애나 가족과의 관계를 유지하는 법을 알려준다. 메타버스 역시 하나의 사회이기 때문에 스포츠맨십과 프로게이머십처럼 여러 가지 사회적 교육이 필요할 것이다.

일곱 번째, 사회적 약자를 보호하는 분야에서도 메타버스는 효율적이다. 메타버스에서 사용자는 본캐의 상태와 관계없이 부캐로 활발하게 사회활동을 할 수 있다. 이런 환경에서 실버산업 등 사회적 활동이 힘든 노인과 장애인들을 돕는 많은 방법이 제공될 수 있다.

여덟 번째, 차량에서 메타버스의 발달은 획기적일 것이다. 시간의 문제일 뿐 자율주행이 예고된 자동차는 거실을 대체한다. 테슬라는 이미 차량에 게임을 설치했는데, 앞으로 차량이 가장 안락한 소파와 가장 성능이 좋은 음향장비를 갖춘 오락 공간이 될 것이다. 메타버스 역시 스마트폰과 함께 자동차라는 디바이스에 대비할 것이고 이 디바이스에 최적화된 콘텐츠가 탑재될 것이다.

아홉 번째, 남녀노소에게 놀라운 즐거움을 줄 분야가 '요리' 분야인데, 게임 안의 음식조리법들은 이미 서적 등으로 제작되고 있다. 메타버스는 이미 사라진 음식 문명을 포함하여 세계 모든 음식의 요리법을 다루게 될 것이고, 캐릭터가 먹을 요리부터 데코레이션, 실제 음식의 밀 키트까지 다루게 될 듯하다.

열 번째, 관혼상제 분야에서는 장대한 의식을 치르는 동시에 엄청난 편리함을 주게 될 것이다. 우리는 실제로 만나지 못했지만 깊은 유대관계를 맺은 친구를 SNS에서 가지고 있는데 메타 월드에서도 그럴 것이다. 게임에서는 이미 결혼식, 장례식 등의 예식들과 때로는 거대한 세리머니가 진지하게 치러진다. 메타버스 세계관에 따른 바이킹식이나 전용의 예식 절차들이 만들어지기도 할 것이고, 사이버 추모관 형태의 서비스도 제공될 것이다. 이 경우 여기에 공간과 소품, 절차, 진행자가 필요하다. 사이버추모관은 반려동물만의 것은 아니며 더욱이 추모 대상을 오직 캐릭터로만 추측하고 있다면 그 생각을 버려야 할 것이다.

열한 번째, 특정 지역이 있다면 부동산이 없을 수 없다. 게임 내의 기능과 BM요소로 존재하겠지만 더 이상한 결합도 시도되고 있다. 발 빠르게 시작한 어스2$^{earth\,2}$는 지구상의 부동산을 판다. 별로 믿음도 안 가고 이게 뭔가 싶겠지만 대한민국의 경복궁과 주요 지역을 중국 유저들이 선점한 사실을 알면 느낌이 조금 달라질 것이다. 메타버스는 공간의 제약이 없지만 콘텐츠는 공간을 규정한다. 아직도 디지털화되지 않은 수많은 장소가 과거와 현재에 동시에 존재하기 때문에 이를 개발하는 사업 역시 계속 진행될 것이다.

열두 번째, 사무공간은 어떻게 될까. 팬데믹 사태는 수많은 사람을 재택근무와 영상회의의 환경으로 내몰았고 사람들은 적응했고, 회사는 새로운 가능성을 찾았다. 메타버스가 종합 문화공간이자 쇼핑몰이라면 회사의 VR사무실 입점도 가능할 것이다.

열세 번째는 화폐발행 문제이다. 어떤 사회든 화폐는 필요하고, 사실 모든 콘텐츠 사업들은 자신들의 영토에서 통용되는 화폐 발행을 목표로 하고 있다고 해도 과언이 아니다. 암호화폐에서 촉발된 과거 몇 차례의 시도들은 몇몇을 제외하고 그리 큰 성공을 거두진 못했지만 메타버스에서 그 빛을 발할 것이다. 각종 암호기술 프로토콜들이 대체 결제수단으로 유입되겠지만, 가치 고정 암호화폐와 특히 메타버스가 판매할 무형 디지털 상품의 유일함을 보장해줄 NTF가 큰 역할을 할 수 있다.

열네 번째, 패션과 모든 디자인 분야, 럭셔리 명품산업은 두말할 나위도 없다. 브랜드들이 이미 게임을 직접 만들기도 하고, 게임과 컬래버하기도 한다. 패션뿐 아니라 소재와 자연법칙에 구속됐던 모든 디자인의 영역들이 현실과는 문자 그대로 '차원'이 다른 디자인의 자유를 가지게 된다. 메타버스에서 모든 거리, 도시, 건물, 실내, 물건들은 무늬와 모양이 모두 바뀌거나 움직일 수 있다. 이것이 상품성을 가지기 때문에 수많은 디자이너가 메타버스를 위해서 디자인하게 될 것이고 현실과 다른 경쟁력을 표출할 기회를 얻게 된다. 메타버스 환경의 디자인을 위한 별도의 교육과정도 생기게 될 것이다. 메타버스의 플로리스트는 어떤 꽃꽂이를 하게 될까. 무엇을 상상해도 좋을 것이다.

열다섯 번째, 보안과 인프라 산업도 예외가 아니다. 이 이색 환경에서의 데이터 보안은 메타버스를 운영하는 서비스만이 아니라 거기서 파생되는 모든 것에 필요할 것이고 온갖 형태의 보안 서비스가 기회를 얻게 될 것이다. 캐릭터 존재 자체를 실제와 모른 척 분리하는 부캐의 특징 때문에 편지나 메시지, 통신수단이 가상화되어 메타버스 안에 귀속될 것이다. 이미 대부분의 SNS도 전용의 통신수단을 가지고 있고 당연히 대규모 서비스에서는 전용의 기술과 서비스가 필요하다.

열여섯 번째, 캐릭터 분석 분야가 매우 '핫'해진다. 고객 유형 분석은 모든 산업에 중요한 조사인데 사람은 복잡하지만 캐릭터는 좀 더 단순하고 제품, 서비스 분석에 꼭 필요한 요소가 모여 있다. 메타버스 내에서 고객이 부캐와 캐릭터가 되고 제품 구매 뿐 아니라 다방면의 활동을 하기 때문에 고객 분석 영역은 새로운 분기를 맞을 것이다. 기존의 전통적인 분석을 포함하여 사이코 그래픽스 같은 영역들은 더욱 확대된 시장을 만나게 될 것이다. 이 캐릭터 분석은 캐릭터 데이터와 결합하여 고객 행동을 전부 데이터로 보존하고 분석할 수 있는 환경을 만든다.

열일곱 번째, 번역시장을 보자. 메타버스 같은 온라인 서비스는 세계 전역에서 접속할 수 있다. 번역은 AI가 두각을 나타내는 대표적인 곳이지만, 정서가 중요한 요소이기 때문에 현지화를 위한 전문 영역이 당분간 존재할 것이다. 특히 게임, 애니, 서브컬처와 부캐 집단의 용어들의 번역은 매우 전문적 영역이 될 것이며 적어도 다른 영역보다는 오래 버틸 것이다.

열여덟 번째, 법률서비스 분야이다. 사람들이 사는 곳에는 여러 가지 일이 생긴다. 작게는 세무 처리부터 크게는 개인과 집단 간의 법적 분쟁, 재산권, 상속권 등의 분쟁에서 '가상세계'에 대응하는 법률 서비스가 필요하다.

열아홉 번째, 로컬 공간과 관련된 산업 분야가 있다. 개인의 실제

방은 외부로 가는 현관이 되고, 개인적 공간은 오히려 메타버스 안으로 들어갈 것이다. 로컬 공간과 명상, 가계부, 다이어리 등이 다 필요하다. 가계부와 다이어리는 캐릭터-부캐-본캐의 연결을 이뤄낸다. 이상하게 들리겠지만 온라인 오픈월드에서도 개인의 공간이 필요할 것이며, 게임에서도 나의 방 꾸미기나 나의 집 장만하기는 매우 중요한 소재이다. 메타버스 환경에서 이 로컬 공간은 자기 관리와 캐릭터 데이터로 연결된다. 나만의 공간에서 자기 데이터가 나올 것이기 때문인데, '바깥'인 오픈월드로 나가기 전에 준비하는 공간은 심리적으로도 안정을 줄 것이다. 실제 사람들도 이런 공간에서만 하는 일이 있다.

스무 번째, 자기 관리 분야이다. 닌텐도는 게임의 캐릭터를 조종하며 운동하는 '링 피트'라는 게임으로 인기를 끌었는데, 메타버스 안에서도 게임의 캐릭터를 따라 하는 자기 관리, 습관, 운동의 영역이 있다. 이 부분은 자신의 데이터를 캐릭터로 옮기는 공정한 기능을 통해 부캐와 본캐의 경계를 허물고 메타버스를 실물경제로 옮겨가게 해 줄 것이다.

스물한 번째, 캐릭터 데이터 분야가 있다. 자기 관리를 통해 부캐와 이어진 실제 사용자의 규칙성과 루틴은 고급 데이터를 제공한다. 사람이 아니라 캐릭터의 데이터이다. 데이터 자산은 메타버스의 핵심 수익원이 될 것이고 사람들은 육체노동과 지식노동, 서비스와 감정노동을 지나 데이터를 발생시키는 소비 노동의 시대로 간다. 이 데이터를 모으는 많은 웨어러블 하드웨어도 메타버스와 호환성을 가지고 판로를 개척할 수 있다.

스물두 번째, 힐링 콘텐츠도 하나의 산업군이다. 부캐와 로컬 공간이 결합하면 지금까지 접근하기 힘들었던 사람들의 속내가 데이터의 형태로 나타나게 될 것이다. '명상'과 같은 힐링 콘텐츠는 음악산업과 역할 연기 지도사나 심리학 상담자들의 영역이 될 것이고, 큰 회사들이 갖추기 시작한 심리상담을 메타버스도 여러 가지 이유로 갖추게 될 것이다.

마지막으로 시민참여 거버넌스 분야를 들 수 있겠다. 소비자의 집단행동이 희귀한 일은 아니지만, 메타버스에서는 훨씬 더 적극적 형태로 일어난다. 이 소비자 집단은 '부캐 집단'으로서 소속집단에 정신적 지분을 확고하게 가지고 있다. 고객 관계 매니지먼트 업무는 마치 국가나 마을을 관리하는 정도로 확대될 것이고 이에 따른 캐릭터, 부캐들의 역할은 필수가 된다. 세계관과 함께 커뮤니티 집단의 각 구성원의 역할 놀이에 대한 진정성을 갖추는 것, 정서적 공감을 정책으로 확대하는 것이 더욱 중요해지고 환경, 인종, 성별에 대한 기업의 도덕성과 (팬)덤^{dom}과의 일치성이 구체적인 자원 관리의 요소가 된다. 현실에 존재하는 거의 모든 행정 기능들과 사회 각층의 전문가들이 필요해질 것이다.

메타버스는 콘텐츠 데이터나 IT 기술 영역만의 시대가 아니다. 새로운 사람들이 모인 새로운 세계관, 문화, 질서를 가진 땅이 된다. 팬데믹 시대를 맞아 모든 식당이 온라인 배달 서비스의 시대를 맞이한 것처럼 새로운 도시와 사람, 문화, 기술이 등장하는 메타의 개화기라고 할 수 있는 이 시대에 대한 새로운 시각이 없으면 우리는 미래로 가는 기차에 올라탈 수가 없다.

Created by WhtDrgon(김동은) • NFT 작품 • 전시엽서

3. NFT를 즐길 사람은 누구인가

°**메타버스의 참여자는 누구인가**

메타버스에는 역사상 가장 많은 사람이 모이게 되겠지만 이 '사람' 을 다른 관점에서 봐야 한다. 바로 앞에서도 이야기했던 '부캐'다. '부캐'에 대해서 더 구체적인 설명을 해본다면 사람은 본캐, 부캐, 캐릭터라는 3단계를 거친다. 사람은 다양한 페르소나를 가지고 있다. 종교집회에 가면 신도, 회사에 가면 회사원이 된다. 하지만 그 이전엔 이 모든 역할이 뼈와 살로 된 본캐와 함께 있었고, 역할일 뿐 캐릭터일 필요가 없었다. 그러면 메타버스에 들어가면 어떻게 되어야 할까?

부캐란 게임에서 유래한 말로 자신이 제대로 키우는 가장 강한 게임 캐릭터를 '본캐'라고 하고 별도로 육성시키는 보조 캐릭터를

'부캐'라고 했다. 가장 레벨이 높은 주력 캐릭터는 전사이지만, 보조 캐릭터로 마법사를 가지고 있는 경우를 '부캐'라고 한다.

모든 콘텐츠 사업의 목표인 디즈니를 만든 월트 디즈니는 '어린이가 아니라 우리 모두의 안에 있는 어린이를 위해 만든다.'라는 명언을 남겼다. 월트가 말한 어린이도 우리라는 본캐가 내포한 어린 부캐이고 이들이 메타버스의 참여자들이다.

대한민국의 인구는 5,000만이지만 페르소나 별로 나누면 몇십 배 더 엄청난 숫자가 된다. 메타버스에는 이 부캐들이 메타버스 별로 나뉘어 살게 될 것이다. 왜 어떻게 이런 일이 벌어질 수 있는 것일까? 캐릭터는 페르소나를 인격화한 것이다. 부캐 열풍은 본캐라고 할 수 있는 현실의 사람과 그 안에 있는 페르소나의 역할을 분리하고 캐릭터를 인격체처럼 대하기 시작한다는 뜻이다.

펭수 이전에 일본에는 후낫시라는 캐릭터가 있었다. 2013년쯤에는 진지한 프로에 캐릭터로 나오는 후낫시를 일본 사회의 기행처럼 여기기도 했는데 이것은 '비현실 설정'에 대한 '감수성'의 차이라고도 말할 수 있다. 2019년에 이르러 펭수의 존재는 한국이 캐릭터를 실존 인물로 대할 수 있는 '모른 척하기'의 규칙을 갖췄다는 신호가 됐다.

앞에서 이야기했던 펭수의 신원 확인 이슈 때 앵커가 "그게 무슨 얘기입니까?"를 반복하며 펭수 연기자의 신원을 묻는 동안 기자는 10살 펭귄이라는 엉뚱한 말을 계속 했다. 앵커는 펭수 복장 속의 연기자의 신원을 물었고, 기자는 펭수의 겉모습과 행동에서 신원을 본 것이다. 이 해프닝은 메타버스의 기반을 이루는 세계관, 즉 구성원 간 약속의 차이가 가장 엄격한 보수적인 장소라고 할 수 있는 언론 방송 데스크에서 나타난 사례라고 할 수 있다. 이렇게 펭수라는 캐릭터는 일반 대중이 캐릭터를 실체로서 받아들이는 상호 간의 암묵적 약속, 즉 세계관을 준수할 수 있느냐의 시금석이었다.

'가짜'라고 인식되면 감정이입을 할 수 없다. 캐릭터 인형을 만나도 그 안에 있을 사람을 생각한다. 한때는 이것이 어린이들에게서 나타나는 것이라 유치하다고 여겼지만 펭수나 유산슬이라는 사회현상은 사회가 그 안에 들어 있는 실제 사람이 아니라 캐릭터 자체를 별도의 인격체로서 인정할 수 있는 감수성을 갖췄다는 뜻이다.

모든 사람들은 학생, 가족, 직장인, 취미가라는 여러 페르소나를 가지고 있고, 자아실현의 캐릭터 모델이 있다. 이상할 수도 있지만 사람들의 자아실현이 꼭 '본캐'로 이루어지는 것은 아니다. 본캐는 부캐 부양의 책임이 있어서 생존을 책임지느라 바쁘다. 고양이를 키우는 사람들에게 고양이 집사 역할과 회사원 역할 중에 무엇이 더 중요한지 물어보면 전자가 압도적인 선택을 받게 될 것이다.

과거 고객의 취향, 유행, 선호, 성별, 인종, 국가, 나이 등으로 분류했던 것은 사라지고, 이'것'을 이 '사람'으로 바꾸고 있다. 페르소나를 인격으로 대우하고, 이제 몇 배로 늘어난 인구의 부캐를 유치하는 방향으로 시각을 바꿔야 한다. 키즈산업이 어린이를 '일반인'이 아니라 별도의 특성을 가신 존재로 이해하고 인식하는 것처럼.

직장인인 본캐가 일을 끝내야 부캐가 등장해서 넷플릭스를 본다. 그리고 부캐의 취향대로 시청물의 장르를 고르게 된다. 메타버스에도 게임처럼 캐릭터를 통해 가상화가 일어날 것이고, 부캐가 이 역할을 수행하게 된다. 특히 Z세대는 온라인상에서 심지어 학년별, 학교별로 다양한 역할의 부캐를 만든다.

인터넷의 다른 영역에서 아는 사람의 부캐를 발견했어도 모르는 척하는 것이 예의이다. 부캐들은 현실의 사람을 배제한 채 서로 유대감을 가지고 독자적인 그룹을 형성하고 서로를 식별하는 독특한 양식을 가지게 된다. 또한 부캐는 개인이 원치 않게 노출될 수 있는 가상세계에 대한 방어 역할을 하기 때문에 어릴 적부터 이런 환경을 접한 Z세대에서 더욱 일상적인 모습이 된다.

결국 역할 – 부캐 – 부캐의 유치 방법 – 부캐들의 집합이라는 흐름을 통해 구독 경제와 팬덤, 금손을 모으는 플랫폼이 만들어진다.

˚ 부캐가 소비의 주체

메타버스라는 무대에서는 특별한 용도로 분리된 페르소나, 즉 '부캐'가 주역이 될 것이다. 메타버스의 고객은 부캐라는 캐릭터를 통해 소비한다. 게임 업계는 꽤 오래전부터 이 가상화된 유저 집단에 대응해 왔다. 게임 산업을 제외하면 팬덤을 기반으로 하는 아이돌 산업 정도가 비슷한 경험을 해 봤다고 할 수 있다. 메타버스 시대에는 이 부캐 고객을 관리하는 노하우가 모든 회사에 요구될 것으로 보인다.

메타버스의 고객을 부캐로 이해할 준비가 됐다면 기업의 '유효수요' 역시 새롭게 정의를 할 필요가 있다. 현실에 존재하는 한 명의 고객이 다양한 메타버스에서 각기 캐릭터로서 존재할 것이기 때문이다. 과거에는 고객을 단순히 취향, 유행, 선호, 성별, 인종, 국가, 나이대 등으로 분류했다. 적어도 기업의 관점에서 각각의 고객은 몇 가지 한정적인 사회적 계층만을 대변할 수밖에 없었다.

그러나 메타버스에선 한 명의 개인이 수많은 메타버스 세계와 그 메타버스 내에서 차지하는 수많은 역할만큼이나 많은 개인으로서 존재할 수 있다. 앞으로는 개인이 가진 모든 페르소나를 각각의 인격으로 대우해야 한다는 뜻이다. '부캐'를 유효한 소비력으로 파악하는 것만으로도 당장 우리 시장이 지닌 유효수요와 잠재력은 몇 배, 아니 그 이상의 가치로 확장된다. 최근 인터넷 커뮤니티에선 '나는 난닝구에 팬티만 입어도 내 캐릭터는 잘 입히고 싶다.'라는 말이 공감을 얻어 '밈meme'으로 공유되기도 했는데, 이를 '요즘 애들의 철없는 생각'으로 치부할 것이 아니라 본캐와 부캐의 역할 분리로 이해해야 한다. 현실에서도 사람들은 직장에 번듯한 옷을 입고, 좋은 차를 타고, 비싼 핸드백을 들고 가고 싶어 한다. 메타버스에선 이 같은 소비가 부캐를 통해 이뤄질 것이다.

그래서 기업들은 메타버스 유저들의 입맛에 맞는 세계관을 개발하고 고도화해야 한다. 세계관은 작품 설정집이 아니라 '부캐'의 입장으로 선택하는 '가상세계에 대한 백서'로서 메시지와 스타^{사람 혹은 AI}의 무대 공간을 만든다. 게임 산업의 매출 상당수는 이미 이런 감정이입과 가치 부여를 기반으로 이뤄진다. 가상 캐릭터가 가상세계에서 감정을 이입하기 위해서는 모든 것이 일치감을 이뤄야 가상 속의 현실성 즉 핍진성이 세워진다. 세계관은 부캐의 행동을 규정하는 기능을 하기 때문에 고객과의 관계 및 고객관리의 기초가 된다. 세계관은 부캐가 어떤 사람이 돼야 하는지 마음가짐을 제공하는데 세계관이 엉성하면 소비자는 이를 '진정성'이 없다고 판단한다. 물론 이 과정이 쉽지만은 않다. 팬덤 구성원 사이에선 '일반인을 흉내 낸다.'라는 뜻의 '일코^{일반인 코스프레}'라는 단어가 널리 알려져 있다. 현실에서 굳이 부캐로서의 나를 드러내지 않겠다는 의미다. 이 같은 표현이 공공연하다는 것은 '부캐'의 활동이 현실의 '나'와는 철저히 분리되어 있다는 뜻이다. 고객에게 좋은 반응을 얻는 세계관만이 살아남을 수 있으므로 각 회사가 '세계관 전쟁'을 치르고 있다는 말도 나온다.

*엑소는 2012년 '엑소플래닛'이라는 세계관을 갖고 데뷔했다.

*BTS가 주인공으로 나올 예정인 웹툰 '세븐페이츠 차코'의 홍보영상

*DBR 2021년 12월호 저자 인터뷰 기사 중에서 그림 재인용 (SM TOWN.BTS 유튜브 캡처)

충성고객이 될 수도, 저항군이 될 수도

게임 세계에서는 공통의 목표를 가진 캐릭터 단체를 '길드'라고 부른다. 이 길드는 게임 내에서 집단적 이익을 추구하는 활동을 하고, 현실의 인간관계를 묶기도 하며, 여러 에피소드와 드라마를 만들어낸다. 그들은 길드라는 낯선 이름 아래 독특한 문화와 사상, 말투로 구분되며 자신들을 확인하는 행동강령을 가지고 있다.

2006년 리지니2 게임에서 발생한 '바츠 해방 전쟁'은 게임이란 공간이 사회집단으로서 특징을 보인 대표적인 사례다. 이 사건은 특정 길드가 캐릭터 성장에 중요한 지역을 무력을 통해 일방적으로 점유하고, 일반 캐릭터들을 압제한 것에 반대해 일어난 대규모 게임 내 민중 저항이었다. 이 게임은 전투에서 죽을 때마다 아이템이나 레벨업을 위해 필요한 경험치를 잃는 등의 손해가 발생하는데 수많은 군소 길드와 개인이 이 같은 게임적인 손해를 감수하고서라도 압제 길드를 무너트려 드라마틱한 성공을 이룬 후 분열을 통해 자멸했다.

게임에서는 전혀 공통점이 없어 보이는 각계각층의 사람들이 공동의 가치관을 추구하며 강한 유대감으로 집단을 이룬다. 게임에서는 이미 약 20년 전부터 현실에서 전혀 공통점이 없는 10대, 20대, 30대, 40대 각계각층의 사람들이 게임 안의 사회에서 규율이 잡힌 집단을 형성한 바 있다. 게임 사용자들 사이에선 유저 모임에 나갔더니 절친 캐릭터의 현실 직업이 경찰과 조폭이었다거나 수백 명이 활동하는 큰 게임 조직의 수장이 중학생이었다는 이야기가 농담처럼 회자된다.

외부에서는 지금까지 이 부캐 집단을 '하위문화 집단' 혹은 '팬덤'이라는 말로 불러왔다. 그러나 이들은 단순히 브랜드에 충성도 높은 사람들이 아니라 배타적 지식 체계를 공유하는 특정한 무리다. 부캐 집단은 스스로 소비자가 아니라 회사의 철학과 문화에 공감한 공동체로 규정한다. 또한 제품이나 콘텐츠를 제작한 회사에 대해서도 단순한 공급업체가 아닌 정서의 교감을 이룬 상태라고 믿는다. 회사를 동일한 집단의 일원으로 받아들여 투자하듯이 소비하기 때문에 예전 이름으로 '충성고객'의 형태가 된다.

그런데 이 부캐 집단, 즉 길드화된 유저 그룹에 대응하는 일이 결코 만만치 않다. 최근 모 게임회사에서는 다른 국가에 서비스되는 동일 게임과의 형평성이 어긋난다는 유저들의 문제 제기에 소극적으로 대응했다가 이들 부캐 집단이 크게 항의하는 사건이 발생했다. 온라인에서 시작된 유저들의 항의는 오프라인 현실세계의 집단행동으로까지 연결될 정도로 심각했다. 유저들은 돈을 모아 해당 회사 건물 앞에 전광판을 실은 트럭을 보냈고, 회사를 규탄하는 메시지를 내보냈다. 결국 해당 게임회사의 프로젝트 책임자가 사임했지만 사용자 집단은 '여전히 진정성이 느껴지지 않는다.'라며 회사 최고 책임자가 배석한 인터넷 생중계 유저 간담회를 열기에 이르렀다. 고객이 회사를 상품·서비스 제공 업체가 아닌 문화 제공자로서의 자격에 대해 검증한 것이다.

이 같은 현상이 발생하는 이유는 부캐가 현실의 개인 고객보다 훨씬 단편적이고 파편적이기 때문이다. 부캐는 현실 고객의 여러 특징 중 하나를 분리해 만들어진 캐릭터다. 사람은 가상사회에서 더 단편적인 모습으로 존재한다. SNS에서는 사람이 글자나 사진으로 존재하고 이 단계에선 메시지가 인간의 전부가 된다. 온라인에서 활동하는 사람들이 오프라인의 사람들보다 더욱 쉽게 선동된다는 뜻이 아니다. 현실의 집단보다는 부캐의 집단이 단순 명료한 메시지를 중심으로 뭉치기 쉽다는 것으로 이해해야 한다.

부캐는 SNS나 게임 활동을 위해 최적화된 사고방식을 발달시켜 왔다. 이로 인해 가상세계인 메타버스에서는 회사의 제품과 콘텐츠의 생산과 운영에 대한 소비자들의 요구가 더 구체적이고 감성적이다. 따라서 집단의 항의 정도나 강도 역시 단순하지만 파괴적이다.

부캐 집단의 불만에 성공적으로 대응한 사례가 있다. 2018년 '메이플스토리2'라는 게임은 아이템 성공 확률과 관련한 조작 논란 의혹이 일자 게임 개발 담당자가 직접 '프로그래밍 소스코드'까지 공개하며 적극적으로 사실이 아니라고 대응했다. 회사가 유저들에게 소스코드를 공개한 것은 무척 이례적인 일이다. 모든 일반 유저가 전문가의 영역인 프로그래밍 소스코드를 이해할 리는 없다. 그렇지만 이를 이해하는 일부 유저가 해당 소스코드를 해석해주고, 이 같은 내용이 널리 알려지자 유저들이 회사의 진정성을 받아들였다. 게임에서처럼 메타버스 사회에서도 시민 참여 거버넌스가 그 어느 곳보다 활발하게 일어날 수 있다.

°부캐의 집단화

메타버스가 초기에 어떤 세계관 콘셉트를 만들지 않았다 할지라도 사람들이 사는 세계는 모두 일정한 사회 양식을 갖추기 마련이다. 현실에서도 집단 내에서 비슷한 말투와 패션, 소비패턴이 형성되고 인터넷의 각 커뮤니티는 커뮤니티만의 언어예절이나 말투, 표현 양식을 가지고 있다. 메타버스라는 가상세계에는 더욱 뚜렷한 형태로 사회 공동체가 구성되는 현상이 일어날 것이다.

현재 '부캐집단'이라는 정의와 가장 가까운 형태는 '팬덤'과 '오타쿠'이다. 아이돌을 중심으로 하는 팬덤과 애니메이션 팬인 오타쿠는 커뮤니티 유저, 서브컬처의 특징을 동시에 가지며 IP 주인인 회사와 정서를 교감하는 집단이다. 이 집단을 부를 다른 이름이 필요하지만, 아직 적당한 이름이 붙지 않아 설명을 위해 임시로 '부캐 집단'이라고 부르고자 한다.

이 '부캐 집단'은 아이돌의 팬뿐만 아니라 공통의 문화와 정서를 공유하는 소비자들을 대변하기도 한다. 맘 카페, 게이머, DSLR 카메라 사용자, 자동차 애호가 등이 여기에 포함될 수 있다. 타이틀에 관계없이 이 안에서 유대감을 가지는데 인터넷 공간인 탓에 같은 정서를 공유하지만 대부분 서로 얼굴도 모른다는 것이 기존의 집단들과의 차이이다.

'부캐 집단'은 '배타적 지식체계'를 공유하며 공고하게 서로의 연대감을 형성하는데, 구독 모델이나 팬덤 경제가 추구하는 고객 유형과 비슷하고, 종교와도 구조적으로 비슷한 면이 있다. 산업 중에 이런 고객 집단을 가진 곳이 엔터테인먼트 산업이다. 고객 집단은 부캐 시대를 맞아 점점 팬덤의 형태로 발전하고 있다. 팬덤은 여러 가지 형태로 자신들을 확인하는 행동강령을 가지고 있는데, 투표는 팬덤의 가장 대표적인 자기 확인 수단이다. 구독 경제와 플랫폼들은 고객 록인을 위해 커뮤니티를 구성하며 공통의 정서를 제공해왔고, 그러면서 팬덤 경제 형성은 더욱 가속화됐다.

부캐 집단은 구성원들 간의 공통적 정서, 즉 서브컬처를 가지고 있고, 스스로를 소비자가 아니라 회사의 철학과 문화에 공감한 공동체로 규정한다. 또한 부캐 집단이 소비하는 제품이나 콘텐츠의 제작 회사에 대해서도 단순히 우수 제품 공급업체가 아니라 정서의 교감을 이룬 상태라고 믿고 회사를 같은 집단 문화의 일원으로 받아들여 투자처럼 소비한다. 반면 이 신뢰를 배신 당했다고 여기는 순간 그에 걸맞는 집단 행동을 시작한다. 디지털 트랜스포메이션의 결과로 사회의 거의 모든 서비스가 온라인화됐기 때문에 훨씬 손쉬워진 방법을 통해 이들은 현실에서 직접 모습을 나타내지 않고도 온라인에서 직원의 해고를 요구하고, 시위 트럭을 구매하고, 변호사 서비스를 사고, 주식을 매입한다. 한때 미 증시를 뒤흔든, 공매도에 대응한 게임스탑 주주들의 행동도 하나의 예이다. 메타버스는 가상화된 사회라는 특성상 이 부캐 집단이 적극적 사용자의 대부분을 이룰 것이고, 신규 가입자들도 이 집단에 들게 될 것이다

°기업과 부캐 집단

'소비자의 부캐화'란 이들이 덜 중요해진다는 뜻이 아니라 마치 그 주제만을 위해 살아가는 사람 같은 단편화된 캐릭터들이 집단으로 구성된다는 뜻이다. 그 부캐가 추구하는 가치가 부캐의 존재 이유라서 일반 시각으로 풀면 소비자 집단 전체가 편집증적 집착처럼 보일 수 있다.

콘텐츠 분야인 연예, 게임, 만화에서는 팬덤이 기업 충성도와 관계없이 구심점을 보호하고 발전시키고 회사에 무언가를 요구하는 현상이 뚜렷해진다. 비교적 현실 영역이라고 할 수 있는 제조, 판매 사업 분야에서도 기업의 사회적 책임에 대하여 점점 더 많은 요구 사례가 발생하고 있다. 가상세계인 메타버스에서는 기업의 사회적 책임이 더욱 강화될 것이라 예상할 수 있다. 좋든 싫든 회사는 입

장을 관리해야 하는 상황이다. 기업이 소통을 하는 과정에서 사회적 이슈에 편승하게 되는 것은 어쩔 수 없는 일처럼 보이는데, 이때마다 기업은 부캐 집단과 충돌할 위험을 안게 되는 것이다. 그에 대비하기 위해 단순히 특정 연령대로 구분된 '요즘 아이들'에 대한 접근보다 '멀티 페르소나' 즉, 부캐별로 더 세분화된 접근이 필요하다.

현실의 공간들도 당연히 대상 고객층을 고려한 실내 인테리어, 제품 포장 등의 디테일이 브랜드 디자인 아래 통일되어 제공되기 마련인데, 소재와 환경의 영향을 덜 받는 가상세계인 메타버스는 VR 기반의 기술과 AI 캐릭터 디자인, 패션 콘셉트 등을 시각화함으로써 공간 전체를 무협, 판타지, 개화기와 같은 장르와 역사적 공간으로 디자인할 수 있다. 프랑스 파리의 거리를 그대로 담아 가게 입점을 시키고 임대료를 받는 것도 가능할 일이다.

이렇게 되면 메타버스만 디지털화, 가상화되는 것이 아니라 그 안의 스타, 직원과 함께 사용자 역시 가상화되는 것이다. 가상화된 메타버스의 고객들이 '부캐 집단'을 형성할 것이고, 메타버스를 운영하는 각 기업은 저마다 차별성 있는 문화와 정서를 플랫폼 형태로 제시하고 이 세계관 혹은 분위기, 콘셉트를 수용하는 형태로 고객 그룹이 구성된다. 여기에 메타버스의 특성상 현실 이슈가 섞이면 회사를 지켜줄 수 있는 것은 문화와 역할을 규정한 세계관밖에 없다.

이 부캐 집단은 사용자가 스스로 조직하기 때문에 회사 역시 적극적으로 이런 형태의 고객을 유치하려는 마케팅 활동으로 촉진시키려 들지만 중요한 것은 사용자가 스스로 고를 수 있는 충분한 소재와 인프라를 제공하는 것이다. 빙그레의 왕자님은 고객의 취향을 정확하게 고려한 모델을 제시했다기보다 세계관의 존재를 통해 고객들의 '부캐'를 유입시키려 했다고 해석될 수 있다. 이런 상태에서 메타버스가 열린다면 사용자의 캐릭터 패션이나 문화가 어떤 모습을 보여줄지 쉽게 상상할 수 있는데, 앞서 역할 연기 게임에서 소개한 세계관과 캐릭터가 모두 서로 친화적 모습을 가질 것이기 때문이다. 선호 장르로 구분된 부캐 집단과 메타버스의 외형 디자인, 회사의 정서와 철학이 모두 일치를 이뤄야 자연스럽고 잘 만든 메타버스가 된다.

◦ **메타버스 세상에 최적화된 Z세대**

Z세대라는 말이 등장한 지 꽤 되었는데, 이 세대의 특징을 생각해 볼 필요가 있다. Z세대의 특징은 서로를 식별하는 방법이 등장했다는 것이다. 과거의 X세대는 서로를 식별하는 수단을 다양하게 가지지 못했다. 서태지를 좋아하는 우리, 김건모를 좋아하는 우리……. 그 정도뿐이었다. 대중적인 문화상품을 통해서, 그것의 기호를 통해서 우리 편이냐 아니냐를 식별할 수 있었다. 메타버스 세상에서는 모두가 예술가가 될지도 모른다. 우리가 생각해 왔던 예술, 고상하다고 여겨지는 클래스가 높은 영역이 아니라, 예술 본래의 목적이 등장하는 것이다. 자신의 정신세계를 드러내고 자신의 취향을 드러

내고 서로 같은 무리라는 것을 확인할 수 있다면 Z세대가 그 안에서 각자의 예술을 펼치게 되는 것이다. 같은 정신세계와 취향을 가진 무리가 그것을 매개로 뭉치고 있는 것이다. 물론, Z세대를 전부 아우르는 거대한 콘텐츠도 탄생하겠지만, 같은 것을 좋아하고 그것을 확인하고 뭉치고 교감을 나누는 무리가 팬덤의 형태로 가상세계 안에서 커뮤니티를 만들어갈 것이다.

Z세대는 더 이상 공중파를 보지 않는다. 방송국에서 공중에 전파를 쏘면 집에 앉아서 공중파 수신 단말기인 TV를 통해서 같은 시간에 같은 콘텐츠를 보지 않는다는 뜻이다. 다시 말하면 안테나를 세우지 않는 것이다. 공중파를 통해 콘텐츠를 볼 때는 한날 저녁에 방송된 코미디 프로그램의 유행어가 다음날부터 동시에 퍼져 나갈 수 있다. 그러나 Z세대는 너무나 풍족한 미디어의 세상에 살고 있기 때문에 같은 콘텐츠를 소비하는 시간도 장소도 달라진다. Z세대에게는 하나의 콘텐츠로 아우러지고 통하기를 바랄 수 없고 다양한 선택의 기회를 충분히 제공하는 것이 필요하다. 게임식 구조를 가진 선택적인 콘텐츠의 제작과 공유, 함께 즐기는 영역에서 서로를 확인하는 작업들이 필요한 것이다. 그래서 콘텐츠가 아니라 플랫폼에서의 다양한 서비스가 유통되는 세상인 것이다.

° 메타버스에서 팬덤은 어떻게 생성되나
앞에서 세계관 속의 팬덤의 의미를 설명했는데, 그렇다면 메타버스 안에서 팬덤은 어떤 역할을 하는지 알아보자. 한류 음악이 수출하는 것은 아이돌이 아니라 팬덤이다. 단순한 판매 부수와 팬 숫자라면 2017년에 더 많은 팬을 보유한 저스틴 비버를 이길 수 없었을 것이다. 하지만 어떻게 그런 일이 가능했는가? BTS의 아미가 더 적극적으로 투표했기 때문이다. 그 세계는 무엇이 지배하나? 투표가 사랑을 증명한다. 'vote for BTS'. 서로 팬덤의 존재를 확인하고 증명하는 수단이 투표다. 우리가 이렇게 대단하고 이렇게 존재한다는 것을 투표를 통해서 증명하는 문화이다. 그 문화는 방탄소년단이 발명한 것이 아니다. 원래 있었던 것이다. 좌표가 찍히면 우르르 몰려가서 무엇인가 하게 된다. 인터넷 말로 화력지원 같은 표현을 쓰는데 그것이 해외로 수출된 것이다.

어떤 면접 상황을 예로 들자면 "시켜만 주시면 열심히 하겠습니다."라는 것은 중요한 메시지이기는 하지만 그것을 말로 하면 촌스럽다. 그걸 더 크게 외치거나 더 많이 외친다고 해서 합격하는 것이 아니다. 그 메시지 자체가 전달되어야 하는 것이다. 말로 해서도 안 되고 글로 써서도 안 되고 면접 보는 사람이 자발적으로 그걸 인식하게 되어야 한다. "나는 열심히 할 테니까 나를 뽑으면 돼."라는 게 아니라 면접관이 스스로 선택하게 전달되어야 한다. 팬덤도 그런 것이다. '노래 잘하니까 잘 생겼으니까 BTS를 좋아해 줘.'가 아니라 팬들이 스스로 팬덤을 만드는 문화로 이끌려가는 것이다.

우리가 보통 세계관이라고 부르는 영역과 흡사한 곳이 캐릭터의 영역이다. 욕심 때문에 자꾸 캐릭터로 많은 것을 옮겨 담으려고 한다거나 뮤비를 억지로 보게 하려고 강요할 수 없는 것이다. 이렇게 하면 팬층이 오히려 떨어져 나간다. 즐길 자유와 그곳에 머무를 자유를 줘야 하는데 캐릭터의 의미를 모르고 세계관을 모르면 콘텐츠의 절반도 못 즐기는 것이라고 한다면 오히려 이들의 기회비용을 박탈하고 있는 것이다. 세계관 같은 것은 없어도 되는 것이다. 우리가 모두 인생에 대한 세계관을 정비하고 서로 위로하면서 사는 것은 아니다. 그냥 사는 것이다. 동병상련과 측은지심으로 가족을 챙기면서 사는 것이다. 이런 삶에 어떤 철학적 질서를 학습하지는 않는다. 팬들에게도 그래야 한다. 자꾸 어떤 단계의 수치나 목표를 정해 놓고 끌어올리려고 인위적인 판촉행위를 하는 순간 반발심이 생기면서 팬들이 떨어져 나간다. "나는 열심히 잘할 테니 나를 뽑아라. 나를 좋아해라."라는 인위적, 작위적인 움직임을 하면 할수록 선택받지 못하듯이 팬들도 스스로 결정하지 않는 것에 동조하지 않는다.

세계관의 스토리텔링은 앞서 말했듯 '떡밥'이라고 할 수 있는 키워드들을 연결하면서 계속해서 던져보는 것이다. 어떤 세계관이 존재하니까 이걸 봐 달라고 세계관을 어필하면 안 되는 것이다. 그것이 존재한다는 감지만으로도 신뢰를 가질 수 있는지 봐야 한다. 팬들이 그 길을 따라 가면서 스스로 좋아하는 것을 안심하고 좋아할 수 있게 되어야 한다. 그러면 반드시 기대 이상의 반응이 일어난다.

그 키워드들이 연결되는 순간 그 치밀함에 놀라게 될 것이다. '여기에는 깊이가 있구나.'라고 느끼게 된다.

앞으로 일어날 일을 알지 못하기 때문에 상대의 반응을 봐 가며 포석을 잘 쓰는 사람이 승리하게 된다. 좋은 세계관도 그런 것이다. 포석을 잘 놓고 잘 써야 한다. 서로 주고받는 느낌이 중요한 것이다. 이쪽에서 잘 만들면 사람들이 몰려와서 좋아해 주고 세계적인 인기를 끄는 것이 아니다. 하나가 되어야 하고 붐업이 일어나야 한다. 팬덤은 어떤 하나의 질서 체계가 일제히 지휘를 내리고 있는 구조가 아니라 드문드문 동글동글하게 모여 있다. 팬들끼리 소셜 커뮤니티를 만들고 셀 커뮤니티 속에서 작은 셀 간의 거래가 일어난다. 관계가 만들어지는 것이다. 덕질을 하고 조공을 하는 행위 등 이해하기 어려운 일들이 저절로 일어난다.

인터넷 밈을 예로 들어 보자. 인터넷 밈이 퍼지기 시작하면 각각의 셀 커뮤니티와 그 문화권들은 저마다의 방식으로 그 밈을 개조해서 다시 전파한다. '오징어 게임'이 그런 현상을 만들었는데 온갖 커뮤니티에서 자신들의 밈을 섞어 다시 유통시키며 촉진했다. 팬들이 이런 축제에 스스로 편승하는 것이다. 저마다의 이유로 이 축제를 즐기면서 참여하는 일이 벌어지는 것이다. 같은 것을 좋아하는 서로를 확인하면서 위로받는 행동이라고 볼 수 있다.

˚기업이 메타버스 세상에서 커뮤니티를 만드는 방법

기업들은 어떻게 해야 하는가. 페이스북이 메타로 사명을 바꾸는 큰 혁명적인 일을 벌이는 상황에서 손 놓고 있을 수 없는데, 초조한 마음이 들 수밖에 없다. 그렇지만 캐릭터가 어떤 느낌으로 사람들에게 다가가는가가 중요하다. 고객에게 너무 독촉하지 말고 스스로 움직일 때까지 체류할 자유를 보장하는 영역과 시간이 필요하다. 판촉행위를 하듯이 강압적으로 움직이려고 해서는 안 된다. 하나하나 키워드를 연결해서 촘촘하게 단계를 잘 만들어가면 사람들이 반드시 스스로 원해서 그 자리에 가게 되는 순간이 온다. 왜냐하면 이 커뮤니티 안에서 존경 받는 이미지가 만들어지기 때문에 그걸 흉내라도 내 보고 싶은 생각이 생기고 그 커뮤니티 안에 들어가고 싶은 생각이 저절로 들게 되게 때문이다. 들어올 사람을 대우해 주면 된다. 그러면 잘 활동할 사람들이 그 커뮤니티에 앞장서 들어오게 된다.

앞서 빙그레가 빙그레왕국의 왕자 '빙그레우스'를 주인공으로 하는 애니메이션을 제작하는 등의 행보는 현실과 대비되는 가상세계를 고안해낸 '세계관 마케팅'이다. 앞으로는 모든 기업이 '부캐' 소비자를 위한 세계관 만들기에 뛰어들어야 할 것이다.

기업이 세계관을 만들고 가상세계에서 홍보활동을 하면서 매출이 얼마나 증가하는지를 일일이 체크하고 있으면 안 된다. "고객들의 삶의 일부와 생활의 일부를 우리 브랜드로 얼마나 가져올 수 있냐."에 관심을 가지고, 점차 데이터를 확보하면서 이야기를 만들어 갈 수 있는 거대한 가상세계 속 영토를 확보하면 되는 것이다.

*빙그레 캐릭터들

---

*DBR 2021년 3월호 저자 인터뷰 기사 중에서 그림 재인용 (출처: 빙그레 인스타그램)

하나의 커뮤니티에 수백만 명의 회원이 들어와서 일사불란하게 움직이는 것이 아니라 여기 조금, 저기 조금, 저마다의 사람들이 서로 같은 IP하에 있다는 것을 인지하고 있다가 뭔가 이벤트가 있을 때 연합하거나 돕거나 한자리에 모이는 것이다. 기업이 고객에게 어떤 서비스를 하는 것이 아니라 고객의 니즈를 찾아가는 것이다. 목적을 가지고 비즈니스를 하는 것이 아니고, 연인을 만나러 가듯 두근거림을 가지고 한 지점에 모이는 것이다.

°메타버스와 금손

플랫폼에는 금손이 산다. 금손이란 손재주나 그림 실력이 뛰어나 높은 퀄리티의 창작물을 만드는 창작자를 말한다. 직업으로서의 장인이라기보다 '부캐'로서 팬덤, 서브컬처 등 '부캐 집단' 내에서 창작하는 사람을 말하는데 이 금손들은 부캐 활동의 정점이다. 인터넷 커뮤니티와 플랫폼과 마찬가지로 메타버스에서도 모두가 적극 유치하려 드는 필수적 존재가 될 것이다. 유튜브에 처음 올려진 동영상은 그게 뭘 의미하는지 몰랐지만 그 뒤 수많은 금손의 탄생으로 지금의 유튜브가 되었다.

금손은 단순히 물건을 잘 만드는 사람이 아니라 그 사람이 속한 부캐 집단의 존경 받는 일원이자 트렌드를 리드하는 존재가 된다. 이런 이유로 메타버스의 문화를 강화하고 흐름을 만들어 내는 금손들 없이 커뮤니티 플랫폼은 성장할 수 없다. 플랫폼이 그랬고, 동시에 많은 사람이 접속하는 RPG 가상세계가 그랬고, 메타버스 역시 그럴 것이라 예상할 수 있다.

'N잡러'의 시대라는 말에서 아르바이트를 연상할 수도 있지만, 부캐의 시대에서 몇 배로 늘어난 '가상 인구'가 메타버스에서 금손의 역할을 수행할 것이라고도 상상할 수 있다. 이 금손들은 메타버스에서 활약하고 인기와 수익을 얻을 것이고 문화를 발전시킬 것이다. 거꾸로 이 요구를 충족시키지 못하는 메타버스는 금손을 유치할 수도 없고 경쟁에서 승리할 수 없다. 유튜브에서 활약하며 문화를 바꿔놓은 유튜버들의 원동력이 무엇인지 생각해보면 알 수 있다.

2장

NFT는 무엇인가

1. NFT는 어떻게 만들어졌나

° **무형이 존재를 증명하는 NFT**

세계관, 메타버스의 흐름에 이어 이제 본격적으로 '가상자산'의 정의에 들어가 보자. 이 글에서는 비트코인, 이더리움, 폴리곤, 바이낸스 코인, 테더, 클레이튼 등 각종 코인 혹은 토큰, 암호화폐, 암호자산 등의 이름을 정부가 부르는 이름인 '가상자산'으로 통일한다. 사실 '가상자산'은 더 많은 것을 포괄할 것 같지만 일단 현시점에서는 이렇게 부르기로 한다.

실물은 스스로를 증명할 필요가 없다. 왜냐하면 실물로 존재하기 때문이다. 컵은 그 자체로 존재하기 때문에 살 수 있고, 팔 수 있고, 소유할 수 있다. 이를 위한 증명이 필요 없다. 물질은 물리적 존재로 스스로를 증명한다.

이렇게 말하면 가짜 브랜드, 속칭 '짝퉁' 가방 같은 것이 떠오를 수 있는데, 여전히 짝퉁 '가방'이 존재한다는 사실에는 변함이 없다. 여기서 이 가짜 가방이 구매자를 속이려 드는 것은 그 가방 브랜드에 기대하는 명성과 품질에 대한 무형의 기대인 것이다. 가방이라는 사물, 가방의 디자인과 브랜드 마크로 식별되는 무형의 가치를 구분해서 생각해 보자.

가령 여기 쓰인 글자, 아이디어가 텍스트가 되어 종이 위에 잉크로 찍혀 있고, 그것이 제본되어 '책'이라는 형태, 즉 물질로 구성되어 있다면 이 존재의 거래는 명백하다. 책 한 권은 물질로서 존재하고, 선물 받거나 서점에서 구매해 내 소유로서 가지고 있을 것이다. 만일 서점에서 책이 현금으로 거래된다면 신분 증명이나 어떤 것도 필요 없이 현금이라는 물건과 책이라는 물건이 서로 교환되어 끝날 것이다. 하지만 신용카드로 물건을 산다면 절차가 조금 더 복잡해질 것이다. 이 책이 e-book이라면, 컴퓨터 프로그래밍으로 간편하게 살 수 있게 구현되어 있더라도 내부적으로는 더 복잡한 절차가 있다.

책의 본질이라고 할 수 있는 내용은 필사될 수도 있고, 기억에 의해 다시 메모할 수 있을 것이다. 종이책도 물론 복제될 수 있지만, 전자 상태의 e-book은 비교할 수 없을 정도로 더 손쉽게 복제될 수 있다. 인터넷상의 사진 이미지, 그림들도 비슷하다. 이런 상태에서 원본은 온갖 복잡한 계약관계를 통해서만 보호받고 존재할 수 있다.

물질은 존재 자체가 소유와 거래에 사용되지만, 가상 콘텐츠는 그렇지 않다. 존재를 증명하고, 소유하기 위해서는 더 특별한 약속이 필요할 것이다. 자격 있는 사람에게 공증 받고 도장이나 서명이 찍힌 계약서, 그 공증의 자격과 계약서를 보호하는 법, 그 법을 입법하는 과정, 그 과정에 권위를 부여하는 정부, 그 정부를 인정하는 절차, 즉 투표 행위와 투표를 한 사람들……. 이렇게 신용의 약속이 차곡차곡 쌓여 무형을 존재하게 만든다. 우리는 그런 체계에 익숙해 있다.

인터넷 기반의 소셜네트워크에서도 이 무형의 저작물과 다양한 이해 관계, 소유, 권리의 침해와 다툼이 존재한다. 인터넷, 컴퓨터의 특성 때문에 화면에 뜬 것들은 쉽고 빠르게 대량으로 복제, 전파될 수 있다. 원본과 마지막 점까지 정확하게 일치하는 사본이 즉시 생성되고 유통될 수 있다. 이 무형의 것들은 무엇으로 존재하고 어떻게 증명될 수 있을 것인가?

이미 알고 있는 비트코인이 그 시작이었다. 암호라는 문자들은 사실 컴퓨터 소프트웨어의 제품 등록용 비밀번호인 일련번호 혹은 아이디의 패스워드 같은 것이다. 윈도즈나 각종 소프트웨어를 깔 때 우연히 아무 글자나 쳐서 맞힐 확률은 거의 없을 것이다. 무한히 반복한다면 그것도 가능할 수 있는데, 보통은 몇 번 이상 틀리면 안 된다는 횟수 제한이 있음을 경험해 봤을 것이다. 심지어 이 일련번호가 충분히 길다면 그 시도에 들어가는 시간 때문에 사실상 해체가 불가능에 가까워진다. 우연에 의존하여 처음부터 끝까지 경우의 수를 넣는 데 200년 쯤 걸린다면 횟수의 제한이 없더라도 이미 암호로서 기능한 것이다.

비트코인은 암호화된 코드이며, 동시에 그 기록을 수많은 사람에게 전송해 남김으로써 그 존재를 증명하는 절차이다. 모든 기록이 동시에 사라진다면? 그러면 이 기록은 훼손된다. 하지만 지구상에 신용으로 존재하는 집단 중에 가장 큰 커뮤니티인 '국가'조차도 구성원이 동시에 인정하지 않는다면 존재하지 못하게 될 것이다. 실은 그 정도 숫자까지도 필요치 않다. 헌법 개정의 투표권을 생각하면 1/3 정도로도 충분할 것이다. 이 이야기를 한 문단이나 쓴 이유는 이 '커뮤니티'가 뒤에 설명할 매우 중요한 개념이기 때문이다. 일단은 비트코인 이야기를 계속해 보자.

˚블록체인이란 무엇인가

이런 질문을 여러 번 받은 적이 있다. "폴리곤 체인, 이더리움 체인, 클레이튼 체인 등 체인 기반과 계열이 의미하는 것이 무엇인지 궁금합니다. 기술적인 차이가 있나요?"

카세트테이프나 CD, DVD, 레코드판을 예로 들어 보겠다. 모든 음악은 이렇게 디바이스에 쌓여서 배송된다. 물론 요즘은 스트리밍으로 듣지만 전자파일도 wav, mp3, ogg 등의 포맷이 있다. 블록체인 기술은 서로 통신해서 '블록' 단위로 저장하기 때문에 포맷이 매우 중요하다. 카세트테이프나 USB 메모리만큼이나. 그래서 이더리움체인, 클레이튼 체인 등의 기반이 되는 블록체인이 필요하다. 즉 '이름+기반'이란 말은 해당 이름의 소프트웨어포맷, 방식, 별도의 분산저장 컴퓨터, 채굴장 등의 세트 모두를 말한다.

NFT 역시 특수한 토큰의 일종이기 때문에 특정 체인 기반을 따른다. 보통 NFT를 구매하기 위한 토큰 역시 같은 포맷이 편하기 때문에 여기에 맞춰진다. 이더리움 NFT, 이더리움 코인, 이더리움 토큰이 된다.

이더리움을 클레이튼 블록체인에서 거래하려면 클레이튼 방식으로 포장을 씌우는데 이것을 랩드wrapped라고 한다. 저마다 이 랩드를 표기하는 방법이 있고 클레이튼에서는 보통 앞에 k를 붙인다. (KETH클레이튼-이더, KXRP클레이튼-리플, KUSDT클레이튼-테더, KWBTC클레이튼 랩드 비트코인) 이 '랩'을 씌우는 작업을 브릿지Bridge라고 한다.

음악이 LP나 카세트테이프로 판매되던 시절을 상상해 보자. 이 매체의 재생 시간 등은 앨범의 구성에도 영향을 미칠 것이다. 이런 기본 단위가 되는 것이 '블록'이다. 재생 시간 최대 74분의 CD 같은 것처럼 이 단위가 '블록'이다. 블록체인은 마치 한 장의 장부가 가득 차면 이를 복사한 다음 접어서 굉장히 많은 곳에 동시 보관하는 방식인데, 이 '블록'에는 마치 장부의 양식처럼 다양한 칸들이 나눠져 있다.

암호자산이나 NFT를 살펴본 독자라면 블록체인 기업이나 블록체인 기술, 블록체인 사업이라는 단어를 들어 봤을 것이다. 블록체인은 컴퓨터 데이터를 블록으로 만들어 많은 컴퓨터에 쇠사슬처럼 분산 중복 저장해 놓는 기술을 말한다. 이런 블록의 양식은 코인마다 다르기 때문에 이더리움 블록체인, 폴리곤 블록체인, 클레이튼 블록체인 등으로 부른다.

프로그래밍은 여러 가지 언어와 기술이 있는데, 블록체인은 그중 하나이다. 블록체인이라고 따로 이름을 붙이는 것은 당연하게도 다른 것과 구분되는 특징이 있어서일 텐데, 블록체인은 이름 그대로 블록이 체인, 즉 쇠사슬처럼 연결되어있어 블록체인이라고 불린다. 블록체인 기술은 어떤 내용을 '블록' 안에 넣어서 앞뒤에 연결번호만을 붙인 후 꽁꽁 싸서, 연결된 사람들에게 여기저기 복사되는 기술이라고 할 수 있다.

보통은 어딘가 회사의 중요한 곳에 컴퓨터를 모아 두고, 커다란 중앙 컴퓨터에 모든 기록을 저장해 놓았다가 접속한 사람의 아이디와 패스워드를 확인하고 정보를 제공하는 것이다. 이것을 중앙화 방식이라고 한다.

블록체인은 중앙 컴퓨터 없이 개개인들의 연결로 이루어져 있으며, 새로운 블록을 만들거나 받으면 그걸 저장해놓고 계속 복사해서 뿌리고, 필요할 때 연결되는 블록들을 찾아서 읽는 방식이다. 블록을 가진 사람들은 그게 어디의 어떤 블록인지 모르기 때문에 조작할 수 없고, 변조했다 치더라도 읽을 때 동일한 블록들을 여러 개 비교해 보면 뭐가 변조되었는지 알 수 있을 것이다. 이 블록체인에 속한 컴퓨터들은 임의의 블록을 받고, 그 블록을 복제하여 다른 컴퓨터에 전파한다. 마치 책의 전체를 알 수 없도록 일부페이지만을 복사하여 많은 사람에게 보내놓고, 필요할 때 연락해서 몇 페이지의 내용을 보내달라고 요청하는 방식이라고 생각하면 될 것 같다. 사람이 하면 까마득하게 번거롭지만, 컴퓨터 기술은 이것을 빠르게 자동으로 처리한다.

영화에 나오는 것처럼 텅 빈 곳에 알파벳을 채워서 프로그래밍을 하는 시대는 지났고, 지금은 비슷한 부분들이 널리 재활용되거나 공유된다. 그 편이 훨씬 안정적이면서 빠른 개발을 가능하게 하기 때문이다. 블록체인도 어떤 프로그래머가 처음부터 짜는 경우는 극히 드물고 대부분은 개발자들끼리 공개하고 검증한 프로그램 코드들을 사용하는 관례가 있어서 전반적으로 통일성을 이루고 있으며, 어느 정도 상호호환성을 가지고 있다. 그런 이유로 블록체인 기술은 단일의 상표나 회사가 아닌 기술로서 대부분 유사한 구조를 가지고 있고, 이를 묶어 '블록체인 기술이 사용되고 있다.'라고 말할 수 있다. 바로 이 기술을 이용한 탈중앙화 방식의 분산 저장기술이 블록체인이고, 이 기술에 기반하여 무언가 만들었다는 뜻은 아까 언급한 '커다란 중앙 컴퓨터' 없이 사용자만으로 이뤄져 있다는 뜻이다. 물론 시장 규모에 따라서 수많은 중앙 컴퓨터들로 이뤄져 있을 수 있지만, 여전히 중요한 것은 더 커다란 중앙 컴퓨터가 없다는 것이다. 가상자산, 즉 암호화폐와 NFT는 이런 기술을 기반으로 만들어져 있다. 이런 특징 때문에 블록체인을 탈중앙화 기술이라고도 한다.

°블록체인에서는 왜 위변조가 불가능한가

암호화폐는 익명성만 유지될 뿐 거래의 기록이 모두 드러나고, 위조나 변조도 할 수 없으며, 해킹도 불가능하다고 말했다. 그렇다면 블록체인은 이런 투명성을 어떻게 가능하게 했을까? 바로 암호화Crypto 기술 때문이다. 그래서 블록체인 위에서 만들어지는 가상화폐를 암호화폐Cryptocurrency라 부르는 것이다. NFT 역시 예술품 등을 코드로 암호화한 것이다.

암호화라고 해서 모든 것을 꽁꽁 비밀로 싸서 들여다 볼 수 없도록 했다는 것이 아니다. 어떤 거래가 있었는지에 대한 데이터는 모든 것이 노출된다. 기밀 유지가 아니라 노출을 통해 신용을 만들고 대신 익명성을 보장하는 구조가 된다. 암호화폐의 익명성은 수상한 거래를 위해서가 아니라 신용을 확보하기 위한 수단이다.

블록체인이 해킹도, 기록 조작도 어려운 이유는 두 가지 암호화 기술 때문이다. 첫째, 해시Hash함수이다. 해시는 블록체인에서 가장 중요한 기술이다. 원래 해시는 감자와 고기를 잘게 다져서 섞어서 만든 요리이다. 해시 브라운hash brown이라는 음식을 먹어 봤을 것이다. 감자를 잘게 썰어서 버터와 오일을 두른 팬에서 갈색이 나도록 구운 것이다. 이처럼 해시함수도 원래의 정보를 으깨어 다시 되돌릴 수 없도록 해 준다. 즉 결과값으로 입력값을 추론할 수 없도록 한다.

해시함수의 가장 큰 특징이 두 가지가 있다. ①항상 고정된 길이 값으로 결과값이 나온다. ②입력값이 조금만 바뀌어도 결과값이 달라진다. 그래서 입력값의 변형 여부를 쉽게 알 수 있다. ③역함수가 존재하지 않기 때문에 결과값으로 입력값을 추론할 수 없다. 예를 들어 홍길동과 홍길동에 쉼표를 찍은 것은 자릿수만 같을 뿐 이런 식으로 다르게 결과값이 나온다.

홍길동; p0l9k8j7hyg6fr54eds3
홍길동,; k9jh76tgfd43wsxcft56

그래서 입력과정에서 사소한 변화가 있어서 어떤 변화가 있었는지 알아차리고 반영을 하기 때문에 조작이 불가능하고, 결과값으로 입력값을 추론할 수 없는 비가역성 때문에 해킹도 불가능한 것이다.

둘째, 비대칭 키key 기술이다. 예를 늘어 우리가 송금을 한다고 할 때 해킹을 당하지 않으려면 그 내역을 암호화해야 하고, 나중에 다시 풀어야 한다. 이때 열쇠가 있어야 금고를 잠글 수도 암호화할수도 있고, 나중에 다시 열 수도 해독할수도 있다. 잠그고 열 때 쓰이는 것이 바로 암호 키key이다.

그런데 송금자가 키를 통해 송금 내역을 암호화한 뒤 그 내역과 함께 키도 수신자에게 전달한다. 수신자는 받은 키를 통해 암호내역을 해독해 수신을 받는 원리이다. 이때 암호내역과 키를 전송하는 과정에서 해킹이 발생하는 것이다.

블록체인에서는 암호화하는 키와 해독하는 키를 다르게 구성했다. 하나는 마치 계좌번호처럼 공개가 되는 공개키로, 또 하나는 인감도장처럼 개인이 배타적으로 보관하는 개인키로 말이다. 공개키를 통해 개인키를 유추하는 것은 수학적으로 거의 불가능하다. 그러면서도 둘은 수학적으로 밀접하게 쌍을 이루도록 생성이 되는데, 공개키로 암호화를 했으면 이것과 쌍을 이루는 개인키로만 해독할 수 있고, 개인키로 암호화를 했으면 이것과 쌍을 이루는 공개키로만 해

독을 할 수 있다. 블록체인은 이를 통해 키를 전송할 때의 해킹 문제를 해결한 것이다.

그래서 비트코인에 비판적이었던 헤지펀드의 대부인 레이 달리오 브리지워터 설립자도 2021년 1월 고객 서한을 통해 자신의 입장을 바꾸며 이렇게 말했다. "지난 10년 동안 컴퓨터 프로그래밍으로 새로운 돈을 발명하고 부의 저장 수단으로 인정받은 것은 놀라운 성취다. 비트코인이 어떻게 그렇게 잘 작동하고 해킹 당하지 않을 수 있게 했는지 크게 감탄한다."

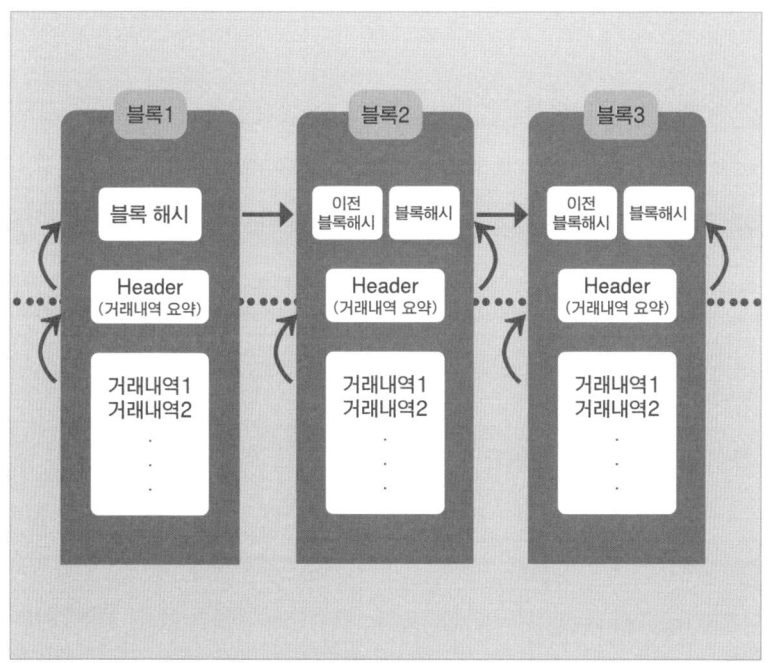

블록체인의 구조

°**탈중앙화의 의미**

중앙화는 싸이월드 같은 옛날의 서비스가 종료되면 다시 어딘가에 인수되어서 복구될 때까지 내 사진을 보지 못하는 것이다. 중앙화가 그 세계의 서비스를 이용해야 하는 것이라면 탈중앙화라는 것은 안에 있는 소재나 정보들을 밖으로 끄집어낼 수 있다는 뜻일 수 있다. 아이폰으로 사진을 찍었는데 그 사진을 아이폰에서만 볼 수 있다는 시스템은 상상할 수 없지 않은가. 웹페이지를 만들어서 그곳에서만 볼 수 있는 것도 말이 안 되지 않는가. 어떤 기기로 접속을 하든 그걸 볼 수 있어야 한다. 그렇게 중앙에서 통제되지 않는 시스템이 탈중앙화다.

마치 비트코인이 창시자가 있듯 이 모든 가상자산 시스템은 결국 누군가의 관리를 필요로 하지만, 관리자가 무언가를 마음대로, 혹은 최소한 비밀리에 만들 수는 없다. 이 '탈중앙화'라고 부르는 것이 블록체인의 특징이지만, 블록체인이 곧 탈중앙화를 의미하는 것은 아니다. 블록체인 기술을 사용했다고 해도 연결된 모든 컴퓨터가 한 회사의 소유물이거나 그에 준하는 통제 가능한 상태에 있다면 이를 '블록체인 기술이 사용되었지만 탈중앙화되었다.'라고 말할 수는 없는 경우다.

이 블록체인 기술은 대체로 투명성을 동반한다. 가상자산은 익명이라고 알려져 있지만 그건 현실의 전자지갑 사용자가 누구인지 개인정보가 저장되어 있지 않다는 뜻이지 전자지갑들을 움직이는 모든 정보는 극도로 투명하게 열려 있다. 특정 NFT가 어디에서 생겼고 어디로 이동했는지 지난 과거를 계속 조회해 볼 수 있다.

예를 들어 https://scope.klaytn.com/으로 접속해 보면 클레이튼 블록체인에서 모든 블록의 움직임이 보이고, 토큰 항목에 들어가 보면 우리가 '암호화폐'라고 혼용해서 부르는 토큰들이 어느 지갑에서 어느 지갑으로 얼마나 이동하는지, 그리고 특정 지갑을 클릭하면 그 지갑에 언제 어디서 토큰이 들어오고 나가는지를 전부 볼 수 있다.

이 투명성이 암호화폐나 NFT의 투명성을 보장하면서 계약이나 소유, 거래의 증명을 이루고 지금의 열풍을 일으키는 근본이 되었다. 또한 투명성이 만드는 신용은 가상세계, 즉 인터넷상에 커뮤니티 형성을 촉진시키고 궁극적으로 메타버스 세계에 대한 기반이 되는 것이다.

물론 기술 영역은 훨씬 복잡하기 때문에 설명한 모든 부분에서 예외가 되는 각종 사례들이 존재한다. 이해를 돕기 위한 부분이니 이 정도만 알아도 충분하다. 지금은 비트코인이 블록체인 기술로 블록단위로 각각의 개별적 컴퓨터에 일부분들이 암호화되어 저장된다는 사실만 기억해 두자.

˚암호자산이 에이전시를 대체한다

블록체인은 탈중앙화 기술이다. 그래서 블록체인 위에서 생성되는 암호자산은 탈중앙화의 철학을 가지고 있다. 금융거래만 해도 은행이 필요 없다. 국가, 은행, 빅테크처럼 누군가가 책임을 지고 모든 것을 관장하고 통제하고, 사람들로 하여금 자신을 믿도록 하는 이런 단어를 통틀어 말한다면 뭐가 될까? 바로 에이전시이다. 즉 중개자인 것이다. 돈을 받고 중개를 해 주는 것이다.

국가가 보증했다면 믿을 수 있다. 원화가 그렇지 않나. 대한민국 정부와 한국은행이 보증을 하니까 원화를 내밀면 물건을 주는 것이다. 국가가 보증했다고 한다면 이게 위조가 아니라는 것만큼은 확인할 수 있다. 만일 국가가 보증을 하지 않는다면 우리는 믿음의 수단을 다른 데 가서 찾아야 한다. 내가 비용을 들여 직접 조사하거나 어디 가서 신용을 사 와야 한다. 그렇다면 이때 보증의 비용은 누가 내는 것일까? 내가 내는 것이다. 서로를 못 믿기 때문에 서로의 이득을 위해서 서로가 비용을 내야 하는 것이다. 그렇지 않으면 돈을 받고 어디로 튈 수도 있으니까.

에스크로 서비스가 대표적인 사례다. 돈을 내고 물건을 중간 어딘가에 맡겨 놓는 것이다. 그러면 상대는 돈을 제3자에게 보내거나 맡겨 놓은 다음에 물건을 받는다. 최종적으로 물건이 인도가 됐음을 서로 확인하면 물건을 판 쪽으로 돈이 보내진다. 그런데 문제는 여기서 끝나는 게 아니다. 에스크로 서비스를 믿을 수 있느냐를 알아봐야 할 것 아닌가.

예를 들어 당신과 내가 거래를 하려고 하는데 지나가는 사람이 우리 두 사람의 돈과 물건을 맡아 놓고 있겠다고 한다면 그걸 어떻게 믿나? 이 경우 당신과 나는 또 돈을 내야 한다. 에스크로 서비스를 하는 사람에게 돈을 줘야 하고, 에스크로 서비스를 보증해 주는 사람에게 또 돈을 줘야 한다. 그렇게 신용을 증명하기 위해 수많은 에이전시들이 연속된다.

우리가 계약서에 도장을 찍으려면 공증을 받아야 되고 공증을 받으려면 돈을 내고 자격 있는 법무사나 변호사의 도장이 들어가야 한다. 그 법무사 자격증은 어디서 나왔나? 국가가 인정해 준 것이다. 공증 서비스를 하는 법무사가 왜 비싼 돈을 받겠나. 이 사람들도 돈이 들어갔기 때문이다. 자격증을 따기 위해 자신들도 돈 들여 공부를 했으니 말이다.

결과적으로 서로를 믿지 못하고 보증할 수단이 없기 때문에 그 인증을 위해서 에이전시가 필요하고, 우리는 수많은 에이전시들에게 돈을 주어야 한다. 돈을 줘야 뭐라도 해줄 수 있으니 말이다. 결국 국가도 거대한 에이전시 사업을 하고 있는 것이다. 이것이 중앙화이다.

그런데 에이전시 사업을 하는 쪽에서는 그 모든 정보를 독점하고 있기 때문에 그 정보를 이용해서 장사를 하거나 아니면 속일 수가 있다. 자신들이 이익을 추구할 수 있게 되는 것이다. 페이스북과 구글이 이용자들의 데이터 정보를 이용해 광고주의 광고를 붙여 돈을 버는 것도 이런 것이다. 그렇다면 이런 중앙화와 블록체인 기반의 토큰 이코노미 세계를 비교해 보자. 중앙화된 현실에서는 당신의 계좌에 돈이 얼마나 어떻게 들어왔는지는 내가 알 수 없다. 알아서도 안 된다. 아니, 알아서는 안 된다고 믿고 있다. 이를 알려면 영장을 발부 받아야 한다.

블록체인 세계에서는 이것이 다 열려 있다. 암호화폐 지갑이라면 그 지갑에 무엇이 얼마나 있는지 찍어 보면 다 알 수 있다. 다만 그 지갑이 누구의 것인지 모를 뿐이다. 지갑 안의 모든 것이 투명하게 열려 있는데 다만 누구의 것인지 알 수 없는 것이다. 세상천지에 이런 투명한 것이 어디 있나? 그리고 변조도 위조도 안 된다. 블록체인에서 위변조가 안 된다는 것은 이미 기술적으로 증명이 된 사실이다. 해킹으로도 뚫을 수가 없다. 이 때문에 비트코인이 모진 풍파를 겪고도 건재한 것이다. 한마디로 블록체인이라는 시스템이 에이전시를 대체해버린 것이다. 이것이 바로 블록체인 기반 위에서 생성되는 암호화폐와 NFT라는 암호자산이 하는 역할이다.

암호화폐와 NFT의 차이에 대해 되짚어 보자. 블록체인 기반 위에서 생성되는 디지털 파일을 우리는 토큰이라 부르는데 비트코인, 이더리움과 같은 암호화폐도 토큰이고, NFT도 토큰이다. 암호화폐는 fungible, 즉 대체가 가능하다. 반면 NFT^{Non Fungible Token}는 그림이나 음악, 혹은 수집품 등 대상이 있는 것에 일련번호와 발행자, 현재 소유자 등을 새긴 고유의 코드를 부여하기 때문에 대체가 불가능한 토큰이다.

다시 말해 똑같이 블록체인 위에서 만들어지지만 비트코인은 내가 가진 비트코인 1개와 당신이 가진 비트코인 1개를 바꿀 수 있다. 1만 원짜리 지폐를 교환하는 것이나 마찬가지. 하지만 NFT는 고흐의 작품과 세잔의 작품을 교환할 수 없듯이 대체가 불가능하다는 특징이 있다. 이때는 서로 평가한 가치에 의해 교환될 것이다.

어쨌든 블록체인과 암호자산이 에이전시가 필요가 없도록 만들고 있다. 에이전시는 기존 시스템을 유지하고 지탱하는 축이다. 그런데 블록체인 진영이 에이전시를 대체하고 기존 질서에 반하고 있으니 기득권이라고 불리는 사람들이 싫어할 수 있는 것이다. 대표적으로 최종의 통제자이자 책임자인 국가가 그렇다. 특히 우리나라는 이런 현상이 더 심한 것 같다. 다른 어떤 나라보다 국가에 과도한 통제를 위임하고 있기 때문이다.

우리나라는 무슨 문제가 생기면 대중적 정서는 '국가가 그동안 뭐 했냐?'이다. '국가가 왜 개입하냐?' 보다는 '국가가 뭘 했냐?'이다. '국민이 사기 당하지 않게 법령을 정비하고 막았어야 할 것 아니냐?'는 의견이 훨씬 더 많다. 게임만 해도 그렇다. '우리 애가 게임에 빠지는 동안 나라는 뭐 했냐?' 그래서 지금은 폐지됐지만 국가에서 셧다운 제도도 시행했다. 국가적인 문화가 여전히 많이 남아 있다는 것이다. 하지만 이 구조는 가상세계, 메타버스로 옮겨가는 과정에서 결국 교체가 되어갈 것이다. 내연기관 자동차를 전기자동차가 교체하는 것처럼 시대의 변화가 일어나고 있다.

° 비트코인은 어떻게 쓰이는가

내가 전자지갑에 비트코인 1개를 가지고 있다고 해보자. 이제 이 기록이 앞에서 이야기한 것처럼 공신력 있게 존재하기 위해서는 여러 사람에게 기록되어야 한다. 비트코인 시스템은 그 기능까지 함께 가지고 있다. 그러면 누가 기록해 줄 것인가? 물론 내가 돈을 들여 전국 각지에 컴퓨터를 설치하고, 기록을 할 수 있도록 컴퓨터 시스템을 구성할 수도 있을 것이다. 하지만 그것보다 더 좋은 방법은 사람들이 자발적으로 이것을 기록하는 일일 것이다.

토렌트라는 프로그램이 있다. 불명예스럽게도 영화 불법 복제로 유명한 이 프로그램의 기술적 방식 자체가 불법은 아니다. 이 프로그램은 공유를 원하는 파일을 원하는 사람들에게 조각조각 나누어 전송한다. 그리고 많은 사람이 파일을 가지고 있으면, 그 조각들을 각자 다운로드 하도록 한 뒤 조립하여 복제해 준다. 즉 많은 사람이 가지고 있을수록 전송 속도와 안정성은 늘어날 것이고, 그 파일을 가진 사람이 나 한 명뿐이고 내가 컴퓨터를 끈다면 이 파일은 더 이상 다운로드할 수 없을 것이다. 비트코인의 암호는 이 방식과 비슷하면서도 반대의 방식을 가진다. 내가 비트코인을 주고받은 기록, 즉 장부기록을 수많은 사람에게 보관시키는 역할을 한다.

이들이 컴퓨터를 켜놓게 하기 위해서 '채굴'이라는 방식이 이뤄졌다. 채굴은 암호를 풀고 장부에 저장해 주면 비트코인을 받는 일이다. 즉, 비트코인을 위해 컴퓨터를 켜 놓기만 하면 비트코인을 주는 것이다. 비트코인을 거래한 기록을 보관해 주는 사람에게 비트코인을 준다. 비트코인에 대한 신용이 없다면 이 방식은 작동하지 않을 수도 있다. 지금 비트코인의 시세는 그 신용을 보여준다. 대부분의 가상자산이 큰 차이 없이 비슷하게 이 방식을 따르고 있다.

컴퓨터를 켜 놓으면 비트코인을 받을 수 있고, 이 과정을 사람들이 '마이닝' 혹은 '채굴'이라고 부르고 있다. 그래서 전 세계에 '채굴장'이 생긴다거나, 전기를 많이 쓴다거나, 그래픽카드 가격이 몇 백만 원으로 올랐고, 회사나 농업용 전기나 공용시설에 몰래 '채굴 컴퓨터'를 설치했다가 발각됐다는 기사를 통해 '채굴'이라는 단어를 보게 된다. 하지만 채굴은 '컴퓨터를 켜 놓게 하기 위한 것'은 아니다. 처음에는 일종의 '지점 확보'를 위해 코인을 제공했지만, 시간이

지나면서 이 코인 지급은 줄어든다. 그럼 이제 모든 컴퓨터는 꺼지게 되고, 비트코인은 사라지게 될 것인가? 물론 아니다.

비트코인을 거래하기 위해서 즉 내가 독자에게 비트코인을 보내준다면 이 비트코인 배송을 위해 배송비를 내야 하는데, 그것을 기름 값, 서양에선 가솔린을 가스라고 부르기 때문에 가스피gas fee라고 불렀다. 우리나라에서는 가스비 혹은 가스피라고 부른다. 채굴장은 거래를 기록해주며 이 '가스피'를 받게 된다. 물론 이름은 여전히 '채굴'이라고 부르지만, 일종의 음식 배달비 같은 것을 받게 되는 것이다.

그럼 이 가스피는 얼마나 드나? 최근 음식 배달앱의 시장이 성장하며 오토바이로 음식을 배달해 주는 배달비가 오른다는 소식이 있다. 이것은 수요와 공급의 문제라고 쉽게 이해할 수 있을 것이다. 이 소식이 소문이 나서 많은 사람이 배달에 나선다면 가격 역시 낮아질 것이다. 마찬가지로 가스피도 정해진 액수가 없다. 가스피 수익이 높다는 것은 거래가 빈번하게 일어난다는 것이고, 보수로 받게 되는 가상자산의 가치도 높아지고 있다는 것이다. 더 많은 가상자산이 쌓이고, 그 가상자산당 교환되는 국가화폐 가치 역시 올라간다. 주식수가 증가하면서 동시에 주식의 시세가 올라가는 것과 비슷하다. 이런 호황이라면 채굴장의 기대소득이 계속 올라갈 것이다. 그럼 더 많은 사람이 채굴장을 만들 것이고, 처리해 줄 채굴장이 증가하면서 가스피는 수요와 공급의 균형을 찾아갈 것이다. 거래를 일으키는 국가의 밤과 낮 시간대에 따라 거래량은 차이가 있을 것이고, 전 세계의 가스피 역시 변동치를 가진다. 이런 원리를 이해하면 수시로 가스피가 바뀌는 것이 이해가 되고, 어느 시점이 더 싸질지 예측할 수 있을 것이다. 쉽게 말해서 미국 시간으로 새벽이면 전 세계에서 가스피가 조금 싸진다.

아무튼 이런 방식으로 전 세계에서는 계속 '거래'가 일어나고, 이 거래는 배달망에 유지비용을 공급한다. 하지만 이것으로는 여전히 부족해 보이지 않나? 그 가상자산이 뭔가를 해야 할 것 아닌가? 가령 '피자를 살 수 있다거나, 이것으로 온라인 결제를 할 수 있는 사용처가 필요하지 않을까?' 하는 생각은 화폐로서 타당한 것이다.

°멋진 이더리움

세계 최대 NFT마켓에서 대표적으로 쓰이는 이더리움에 대해서도 알 필요가 있다. 이더리움이 세계적으로 이렇게 유명해지고 공신력을 얻게 된 데는 이유가 있다. 정말 탄복할 만큼 멋진 방법을 썼기 때문이다. 코인을 만들기 원하는 사람이 이더리움을 이름만 바꾸어 이더리움 같은 코인을 만들 수 있게 한 것이다. 이를 이더리움 가족이라고 부르기도 한다. 누구라도 이더리움 가족이 될 수 있다고 선언하고 그 코드를 공개해 두었다. 이를 사용하면 채굴장이나 전자지갑 등의 어려운 절차 없이 순식간에 코인을 만들 수 있다. 이렇게 만들어진 코인을 '이더리움 블록체인 기반의 토큰'이라고 한다. ERC-

20이라고 불리는 이 절차로 만들어진 토큰은 이더리움과 동일한 방식으로 운용되나 전송에 필요한 요금가스피, Gas fee은 이더리움으로 내야 한다.

예를 들어서 내가 이더리움 기반의 암호화폐를 만들어 이름을 '하얀용 코인'이라고 붙이면 그때부터 이더리움 가족이 되는 것이다. ERC-20에 등록되면 이제부터 이것을 다른 이더리움 지갑에 보낼 수 있다. 거기에 이더리움 칸이 따로 있고 그 밑에 이제 하얀용 화폐 몇 코인이라고 불리면서 이름과 시세는 다르지만, 이더리움과 같이 취급되고 이더리움으로 가스비를 내야 한다. 쉽게 말해 택배비를 이더리움으로 내는 것이다. 전 세계에서 유통되는 이더리움 가스비 받는 사람들이 하얀용 화폐를 마치 이더리움인 것처럼 거래해 주게 된다.

예전에 롯데유통이나 진로가 화물로 유명해진 이유가 모든 가게의 진로 소주를 배송할 때 이 유통망을 이용해서 운송업까지 했기 때문이다. 그래서 진로 트럭 터미널도 있었다. 그런 식이다. 이더리움에서 이더리움 기반으로 정보를 전송할 수 있게 해주는 대신 택배비로 이더리움을 사서 내라는 식이다.

이더리움과 거의 똑같은 방식으로 약간만 바꿔서 만든 게 '클레이'라는 블록체인이다. 소스는 거의 유사하다. 국내용으로 쓰이면서 클레이튼 가족으로 화폐를 만들 수 있다. 유통방식은 이더리움과 같다. 그 대신 클레이튼은 가스비가 저렴하다는 장점이 있다.

˚ 코인(Coin)과 토큰(Token)의 개념

토큰Token이라는 말은 블록체인 이전부터 있어 왔다. 싸이월드의 도토리가 대표적이다. 도토리는 싸이월드가 자체 서비스를 활성화하기 위해서 발행했고 이는 당시 싸이월드의 상징이 되었다. 이용자들이 더 적극적으로 참여할 수 있도록 하기 위한 보상체계였다. 사람들이 도토리를 모으기 위해 더 적극적으로 활동했던 것을 모두 기억할 것이다. 싸이월드처럼 중앙화된 회사가 통제하는 서비스와 달리 블록체인은 생태계 전체를 통제하는 중앙화된 기관이 없다. 그렇기에 더더욱 참여자들의 자발적인 참여가 중요하고 이를 위한 동기부여가 중요하다. 그래서 토큰 보상체계가 일반 플랫폼보다 보편화돼 있다.

블록체인 위에서 발행되는 토큰과 코인을 합쳐 암호화폐라 부르는데 토큰과 코인의 차이는 이렇게 생각하면 쉽다. 애플의 운영체제인 iOS 플랫폼 위에서 다양한 앱들이 만들어지는 것을 떠올려 보자. 애플의 iOS가 발행하는 것을 코인, iOS 위의 앱들이 발행하는 것을 토큰이라고 보면 된다.

예를 들어 이더리움 블록체인은 iOS처럼 플랫폼의 역할을 한다. 이더리움 블록체인 위에서는 다양한 앱 서비스들이 만들어진다. 이더리움처럼 다양한 앱 서비스를 지원하며 독자적인 생태계를 구축하는 플랫폼 블록체인을 메인넷MainNet이라고 한다.

그리고 이 메인넷 위에서 만들어지는 앱을 디앱DApp, Decentralized Application이라고 한다. 탈중앙화된 앱이란 뜻이다. 탈중앙화된 앱이기 때문에 앱 이용자 정보와 데이터가 회사의 중앙 서버에 집중되는 것이 아니라 여러 컴퓨터에 분산저장된다. 예를 들어 싸이월드는 회사가 문을 닫으면 이용자들이 쌓아놓은 데이터가 사라진다. 리니지에서 획득한 아이템들도 엔씨소프트가 리니지 서비스를 중단하면 사라진다. 반면 블록체인 위에서 만들어진 더샌드박스나 엑시인피니티 같은 게임 서비스는 이용자의 아이템과 데이터가 이용자의 전자지갑 안에 있다.

이더리움과 같은 메인넷은 생태계 전체를 유지하기 위해 '이더ETH'라는 코인을 발행하고, 디앱들은 자신의 서비스를 활성화하기 위해 토큰을 발행한다. 메인넷이 발행하면 코인, 디앱이 발행하면 토큰이라고 보면 된다.

그런데 여기서 알아야 할 것은 메인넷은 블록체인 작동을 위해서는 반드시 코인 발행이 필요하다. 반면, 디앱들은 그 서비스의 목적에 따라 발행할 수도 있고 발행하지 않을 수도 있다. 메인넷이 코인 발행이 필요한 이유는 블록체인은 중앙 서버를 두고 데이터를 집중

하며 통제하는 시스템이 아니기 때문이다. 이런 탈중앙화된 시스템을 유지하기 위해서는 개인들이 컴퓨팅 파워를 나눠주는 자발적 참여가 필요하다. 하지만 이는 봉사활동이 아니기 때문에 인센티브가 필요하다. 앞서 소개했듯 이런 활동을 채굴이라고 하고 채굴의 대가로 주어지는 인센티브가 바로 코인이다. 코인은 블록체인을 작동시키는 연료인 셈이다. 연료 없이는 블록체인은 돌아가지 않는다.

디앱들 역시 이용자들의 더 적극적인 참여에 대한 보상과 서비스의 확장을 위한 매개로서 토큰을 발행할 수 있다. 이 토큰을 통해 그 서비스 생태계가 만들어 내는 경제를 토큰 이코노미라 한다.

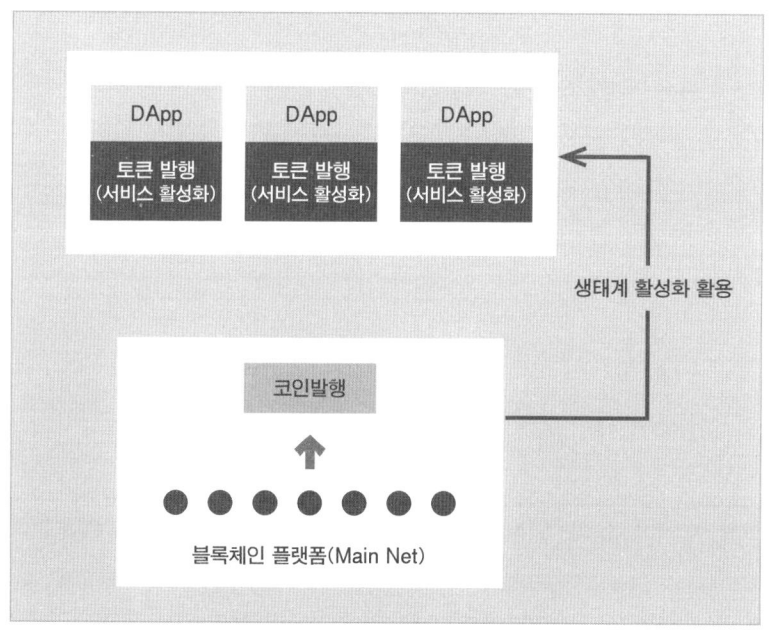

블록체인 생태계에서 코인과 토큰의 역할

°암호자산이 무슨 효용이 있는가

필자가 만나 본 분들이 암호 자산에 대하여 회의를 품는 데는 크게 두 가지가 있었다. 첫째는 가치가 마구 변동한다는 것. 둘째는 실사용에 쓸모가 없다는 것이었다. 그것이 화폐라면 무엇을 살 수 있어야 하는데 초 단위로 가치가 바뀌는 것으로 대체 무엇을 어떻게 살 수 있단 말인가? 가치의 변동은 내가 관광객인가 주민인가를 생각해야 하는 문제이다. 가령 우리는 만 원짜리를 쓰면서 달러 환율을 생각하지 않는다. 그걸 생각할 때는 달러를 사용하는 국가, 미국 또는 달러가 통용되는 곳, 표현을 바꾸자면 사회, 소셜, 커뮤니티를 오갈 때뿐이다. 해외여행을 갔다면 물건을 살 때마다 이게 한국 돈으로 얼마인지 계산해 볼 것이다. 전 세계의 모든 화폐는 시시각각 그 시세를 달리하지만 커뮤니티 안에서는 그로 인한 혼란을 겪지 않는다. 가상세계에서는 모든 암호자산이 서로를 교환하기 위한 풀Pool을 가지고 있고, 이 풀들은 모두 비트코인에 연결된다. 즉 비트코인 시세가 움직이는 것이 아니라 1비트코인이 모든 것의 기준이 되는 세계인 것이다. 1000 토큰은 1개당 1,851원 혹은 253원 등 얼마가 됐든 1000 토큰인 것이다. 그래서 가치의 변동은 이 세계의 바깥, 즉 현실에 있는 사람들 중 가상자산 투자자들에게만 중요한 개념이다.

필자가 '낯설게 하기'를 통해 주의를 환기하려고 일부러 어렵게 돌려가며 말하고 싶은 것은 이것이다. 우리가 속한 가장 큰 신용 커뮤니티인 '국가'가 발행한 현금자산 그리고 예금자보호법으로 보호되는 예금, 적금 그리고 펀드, 코스피 코스닥 상장주식, 해외주식, 중견기업이나 스타트업의 비상장 주식 등이 서로 다르지만 어쨌든 위험도를 차등적으로 가지고 있다는 것이다. 투자자의 평가에 따라 그 위험도 순위를 달리하지만 일반적으로 뒤로 갈수록 고위험 투자로 인식될 것이다. 그리고 그 끝에 지금의 가상자산이 있다.

어떤 기업의 비상장 주식은 상장 주식보다 높은 평가를 받을 수 있고, 어떤 기업의 상품권은 어떤 국가의 현금보다 신용도가 더 높을 수 있다. 우리는 대한민국, 중국, 일본, 미국 등 지구에서도 상당히 높은 신용도의 커뮤니티가 발행한 국가화폐를 주로 떠올리지만 지구에는 수많은 국가화폐가 있고, 한국의 은행에서 취급하지 않는 화폐도 있을 것이고, 국가 간 거래에서 받아주지 않는 화폐도 있을 것이다. 그중에 태반은 한국의 백화점 상품권보다 못한 신용도를 가지고 있다.

어느 화폐가 안정적인가라는 말은 결과적으로 '신용이 있는가?'라는 말이고 신용은 그 신용을 발생시키는 무리, 즉 그 화폐를 통용시키는 커뮤니티의 크기가 말해 준다. 국가는 화폐에 개입할 뿐 화폐를 보증하지 않는다는 것은 당연한 이야기지만 생각보다 낯선 개념일 수 있다. 고정된 가치로 교환이 약속된 것은 없다. 이 모든 것은 커뮤니티와 신용도의 차이임을 알 수 있다. 물론 국가의 신용도는 매우 높기 때문에 국가화폐에 대해서는 대체로 이 신용도 계산을 할 필요가 없을 테지만, 국제사회에서는 또 이야기가 다르다. 국가 신용도는 당연히 국가 간 화폐의 이자에 영향을 미치는 것이다.

개념을 설명하기 위해 이야기가 너무 거창해졌는데, 그렇다고 가상사산이 국가화폐와 비교될 수 있다는 뜻은 아니다. 단지 어떤 나라의 화폐는 국가화폐면서도 가상자산 중에 높은 신용도를 가진 특정 가상자산보다 낮은 신용 상태일 수 있다는 것이다. 결제대금으로 꼭 비트코인과 그 나라의 화폐 중에 선택해야만 한다면 비트코인을 선택하게 되는 상태 말이다. 그래서 국가화폐를 가상자산과 연동하는 국가가 생기기도 했다. 저마다 그리고 시각마다 달라지는 전환 가치를 가진 가상자산의 평가를 위해서는 크든 작든 공통적으로 그 자산을 신용하는 커뮤니티를 봐야 한다.

예전부터 비트코인으로 무언가 살 수 있도록 하려는 시도는 계속 있었지만, 현실의 물건은 사실 이렇게 거래되기엔 부적합해 보인다. 물론 물가가 오르내리긴 하지만 국가화폐가 일정하고 느린 반영 속도를 가진 반면, 가상자산은 짧은 시간 동안의 변동 폭이 크고, 여러 가지 다른 가격 결정 요인들이 섞여 있기 때문이다. 이것은 억지로 비유하자면 마치 제3국에서 수입해서 도착할 어떤 물건을 유럽의 한 국가에서 원화를 달러로 바꿔 한 달 전에 미리 사는 것과 같다고 말할 정도로 복잡하게 보일 수 있다. 그래서 필자의 생각에 현실의 물건은 그냥 현실의 화폐로 사는 것이 좋을 것 같다. 즉, 암호화폐는 자신의 커뮤니티 안에서 유통되는 것이 더 자연스럽다.

˚ 가상세계에서는 암호화폐가 쓰인다

그러면 가상자산은 어디서 사용처를 찾아야 하는가? 그곳은 아마 가상세계일 것이다. 디지털 화폐는 디지털 자산이 유통되는 디지털 세계가 어울린다는 뜻이다. 여기를 메타버스라고 불러도 될 것 같다.

 e-book이나 디지털 아트, 디지털 자산들은 디지털 화폐인 가상자산과 궁합이 맞다. 대표적으로 NFT는 그 가격표를 자신이 속한 가상자산의 단위로 매긴다. 이더리움 체계하의 NFT아트 등의 전자자산은 0.01이더 등 이더리움으로 가격표를 매긴다. 바깥의 환율이 변동하는 것은 가상자산을 KRW, 즉 대한민국 통화와 교환하려는 사람들, 관광객들의 사정인 것이다. 투자자가 아닌 사람들은 원화 대비 가격이 내려가면 더 좋아할 수 있다. 달러 환율이 내려가면 해외제품 구매와 해외여행객이 늘어날 것이다. 가상자산과 더 가까운 예시로 가상세계라고 할 수 있는 온라인 게임에서 사용되는 게임머니를 현실세계의 현금을 주고 사서 게임에서 사용하는 사람이 있다면, 게임머니의 현금 거래 시세가 내려가면 자신의 게임머니의 현금 교환 자산가치가 줄었다는 사실보다 이제 게임머니를 더 싼 가격으로 더 많이 살 수 있다는 사실에 기뻐할 것이다.

°암호화폐도 NFT도 모두 컴퓨터 코드

NFT를 이해하기 위해서는 NFT가 작동되는 구조를 어느 정도는 알아야 한다. 기반 기술은 바로 블록체인이다. 블록체인 위에서 생성되는 컴퓨터 코드를 우리는 토큰이라고 한다. 암호화폐와 NFT 모두 토큰이다. 그래서 우리는 블록체인 위에서 만들어지는 경제를 '토큰 이코노미'라고 한다. NFT는 바로 이 토큰 이코노미 안에서 작동하며, NFT는 '토큰 이코노미'를 이루는 핵심 구성요소가 될 수 있다.

우선 주식을 한번 생각해 보자. 주식은 식별되기가 참 힘든 물건이다. 증권예탁원에 어떤 기업의 주식을 누가 소유하고 있는지 구분은 되어 있지만 따지고 보면 철저히 감춰져 있다. 내가 가진 주식을 가지고 내가 무얼 하려고 하면 내 주식이 어디에 있는지 막막하다. 무얼 하려고 해도 모두 법으로 규정이 되어 있다. 배당을 받거나 주총에 참석한다고 할 때 말고는 별로 쓸 일도 없다.

반면 코인이라 불리는 암호화폐를 한번 보자. 내 소유라는 것이 확실하다. 그래서 내 전자지갑 안에 넣어둘 수 있고 내가 사용하고 싶은 곳에 사용할 수가 있다. 다른 사람에게 전달할 필요가 있다면 내 전자지갑에서 그 사람의 전자지갑으로 전송하면 된다. 암호화폐 거래소로 가져가면 원화로도 바꿀 수 있다.

'우리 회사 주식을 가진 분들이 게임에 참여하면 선물을 드립니다.'

어떤 회사라도 이런 행사를 과연 열 수가 있을까? 열 수가 없다. 설령 그 회사 주식을 가지고 있는 사람이라도 무슨 수로 게임에 참여하면서 내가 그 회사의 주식을 가지고 있음을 어떻게 쉽게 증명할 수 있을까? 불가능하다. 이유는 주식은 연결이 안 돼 있기 때문이다.

하지만 암호화폐는 이것이 가능하다. 코인은 내 지갑 안에 들어 있고 그 지갑으로 로그인만 한다면 내가 그 코인을 소유하고 있음을 증명할 수 있다. 다른 사람도 내가 연결해 놓은 지갑을 찍어 보면 내가 어떤 코인을 얼마나 가지고 있는지 알 수 있다.

이것이 가능한 이유는 암호화폐는 프로그램으로 만들어진 컴퓨터 코드이기 때문이다. 프로그램으로 서로 소통되는 기본 구조를 가지고 있기 때문에 서로 호환되고 연결되고 소통이 될 수 있는 것이다. 쉽게 말해 암호화폐는 자동화된 화폐이며 자동화에 최적화되어 있는 화폐라는 것이다. 왜냐하면 컴퓨터 시스템에 의해 생산이 되었고 시스템으로 작동하기 때문이다.

암호화폐가 경제시스템을 이루는 펀더멘탈이 될 수 있는 이유도 이 때문이다. 내가 다른 프로그램과 연결해서 소유를 증명하고 권리를 행사할 수 있는 증표이기 때문이다. 이게 다 코드로 이뤄졌기 때문에 가능하다. 코드가 블록체인에 등재되어 있기 때문에 일치성을 보장 받을 수 있고 자동으로 연결할 수 있다. 그래서 암호화폐를 가지고 있으면 프로그램 기반으로 만들어지는 메타버스, 즉 가상세계 안에서 경제 활동을 할 수가 있다.

　나만의 캐릭터를 만들어 내 소유임을 증명하고 싶거나 어떤 작품이 내 작품임을 증명하고 싶다면 내 전자지갑을 연결해 내 신원을 등록한 뒤 캐릭터나 작품을 올리고 코드를 생성하면 된다. 이것이 바로 NFT$^{\text{Non Fungible Token}}$이다. 암호화폐가 컴퓨터 코드, 컴퓨터 파일이듯 NFT도 컴퓨터 코드이자 파일이다. 둘 다 블록체인 위에서 만들어지는 코드, 즉 토큰이라는 것이다.

　다른 점이 있다면 비트코인과 같은 암호화폐는 화폐이기 때문에 서로 바꿀 수 있다. 대체 가능^{Fungible}하다는 것이다. 내가 가진 1만 원권과 당신이 가진 1만 원권을 교체할 수 있는 것처럼 말이다. 반면 NFT는 캐릭터나 작품을 코드화했기 때문에 캐릭터와 작품을 물물교환하지 않는 이상 대체가 불가능$^{\text{Non Fungible}}$하다.

　예를 들어 어떤 블록체인 게임 안에서 내가 캐릭터를 만들었다고 하자. 캐릭터를 코드로 만들어 내 지갑에 등록만 시켜주면 이게 NFT이다. 사람들은 NFT를 그림이라고 생각하는데 꼭 그림일 필요가 없다. 코드를 붙일 수 있는 것은 다 가능하다. 모든 데이터를 NFT로 발행할 수 있다. 그림도 결국은 컴퓨터 입장에서는 데이터이다. 사람들이 이것을 아트라고 느끼는 것뿐이지 실은 디지털 코드이다.

결국 NFT에 붙어 있는 아트라는 것도 따지고 보면 물질이 아니라 전자화되어 있는 무엇이다. 이런 이유 때문에 우리는 가상세계에서 캐릭터의 옷을 만들어 팔거나 혹은 다른 사람이 만든 옷을 사서 내 캐릭터에 입혀 뛰어 다니면서 사람들과 소통할 수 있는 것이다. 혹은 내가 내 세계관을 담아 그림을 그려 사람들에게 팔고 커뮤니티를 형성할 수도 있는 것이다. 캐릭터 옷과 그림을 NFT라는 코드로 바꿀 수 있고, 다른 사람이 만든 NFT를 암호화폐로 살 수 있기 때문이다.

그래서 코인으로 돌아가는 경제 펀더멘탈 위에서 작동하는 NFT 덕분에 가상세계에서 실질적 경제 활동이 가능하게 되고 커뮤니티라는 공동체가 구성될 수 있다. 이것이 토큰 이코노미이다.

2. NFT와 암호화폐의 새로운 자본주의, 토큰 이코노미

◦ **NFT는 디지털 세계의 상품이자 자산**

만일 내가 당신에게 '클립 두 개를 줄 테니 종이 한 장을 주시오.'라고 한다고 해 보자. 물물교환을 하자는 것이다. 그런데 내가 만일 클립 하나만 바꾸자고 하면 당신은 종이를 절반으로 찢어줘야 하나? 그만큼 물물교환이란 것이 어렵다는 이야기다. 그래서 옛날에는 금화가 사용됐던 것이다. 금의 무게를 달면 되기 때문이다. 깎아 내지 못하게 앞뒤로 문양을 새기고, 측면에 톱니모양의 장식을 넣은 것이 지금 동전 디자인의 유래이다. 금 무게로 상품의 가치를 측정하고, 물건을 거래하면 됐다.

메타버스에서는 사람들이 상품과 자산을 NFT라는 코드의 형태로 가지게 된다. 그래야 누구의 것인지 알 수 있기 때문이다. 그래서

NFT는 소유권을 증명하는 디지털 세계의 등기부등본이라고 하는 것이다. NFT라는 코드는 대체 불가능하다. 그런데 NFT를 거래할 수 있는 더 기초적인 단위의 코드가 필요하다. 이것이 암호화폐이다.

만일 우리가 가상세계에서 물물교환을 한다고 해 보자. '폴아웃 Fallout'이라는 게임이 있다. 핵전쟁, 아포칼립스^{종말} 이후의 세계가 배경인데 여기서는 1캡이라고 부르는 콜라 병뚜껑을 화폐로 사용한다. 이렇게 된 이유는 핵전쟁이 일어나던 날 콜라가 출시됐기 때문이다. 이날 핵전쟁으로 지구가 멸망했으니 생산량이 정확하게 딱 한정된 것이다. 게임에서는 그 콜라를 입수해서 콜라를 마시면 1캡이 생긴다.

그런데 이 게임에서는 기본적으로 모든 물건을 물물교환할 수 있다. 예를 들어 어떤 총이 갖고 싶다면 매대에 무엇이든 이 총과 바꿀 내가 가진 물건을 올려놓으면 물건의 가치를 1캡 기본 단위로 서로 맞출 수 있다.

얼마의 가치를 매길지, 즉 몇 캡을 부여할지는 거래하는 사람 마음이다. 그래서 상대가 받는 물건이 있을 수도 있고 안 받는 물건이 있을 수도 있고, 또 상대에 따라 같은 물건도 고평가될 수도 있고 저평가될 수도 있다. 마침 상대가 총을 별로 중요시하지 않아 헐값에 나한테 넘긴다면 나는 땡큐다. 어쨌든 서로 이득 보는 거래를 하게 되는데, 이때 가치 척도의 도구로서 캡이 중요하다. 설령 캡을 사용하지 않더라도 말이다.

이 게임을 계속 진행하다 보면 나중에 캡이라는 단위로 커버를 하기 힘들어진다. 그래서 총알을 쓰게 된다. 총알은 수량이 많이 있고 게임 안에서 많이 쓰이기 때문이다. 예를 들어서 9캡짜리 총알, 25캡짜리 총알 이런 식이다. 서로 총을 들고 싸우기 때문에 캡은 안 가지고 있어도 총알은 가지고 있을 수 있기 때문이다. 총알을 주고받지만, 여전히 가치 척도의 수단으로 캡은 중요하다.

메타버스도 게임과 유사한 구조이다. 그런데 메타버스에서는 캡과 같은 역할을 하는 대표적인 코인이 이더리움 블록체인의 코인인 이더ETH이다. NFT가 가장 많이 만들어지는 블록체인이 이더리움이기 때문이다. 만일 이곳에서 물물교환을 한다면 폴아웃 게임에서처럼 몇 이더짜리 물건인지 서로 비교를 해야 한다. 그런데 이런 방식은 너무 불편하다. 설령 가능해도 같은 커뮤니티에서만 통하는 방식이다. 그래서 모든 것이 데이터로 이뤄진 가상세계에서는 상품과 자산을 데이터로 만든 NFT가 필요하다.

°코인은 카지노 칩이 아니다

카지노를 한번 떠올려 보자. 돈을 칩으로 바꿔 들어가서 안에서 칩으로 돈을 벌고 나올 때는 다시 돈으로 바꾼다. 물론 쫄딱 날렸으면 바꿀 것도 없겠지만, 카지노 안에서는 현금이 아니라 칩이 화폐로 쓰이는 것이다. 칩이 있기 때문에 돈을 벌 수 있고 이 결과 카지노 안에서 경제가 성립한다. 칩이 카지노의 펀더멘털 역할을 한다. 칩 이코노미라 할 수 있을 것이다. 그러나 칩은 안에서는 화폐의 역할을 하지만 밖으로 나오면 통용이 되지 않는다. 밖에서는 돈으로 교환할 데가 없다. 쓸 곳이 그 카지노밖에 없다.

어떤 놀이동산이 안에서 사용할 수 있는 화폐 비슷한 무엇_{이것을 토큰이라고한다}, 통인시장의 엽전이나 백설공주가 그려진 실물 코인을 발행한다고 해 보자. 우리는 돈을 이 코인으로 바꿔서 입장한 뒤 놀이기구도 탈 수 있고 음식도 사 먹을 수 있다. 기계에 집어넣으면 오락도 할 수 있다. 어떤 놀이동산에서는 이 코인을 걸고 내기를 해서 코인을 불릴 수도 있다. 그리고 나올 때면 남은 코인은 돈으로 바꿀 수 있다. 카지노의 칩처럼 쓰고 벌 수 있기 때문에 이 실물 코인은 놀이동산의 경제 펀더멘털인 셈이다. 하지만 밖에서는 돈으로 교환해 주는 데가 없다. 쓸 곳이 그 놀이동산 밖에 없는 내부화폐이다. 코인이 만드는 경제 펀더멘털은 카지노의 칩 이코노미와 비교하면 절반은 비슷하고 절반은 다르다.

카카오의 자회사인 그라운드X의 블록체인 '클레이튼' 위에 만들어진 세계가 있다고 해 보자. 이 세계는 모든 것이 클레이튼의 암호화폐인 클레이로 가격이 매겨진다. 이 아이템은 10클레이, 저 그림은 100클레이라고 말이다. 이 세계 내부에서는 바깥에서 원화 기준의 클레이의 가격이 아무리 바뀌어도 안에서는 물가가 유지되고 있는 것이다.

내가 디지털 아트를 열심히 그려서 NFT로 발행해 100클레이에 판매한다고 해 보자. 그러면 내 그림을 좋아하는 사람이 있다면 그 사람은 내 그림을 사서 자기 프로필 사진으로 쓰든지 아니면 자신의 가상공간에 전시를 하든지 혹은 투자 수익을 위해 가지고 있을 것이다. 또는 NFT를 등록하면 액자로 만들어주는 기능도 있으니 액자 그림으로 만들어 자신의 집 벽에 걸어놓을 수도 있다. 아니면 이 그림을 자신의 캐릭터가 입을 티셔츠에 박아서 캐릭터에 입힐 수도 있을 것이다.

그리고 이 세계에서는 게임을 해서 클레이와 같은 암호화폐를 벌 수도 있다. 바로 플레이투언Play to earn이다. 게임을 하면서 돈을 버는 것이다. 예를 들어 이더리움 블록체인 위에 만들어진 엑시인피니티Axie Infinity라는 게임이 있다. 포켓몬스터처럼 게임 속 캐릭터 '엑시'를 키우고 이를 이용해 전투를 벌이는 게임이다. 성장한 엑시끼리 교배를 하면 새로운 종의 엑시를 만들 수 있다. 희소성에 따라 비싸게 팔아 이더리움의 암호화폐인 이더ETH를 받을 수 있다.

왜 달러나 원화를 주지 않고 이더를 주냐고? 만일 달러를 준다면 게임을 만든 회사는 망할 수밖에 없다. 이게 가능한 것은 도박, 카지노밖에 없다. 100만 원을 칩으로 교환해 200만 원으로 불릴 수도 있지만 몽땅 잃으면 타고 온 자동차를 전당포에 맡겨야 할 것이다. 플레이투언의 구조는 그 세계의 화폐로 보상을 하는 것이다.

이렇게 이 세계 안에서는 생산하고, 소득을 올리고, 소비하는 경제가 성립되는 것이다. 카지노 칩이 만드는 내부경제는 칩의 개수만 불리는 것이지만, 이 세계는 암호화폐로 벌어서 내 캐릭터를 위한 옷도 사고, 내 캐릭터를 위한 공간도 꾸밀 수 있다. 가상세계 안에서의 내 캐릭터의 일상이 가능해진다. 그야말로 월드가 만들어지는 것이다.

한마디로 안에서 벌어서 안에서 사용하는 것이다. 그런데 만일 외부의 암호화폐 거래소에서 현금을 이더나 클레이로 교환해 이 세계로 와서는 이 세계 안에서는 쓰기만 한다면 경제가 성립할 수 없다. 카지노처럼 되는 것이다. 이 세계에 거주할 주민이 생성되고 이들의 일상이 만들어지는 것이 아니라 여행객, 관광객만 오는 곳이 된다. 여행객만 온다면, 외부의 유입에 전적으로 의존하게 되고 바깥 세계 시세에 쉼 없이 영향을 받을 수밖에 없다. 가상세계에는 좀 더 건강한 경제 흐름이 필요하다.

이 세계의 화폐는 외부의 암호화폐 거래소에 등록이 되어 있다.

이곳을 통해 현실의 국가통화와 연결된다. 암호자산의 세관 같은 곳으로 절차와 보안성, 요구 증명도 그와 비슷한 수준이다. 이곳을 통해 현실의 법정화폐가 가상세계 안으로 들어올 수도 있지만, 거꾸로 가상세계의 소득이 밖으로 나갈 수도 있다. 다시 말해 이 세계 안에서 벌어서 생계를 유지할 수 있다는 것이다. NFT는 이 세계에서 거래되는 그림, 음악, 각종 콘텐츠의 거래 실체가 되고, 그러면 내가 더 좋은 그림을 NFT로 발행해 팔기 위해서 암호화폐를 벌어 거래소를 통해 법정화폐와 바꾸어 NFT 작업에 더 편리한 장비를 구입하게 되는 것이다.

앞서 소개한 엑시인피티니를 보자. 필리핀 등 동남아에서 노년층까지 참여하며 폭발적 인기를 끌고 있다. 하루 한 번 이상 접속하는 일간활성이용자DAU가 200만 명에 달한다. 이들 나라에서는 코로나19로 일자리를 잃은 많은 사람이 게임으로 출근해 일을 하고 있다. 그 수가 최소 100만 명이다. 이더로 벌어서 달러로 교환한 월평균 수익이 300달러 정도에 달해 현실에서 웬만한 정규직이 버는 소득과 비슷하거나 오히려 더 많다. 이들은 일을 하는 것처럼 게임을 하는 것이다. 게임 플레이에 정말 진심이다.

° **주식과 암호화폐의 차이**
우리가 알고 있는 무형자산 가운데 코인과 가장 비슷한 것은 주식이다. 자본주의에서 힘은 결국 자본에서 나오는데 주식과 코인 둘 다

자본으로서 힘을 가지고 있다. 지금까지 자본주의에서 자본의 힘을 대표하는 것은 주식이었다. 주식은 곧 의사결정권이다. 주식이 많으면 그 기업의 의사결정에 영향을 미칠 수 있다. 주총에서 대표이사를 해임할 수 있다.

기업이 IPO^{기업공개, Initial Public Offering}를 통해 주식을 발행하듯이 코인은 ICO^{암호화폐 공개, Initial Coin Offering}를 통해 코인을 발행한다. 요즘은 IDO 등의 다른 방식도 있다.

IPO를 하려면 기업이 비용을 주고서 주관사를 정해야 하는데 ICO는 사업 주체가 직접 발행한다. ICO를 통해 배분된 코인은 주식과 달리 경영권이 아니다. 사업 주체가 백서에서 밝힌 가치와 사용처, 덕목을 지키면서 사업을 끌고 가는지 감시하고 지지하는 것이지 직접 경영을 하는 것이 아니라는 것이다. 일종의 정경분리가 되어 있다는 것이다.

또 하나 큰 차이가 있다. 주식은 매수, 매도 호가가 일치해야 거래가 된다. 팔겠다는 사람의 가격에 맞춰서 사야 하고, 사겠다는 사람의 가격에 맞춰서 팔아야 한다. 그런데 암호화폐는 그렇지 않다.

예를 들어 클레이튼 블록체인 위에서 생성된 코인들의 풀^{Pool}이 있다고 해 보자. 이 가운데 A라는 코인과 클레이튼이 발행한 클레이와의 교환 비율이 10 대 1이라고 해 보자. A코인 10개와 클레이 1개가 교환이 된다는 것이다. 그런데 누군가 클레이를 내고 A코인으로 바꿔갔다면 A코인은 줄어들고 클레이가 늘기 때문에 교환비가 바뀌게 된다. 옛날에 1클레이를 얻으려면 A코인이 10개가 있어야 했는데 7개만 줘도 바꿀 수 있다는 얘기다. 이런 식으로 교환비가 생기게 되고 이 교환비에 의해서 교환이 된다. 즉, 판매자를 기다리지 않고 교환이 일어난다. 풀만 존재한다면 교환은 계속해서 일어난다. 원한다면 계속 바꿀 수 있다.

하지만 주식은 그렇지 않다. 거래소라는 곳이 있어서 누가 삼성전자 주식을 얼마에 팔겠다고 먼저 작정하고 내놓고, 사겠다는 사람이 이 가격에 맞추면 양쪽이 일치하는 순간 거래가 된다. 만일 사려고 할 때 파는 사람이 없으면 하염없이 올라갈 수도 있고 거래 자체가 안 될 수도 있다. 못 사는 거다. 물론 암호화폐도 업비트, 빗썸과 같은 거래소에서는 주식처럼 호가 체계이다. 사겠다는 호가를 먼저 걸어두고 팔겠다는 사람을 기다려야 한다.

하지만 암호화폐는 이런 거래소를 벗어나면 이야기가 달라진다. 토큰 이코노미 안에서는 풀과 교환비라는 프로세스에 맞춰져 있기 때문에 원한다면 얼마든지 바꿀 수 있다. 끊임없이 교환비가 달라지지만, 끊임없이 바꿀 수 있다.

거래소는 한국통화를 기반으로 하고, 주식처럼 호가와 매가의 결합으로 거래된다. 일반인들이 접하기 때문에 거래되는 코인·토큰을 거래소에서 심사를 한다. 코인은 기본적으로 주식투자에서도 고위험군이라는 해외 주식보다 훨씬 위험도가 높다는 것을 잊으면 안 된다.

교환소는 스왑이라고 불리며 법정화폐를 사용하지 않고 코인·토큰 간의 교환 기능과 디파이$^{Defi,\ 탈중앙화\ 금융}$라고 불리는 예치 기능만을 제공한다. 대부분 자율 등록으로 운영되며, 호가·매가 체결 없이 교환비에 따라 교환되는 구조이다. 주로 1개 블록체인 기반의 토큰만을 다룬다. 유니스왑, 팬케이크스왑, 클레이스왑 등의 서비스들이 있다. 이곳에는 심사가 없고 개인정보를 등록하지 않기 때문에 사용에 대한 모든 책임은 사용자에게 있다. 토큰 교환은 기본적으로 거래소보다 더 고위험군 영역이라고 할 수 있다.

교환소에서 모든 토큰은 교환풀에 의하여 교환된다. 그렇다고 모든 토큰이 모든 토큰과 교환풀을 가지는 것은 아니다. 가령 클레이튼 기반의 위믹스를 테더^{USDT}와 교환하기 위해서는 위믹스-클레이, 클레이-테더라는 2단계의 풀을 거치게 된다. 물론 이 과정에서 단계별로 수수료가 들어간다. 이를 공항 환승과 비유할 수 있을 것이다. 외진 곳에서 외진 곳으로 가기 위해서는 여러 번의 비행기를 타야 할 수 있다.

이 모든 풀은 결국 그 교환소의 기반이 되는 블록체인의 기축코인, 그리고 더 큰 블록체인 기반의 코인, 그리고 결국은 비트코인을 향해 연결된다. 모든 코인·토큰은 이렇게 서로 연결되어 가치를 가진다.

˚화폐만 유독 디지털화가 안 되어 있다

우리는 지금 온라인 세계에 살고 있다. 모든 것이 프로그래밍으로 이루어져 있다. 절차적으로는 바이트와 시퀀스와 신호로 되어 있다. 그런데 이렇게 되어 있음에도 불구하고 뭔가를 결제하는 단계에 가면 마치 민물과 바닷물이 만나는 것처럼 어떤 미묘한 섞임의 지점이 있다. 그래서 별도의 구조가 필요하다. 우리 눈에는 안 보이지만 카드 결제를 위한 회사들이 있고 그 결제 기계와 망을 운영하는 회사가 있다. 일대일 프로그램으로 바로 교환이 되지 않기 때문이다. 현실의 영역이 디지털 영역과 결합하는 데 벽이 있다는 것이다. 현실과 디지털은 엄연히 계층이 분리되어 있다. 그래서 충돌이 생기고, 그래서 에이전시가 필요한 것이다. 이런 충돌을 원천적으로 없애버린 것이 암호화폐이다.

한번 생각해 보자. 우리가 왜 옛날에 초가집을 짓고 살았을까? 지푸라기가 흔했기 때문이다. 추수를 하고 나면 지푸라기가 생기고 그러면 지붕을 걷어내고 지푸라기를 묶어서 다시 올릴 수 있었다. 나무로 집을 지은 것은 나무가 흔해서이고, 돌로 집을 지은 것은 돌을 쉽게 구할 수 있었기 때문이다. 구할 수 없는 것으로 집을 짓는다는 이야기를 들어 본 적이 있는가. 마찬가지로 구할 수 없는 것으로 옷을 해 입었다는 이야기를 들어 본 적이 있는가. 사냥을 하면 가죽이 생기니까 가죽으로 옷을 만들어 입는 것이고, 목화나 양을 통해 얻은 재료로 물레를 돌리고 베틀로 천을 짜서 천 옷을 입는 것이다. 어쨌든 구할 수 있는 것으로 생활해야 한다는 건 불변의 진리이다.

주변을 돌아보자. 프로그램의 영역, 온라인의 영역이 점점 커지고 있다. 이제 노년층에서도 온라인에서 물건을 산다. 코로나19 때문에 이런 현상이 더 보편화되고 있다. 이렇게 온라인 세계, 프로그래밍 세계가 쫙 펼쳐지는데 거기에서 화폐만 유일하게 프로그램 코드 구조가 아니었다. 이것을 메꾸기 위해 핀테크와 페이가 나왔지만 암호화폐는 더욱 본격적인 활약을 할 것으로 기대된다.

암호화폐는 프로그램 안에서 탄생한 화폐이다. 코드로 이루어진 화폐이다. 그렇기 때문에 암호화폐 하나하나가 프로그램 코드로 이루어진 웹페이지나 앱서비스에서 신분 증명이 될 수 있고 거래의 수단이 될 수 있다. 만일 어떤 물건을 프로그램 안에서 NFT로 발행을 해서 가지고 있다면 프로그램으로 인해 코드를 부여받은 것이다. 그러면 이 코드는 프로그램과 호환성을 가지고 상호작용하며 매끄럽게 작동할 수 있다.

그래서 암호화폐와 NFT는 거래소가 필요 없이 독립적으로 거래가 이뤄질 수 있다. 민물과 바닷물을 자연스럽게 통일을 시켜버린 것이다. 정보를 공개하고 복제하여 나누고 수정을 사실상 불가능하게 만들기 때문에 소유권 이전이 투명해진다. 국가가 보증하는 화폐가 필요 없이 교환이 이뤄지는 것이다. 코드가 화폐이기 때문이다.

그런데 디지털이 들어오고 모든 게 온라인화되고 있는데도 현실의 화폐를 계속 쓰려고 하니 이상한 구조가 된다. 이 이상한 구조를 임시변통으로 버티고 있는 것이 신용카드다. 신용카드는 어느 정도 디지털화돼 있어서 전자적 처리가 한결 쉬워졌다. 신용카드 없이 현금만 사용해야 한다고 생각해 보자. 얼마나 골치 아픈가. 원시적이다.

그러니까 모든 게 디지털화하고 있는데 화폐만 디지털화되지 않아서 발생하는 미묘한 문제는 언젠가는 해소될 것이다. 그 대안이 암호화폐라는 것이다.

코인이 오르면 커뮤니티가 흥한다

가상세계에서 발행된 코인의 쓰임새가 늘어나고, 코인의 유통이 많아지면 이 세계의 화폐 가치, 즉 코인의 가치는 올라간다. 코인의 가치가 올라가면 누가 가장 이득일까? 누가 가장 돈을 많이 벌게 될까?

엑시인피니티와 같은 게임을 만든 사람? 월드를 만든 사람? 꼭 그렇진 않다. 코인을 가장 많이 가진 사람이 가장 많이 번다. 게임이나 월드를 만든 사람은 그 게임과 월드를 만들겠다고 코인을 발행했을 것이다. 그런 뒤 코인을 팔아서 돈을 마련해 게임 개발에 투자하고, 게임을 키우고, 혹은 그 게임 안에서 플레이를 해 주는 사람들이 고마우니까 자기네 코인을 나눠주었을 것이다.

그래서 게임과 월드가 잘되면 코인을 가장 많이 가진 사람이 가장 많은 돈을 번다고 할 수 있다. 아마 이 게임이 만들어지기도 전에 코인을 많이 사서 게임을 제작할 돈을 공급한 사람, 혹은 나중에라도 코인을 많이 산 사람일 것이다.

보다 정확히 말하면 코인의 가격이 오르면 코인의 소유를 통해 그 커뮤니티의 가치에 동의한 사람들이 돈을 번다. 코인을 가진 사람은 누구인가? 바로 이 코인에 가치가 있다고 믿은 세계의 주민, 커뮤니티이다. 이 코인을 주축으로 삼고 있는 커뮤니티 전체가 이익을 향유하게 되는 것이다.

이 세계가 혹시 사회주의에 가깝지 않냐고? 그렇지 않다. 오히려 가장 자본주의적이다. 많이 가진 사람이 많이 벌기 때문이다. 내가 하나를 갖고 있으면 하나만큼 벌고 60억 개를 갖고 있으면 60억 개만큼 번다. 얼마를 벌 수 있느냐가 생산의 동기가 되고, 월드를 번성시키고자 하는 동기가 된다. 이런 금전적 동기 때문에 주민들은 커뮤니티를 키우고자 한다. 그래서 가장 자본주의적이라는 것이다. 통제를 하는 어떤 중앙의 기관 없이도 개인들의 동기와 커뮤니티 차원의 합의에 따라 이런 질서가 굴러가기 때문에 가장 원형의 자본주의라 할 수 있는 것이다. 이 토큰 이코노미 세계의 내부에 있는 사람은 잘 못 느낄 수도 있지만 말이다.

이는 우리나라가 잘되면 원화를 보유한 사람들이 모두 이익을 얻는 것과 같은 이치다. 원화의 가치가 오르고 달러가 내려가면 해외여행도 더 많이 가고, 달러로 결제하는 해외 쇼핑도 늘어날 것이다. 해외 물건들도 상대적으로 싸게 들여올 수 있다. 이 모든 것이 코인 펀더멘탈 안에서 이뤄지는 생산과 분배 시스템이다. 이것이 희망적 관측대로 작동할지는 더 지켜봐야겠지만 적어도 선언은 그런 방식으로 이루어지고 있다.

메타버스라는 세계가 세계로서 작동하기 위해서는 주민, 즉 커뮤니티가 있어야 한다. 이 커뮤니티가 지속되기 위해서는 경제 공동체를 구성할 수 있어야 하고, 경제 공동체로서 의미를 가지려면 내부의 생산과 지출이 일어나야 하고 소득이 발생할 수 있어야 한다. 생산과 지출, 소득을 위해서는 화폐가 있어야 하는데 전자 기반의 사회여서 전자화폐가 어울리는 것이고, 블록체인 기술이 현재 가장 적합해 보이는 기술이다.

코인이라는 전자화폐는 월드의 성장과 함께 초기, 중기, 후기의 히

스토리가 만들어지는데 그 월드에 대한 기여도에 따라 분배도 이뤄진다. 더 많은 기여를 하고 활동을 했다면 더 많은 돈을 벌게 된다. 커뮤니티 안에서 더 많이 활동이 일어나면 코인의 외부가치 역시 올라가게 되는 것이다. 이는 우리나라가 잘살게 되면 원화 가치가 올라가는 것과 같은 이치이다.

우리는 코인에 대해서는 이득, 플레이투언Play to Earn게임에 대해서는 수익이라는 표현을 쓰긴 하지만 정확하게 얘기하면 코인의 분배이다. 이 세계에 참여하고 활동을 하는 데 따른 분배인 것이다. 어떻게 보면 이것이 화폐의 정확한 용도이기도 하다.

° **코인 펀더멘탈에서 커뮤니티의 역할**
코인을 확보했다는 뜻은 한 배를 탔다는 이야기다. 일종의 투자자가 된 것이지만 이상하게도 투자라고 말하기 애매한 구석도 있다. 그 세계에 참여하기 위한 것이기도 하고, 그냥 코인을 바꾼 것일 뿐이기도 하다.

누군가는 가지고 있는 코인 일부를 다른 코인으로 교환할 수 있다. 이 과정에서 어떤 경제세계는 그만큼 포기된 것이고 또 어떤 세계는 확장된 것이다. 심지어 교환을 했다는 행위를 통해서도 그 세계를 발전시키게 된다. 왜냐하면 그 코인의 가치를 올려줬으니까. 외화를 절약하고 국산품을 애용해야 한다는 옛 캠페인과 마찬가지 내용이다.

이 코인은 이제 권리가 된다. 만일 이 세계의 운영진과 참여자가 정면으로 부딪혔다고 생각해 보자. 운영진이 이 세계 운영에 있어서 참여자들의 뜻을 심각하게 받아들이지 않았다고 해 보자. 그러면 무슨 일이 벌어질까? 사람들이 팔고 나가면서 시세는 폭락하기 시작하고 폭락을 하면 더 많은 사람이 더 빨리 팔아버릴 것이다. 이 세계로부터 분리되기 위해서 말이다.

아니면 더 점잖고 깔끔한 방법이 있다. 복제를 하는 것이다. 누군가가 기치를 들고 '이제부터 똑같은 세계를, 비슷한 세계를 만들자. 이 세계는 썩었다. 신대륙을 만들자.'라고 할 수 있는 것이다. 새로운 세계를 만들었을 때 UI^{사용자 인터페이스}가 비슷하기 때문에 이전 세계에 있던 사람들이 쉽게 적응할 수 있다. 새로운 세계에서는 기존 세계의 화폐도 인정 해줄 수 있다. 새로운 세계의 화폐로 교환을 해 주는 것이다. 기존 세계에 있던 사람들 가운데 새로운 세계에 동의하는 사람들이 화폐를 교환하기 시작하면 새 화폐는 구 화폐의 가치를 계승 받게 되고 구 화폐는 처분되면서 가격이 폭락한다. 새로운 화폐 생태계가 커질 수 있다.

이렇게 해서 새로운 세계가 복제되는 것이다. 새로운 세계가 또 다시 창조되면 되는 것이다. 그래서 복제는 성장이다. 이 모든 것이 어떻게 가능할까? 개개인이 화폐라는 권리를 쥐고 있기 때문에 가능한 것이다. 그래서 커뮤니티라는 것이 진짜 힘을 발휘하는 것이다. 커뮤니티가 커뮤니티를 견제한다는 것도 이 때문이다. 반대하는 커뮤니티가 튀어나오면서 말이다. 하지만 구조적으로는 모두 연결돼 있다. 기술적 기반은 비슷하기 때문에 서로 적대관계가 아닐 수가 있다. 단지 작은 차이였을 뿐일 수 있다. 크게 보면 느슨한 연합의 형태로 합류를 하는 것이다. 이것이 미래 커뮤니티의 특징이 될 것이다.

대표적으로 아이돌 팬덤이 그렇다. 모든 아이돌 팬덤이 오빠를 사랑하기 때문은 아니다. 그냥 음악이 좋은 팬덤도 있고, 뮤비의 패션이 좋을 수도 있고, 토크쇼 할 때 웃는 모습이 좋아서일 수도 있다. 어떤 곳은 노래를 너무 듣고 싶은데 옆에서 덕질이 너무 심해 짜증이 날 수도 있다. 여러 가지 이유가 있을 수 있다. 그들끼리 소규모로 뭉쳐 있는 것이다.

하지만 앨범을 판매해야 한다든지 혹은 수상을 해야 한다든지 하는 표가 결집돼야 할 때 모두의 구심점이 바로 그 아이돌이기 때문에 그 아이돌을 향해서 모두가 힘을 합칠 수 있는 것이다. 심지어는 다른 가수인 마이클 잭슨 팬덤도 같이 가세할 수 있다. 그들이 자신들 뮤직비디오에서 마이클 잭슨에 대한 오마주를 표현함으로써 존경심을 보였기 때문이다.

가상세계에서의 구조도 마찬가지다. 커뮤니티가 다 개별적인 정체성을 유지하고 있으면서 하나의 프랜차이즈처럼 합쳐질 수 있다. 한마디로 코인이라는 것이 주권이 되면서 '분열의 성장'을 하거나 아니면 '분열의 반목'을 하거나 아니면 내부에서 교체를 하거나, 심지어는 떠날 수 있게 만들어 준다. 이 세계의 코인과 NFT를 처분하면 되니까 말이다.

°NFT마켓의 수수료가 저렴한 이유

만일 리니지 게임이 잘 되면 누가 돈을 벌게 될까? 회사가 번다. 대주주가 벌 것이다. 이게 중앙화된 게임의 특징이다. 그렇다면 플레이투언을 보자. 이 게임을 만드는 회사는 게임이 잘 되어도 돈을 버는 게 아니다. 무료니까. 오히려 코인을 나눠준다. 이것이 플레이투언의 정체이다. 플레이투언 게임은 이런 구조이기 때문에 코인 펀더멘탈 없이는 성립할 수 없는 구조다.

그래서 중앙화된 게임회사에서는 플레이투언 게임을 만들 수가 없게 되는 것이다. 코인이 없으니 줄 것도 없기 때문이다. 그렇다고 현금을 줄 수는 없지 않나. 돈을 주기 위해서 유저에게 돈을 받는다면 카지노와 다를 바 없다.

어떤 의미에서 게임은 미래산업을 선도하는 역할을 한다. 무슨 일이 벌어질지를 먼저 알려준다. 처음에는 구독모델의 월 정액제로 돈을 얼마씩 받았고, 그다음에는 부분 유료화를 단행했고, 그다음에는 레어 랜덤 복귀를 하고 있다. 이제는 프리투플레이Free to Play가 천지다. 무료로 해야만 살아남을 수 있기 때문이다.

NFT마켓도 그렇다. NFT아트가 거래되는 오픈씨OpenSea 같은 곳의 수수료는 2.5%이다. 그런데 현재 전통 미술계의 수수료율은 어마어마하다. 상상을 초월할 정도다. 갤러리들이 NFT가 유행이라고 해서 NFT마켓을 만들었다고 치자. 운영비, 개발비를 어떻게 충당할 것인가? 구매하는 사람한테는 수수료, 작가에게는 작품 에이전시피를 높게 받을 수밖에 없다. NFT마켓이 무료로 운영되지 않는 상태에서 NFT아트가 과연 얼마나 활성화될 것인가?

오픈씨나 라리블과 같은 블록체인 기반의 마켓플레이스는 이더리움의 이더나 클레이튼의 클레이처럼 NFT아트를 거래할 수 있는 화폐와 연결되는 자신의 코인을 가지고 있다. 이런 코인 펀더멘탈이 밑에서 받쳐주지 않으면 NFT마켓은 운영이 될 수 없다. 어차피 블록체인 컴퓨터 소프트웨어는 복제한다고 돈이 들어가는 것도 아니기 때문이다.

그래서 NFT마켓은 사실상 무료로 운영될 수 있다. 물론 거래를 하기 위해서는 코인을 줘야 하지만 이건 운영이라는 목적을 위해 이미 발행돼 있던 것이다. 이 세계의 발전을 위해서 말이다. ICO를 통해 외부 자금을 끌어당긴 뒤 개발비로 다 충당하고 코인을 중심으로 내부 경제를 돌리고 커뮤니티를 유지한다.

그래서 코인 펀더멘탈 없이 메타버스 구조를 만드는 것은 경제가 없는 사회, 혹은 본캐가 끊임없이 지갑을 열고 신용카드를 꺼내는 개입을 하게 하는 것이다. 어떤 기업에서 그냥 3D로 만든 홍보용 서비스 월드가 되는 것이다. 중앙화된 서비스다. 과연 이것을 메타버스라고 부를 수 있느냐? 그냥 VR월드이면 모두 메타버스인가? 부캐가 직접 살 수도 없고 수익을 올릴 수도 없다면 말이다. 코인 펀더멘탈이 없으면 그냥 VOD^{주문형비디오시스템}를 가져다 놓고 서비스를 하는 3D 프로그램밖에 안 된다. 친구들의 캐릭터들이 좀 돌아다니는 정도이다. 이렇게 되면 싸이월드 때랑 다를 바가 없는 것이다. 왜냐하면 자본 민주화도 이루지 못했고 펀드멘탈도 돌아가지 않고 무료로 운영되지도 않기 때문이다. 월드의 구조가 뭔가 꼬이게 되는 것이다. 반쪽짜리가 돼 버리는 것이다.

°NFT가 갤러리를 대체하면 벌어지는 일

에이전시는 예술품 시장을 지탱한다. 예술품이 사기와 위작으로 매몰되지 않은 것은 에이전시가 이를 가려내고, 진품을 보호하고 있기 때문이다. 에이전시는 그 역할을 해주는 대신 엄청난 비용과 수수료를 받고 있다. NFT아트가 부를 가져다 주고, 높은 투자 수익을 낼 수 있는 이유도 에이전시가 없어서일 수 있다.

만일 NFT아트에도 에이전시가 있다고 해 보자. 진짜 훌륭한 NFT 아트에 대해 어떤 신용이 있는 집단이 검증을 끝내고 투자자가 이를 산다고 해 보자. NFT 가격에 포함될 수수료가 얼마나 될까? 말만 NFT로 바꿨다 뿐이지 기존 갤러리 시스템과 다를 게 없을 것이다.

NFT는 그 모든 것을 뚫고 단숨에 거래가 가능하게 해 준다. 시공간을 초월하는 완벽한 계약이고, 편리하고도 깔끔한 계약이다. 한쪽은 밤이고 한쪽은 낮이어도 상관 없고, 시간 약속할 필요도 없다. 그냥 버튼을 누르면 거래가 이뤄진다. 지구상에 있는 어떤 사람이라도 버튼 하나로 살 수 있다. 거래가 이뤄지는 순간, 공증을 받은 만큼 확고하게 나의 소유가 되고 나의 전자지갑 안에서 확실하게 존재하며, 그 기록이 영원히 남는다. 나는 태국에 있는 작가들의 작품을 100개 넘게 사들이고 있다. 이게 현실에서 어떻게 가능하겠는가?

심지어 디지털 아트라도 그렇다. 현실에서는 계약서라도 서로 왔다 갔다 해야 하고, 전자 세금계산서라도 찍어야 한다. 그런데 NFT는 아무렇지도 않게 그냥 마치 게임처럼, 웹서핑하듯이 거래를 가능하게 만들고 있다. 이것이 주는 이득은 나머지 단점을 상쇄하고도 남는다.

결국 남는 문제는 '내가 사려는 작품이 가치가 있느냐?'이다. 그런데 가치는 누가 알아본다고? 커뮤니티가 그 가치를 확인하는 것이다. 커뮤니티가 작품이 더 비싼 돈을 주고 살 만한 가치가 있는지 알아보는 것이다.

즉 작품의 존재감이 커뮤니티에서 얼마나 큰지를 확인하는 수밖에 없다. 그래서 가치를 알려면 커뮤니티를 알아야 하고 내가 커뮤니티에서 존재감이 있는 작품에 대해 가치를 못 느낀다면 그 커뮤니티 사람이 아닌 것이다.

내가 가치를 느끼는 것만 투자하는 것이 내가 그 가치를 확실히 알고 있으니 가장 안전할 수도 있다. 하지만 투자자라면 내가 가치를 못 느껴도 투자를 할 수 있다. 이 경우라면 커뮤니티를 확인해야 가치의 상승과 하락을 판단할 수 있다.

° NFT마켓에서 암호화폐의 변동성

세계에서 가장 큰 NFT마켓은 '오픈씨'인데 엄청난 양의 NFT들이 올라오고 있다. 기존에 그곳에서 작품을 판 작가로부터 초대장을 받아야만 들어갈 수 있기 때문에 약간 클래스가 높다고 여겨지는 '파운데이션Foundation'도 있다.

고급 NFT마켓으로 '슈퍼레어Super rare'가 단연 유명하다. 해당 마켓은 초대를 받아야 할 뿐만 아니라, 정해진 심사위원들의 심사를 통과해야만 가입이 가능하다. 슈퍼레어는 해당 마켓에서 작품을 판매하는 것이 중요한 것이 아니라 가입 절차만 통과해도 나라를 대표하는 NFT 작가로 평가 받게 된다.

그렇다면 '이렇게 변동성이 큰 암호화폐로 작품을 사고팔면 그 가격은 어떻게 보장이 되냐?'는 질문들이 많다. 이더리움을 받고 그림을 팔았는데 이더리움 값이 크게 뛰면 좋겠지만, 폭락하면 내 그림 값은 어떻게 되냐는 질문이다.

생각해 보자. 우리가 태국 여행을 가서 커피를 사 마시는데 커피 값이 30바트라고 치면 이게 한국 돈으로 얼마인지 계산하게 된다. '아 천 원 정도구나. 싸네.'라고 할 수 있지만 30바트가 달러로 환율을 계산해서 얼마라는 생각은 하지 않는다. '우리 돈으로 얼마인데 너무 비싼 거 아닌가 혹은 싼 거 아닌가.' 이런 계산만 한다는 것이다. 한국에서 자장면을 사 먹을 때 6,000원이면 그냥 6,000원이지 환율이 얼마니까 달러로 얼마라는 식의 계산을 안 한다. 오직 두 세계를 같이 사는 사람, 해외여행객만이 무엇인가를 구매할 때마다 외국돈으로 얼마인지 환율을 계산한다. 그래서 현실세계의 사람들은 NFT마켓 등에서 표기된 코인이 한국 돈으로 얼마인지 계속 계산하지만 정작 NFT/암호화폐 경제 안에 있는 사람에게 1이더리움은 그냥 1이더리움, 0.2이더리움이면 그냥 0.2이더리움이다. 이더러움의 원화 가격에만 민감한 사람은 아직 그 세계를 깊이 들어가지 않은, 현실세계와 NFT시장을 왔다 갔다 하는, 잠깐 해외여행 가 있는 것 같은 사람이다. 메타버스, 가상세계를 설계하는 사람은 구성원이 이 내부의 화폐를 기본적으로 사용하는 상태가 되길 원할 것이다. 이를 바탕으로 가상세계가 크리에이터들의 무대가 되는 것이다.

3. 문화예술의 NFT가 새로운 문명을 만든다

˚**예술의 가치는 원래 무형의 가치다**

#1. 2019년 12월 마이애미 아트 바젤 쇼에서 이탈리아의 미술가 마우리치오 카텔란의 출품작이 12만 달러에 거래됐다. 바나나를 포장용 회색 박스테이프로 벽에 붙여 놓았을 뿐이다. 관람객들은 세계에서 가장 '비싼' 바나나와 촬영하기 위해 줄을 섰다.

그런데 행위 예술가인 데이비드 다투나David Datuna가 배가 고프다면서 벽에 붙은 바나나를 떼어 내서 먹어 버렸다. 이 갤러리는 바나나는 작품의 모티브이기 때문에 작품이 파괴된 것이 아니라며 새 바나나를 붙여 전시했다. 이 작품을 산 소유자 역시 바나나를 산 것이 아니라 그 작가의 작품 세계와 진품 인증서를 산 것이기 때문에 전혀 상관이 없다고 했다. 소유자는 3일마다 바나나를 갈아주었다고 한다. 이 사건이 회자가 되면서 많은 레스토랑이 바나나를 벽에 붙이며 패러디를 했다. 이렇게 화제가 되면서 오히려 작품의 가치는 더 올라가고 있다.

바나나를 떼어 내 먹어 버린 사건 자제가 이 작품의 가치를 끌어올려 버린 것이다. 그렇다면 이 작품의 본질은 어디에 있는 것일까?

#2. 지난 3월 블록체인 회사 인젝티브프로토콜은 영국의 '얼굴 없는 화가' 뱅크시의 그림 '멍청이'Morons를 NFT로 발행해 경매에 내놓았다. 그러면서 이 회사는 진짜 그림은 불태워 버렸다. 원본을 없앴음에도 불구하고 이후 '멍청이'의 NFT 그림은 228.69이더ETH에 팔렸다. 당시 원화로 약 4억 3,000만 원이었다.

원작을 불태워 없애 버린 사건 자체가 이 작품의 가치를 끌어올려 버린 것이다. 그렇다면 작품의 본질은 대체 어디에 있는 것일까? 정말 죽은 사람을 위해 지전을 태우듯 작품을 태웠기 때문에 NFT가 그제서야 가치를 가지게 된 것일까? 아니면 작품을 태웠다는 이슈가 복제 전파되어 작품을 유명하게 만든 것일까?

#3. 백남준의 비디오 아트를 보자. 이미 브라운관의 수명은 다 됐다. 브라운관은 이제 생산도 되지 않는다. 영상물이 나오지 않는 작품의 가치는 어떻게 되는 걸까? 비디오가 안 나오면 백남준의 작품

은 존재하는 것인가, 존재하지 않는 것인가? 브라운관을 어디서 구해서 교체를 해 주어야 하나? 아니면 브라운관 대신 LCD 모니터로 바꿔 줘야 하나? 비디오 영상물이 브라운관을 통해서 나오는 것과 LCD 모니터를 통해서 나오는 것은 작품성이 바뀐 것인가에 대한 논의가 뜨겁다.

뱅크시나 카텔란, 그리고 백남준의 작품을 인정하지 않는 사람도 있을 수 있다. '벽에다 박스 테이프로 바나나를 붙여 둔 것이 무슨 예술이냐?'라며 그런 작품에 동의하지 않는 사람들도 있을 것이다. 그들이 작품에 동의하지 않는 이유는 작품이 그들에게 의미가 없기 때문이다. 모든 사람이 세잔의 작품에 수십, 수백억 원을 지불할 용의가 있는 것은 아니다. 그 작품의 가치는 그 작품을 인정하는 사람들이 얼마의 가치를 부여하느냐의 문제이다. 모두가 동의할 필요는 없다. 동의하는 사람들의 가치 평가만 있으면 된다. 그것이 높다면 작품의 가치는 높은 것이다.

작품의 본질적 가치라는 것이 대체 어디에 있는 것인가? 바로 무형적 가치에 있다. 작품의 본질적 가치는 재료와 물감과 같은 원형이 아니라는 것이다. 바나나만 해도 유형적 가치는 바나나가 교체될 수 있기 때문에 사실상 없다고 봐야 한다. 교체 가능한 것이라면 그 작품의 유형적 가치가 없는 것이다. 바나나 가격은 무시해도 될 정도의 수준이니까. 몇 트럭을 가져다 쌓아도 그게 얼마나 되겠나.

모든 예술품이 마찬가지다. 미술 작품들은 재료로서 존재만 할 뿐, 그 외의 가치는 거의 없는 것이다. 작품에 들어간 종이나 물감의 가격이 얼마이니까 작품의 가격이 얼마이다. 혹은 보석 가루를 1억 원어치 발랐으니 작품의 가격도 1억이다. 이건 아니다. 작품이 수억 원을 한다면 재료의 가치는 무시해도 되는 것이다. 이 이미지만 보존할 수 있다면 굳이 종이에 그려져 있을 필요가 없다는 이야기다.

어떤 예술품이 100억 원이라고 해 보자. 그 작품의 한가운데 다이아몬드가 박혀 있는데 그 가격이 99억 7,000만 원이다. 그런데 이 작품의 가격이 100억 원이라는 것이다. 그렇다면 이는 이 작품에 대한 모독인가? 존경인가? 예술적인 가치가 존재하지 않는다는 얘기다.

음악도 한번 보자. 비틀즈의 초판 앨범은 엄청 저렴하다. 1,000만 장이나 찍었기 때문이다. 앨범을 찍는다는 것은 찍으면 찍을수록 가치가 하락하는 물건을 찍고 있는 것이다. 그런데 이렇게 하는 이유는 그 앨범 안에 있는 콘텐츠의 가치가 올라가기 때문이다. 1,000만 장이나 찍은 앨범에 있는 노래의 가치가 얼마나 대단하겠는가.

지금까지 음악가들은 실물을 기반으로 예술을 해 왔다. 그것이 너무도 당연했기 때문에 의문을 제기하는 것도 이상한 일이다. 오히려 레코드가 발명되기 이전에는 직접 가서 노래를 부르는 방법밖에 없었기 때문에 복제 생산물을 통한 대량 유통은 대중문화 시대의 상징이었다. 카세트테이프, LP, CD 등으로 노래를 전달하고, 숫자를 세어 평가를 받았다. 그런데 사실 이런 물건이 없는 것이 음악가들에겐 더 나을 수 있다. 왜냐하면 가치가 무형에서 나오기 때문이다. 엄청난 수의 음반은 개개 음반의 물질적 가치를 낮추고 거기에 담긴 콘텐츠의 가치를 올린다.

사실 그동안 음악계는 이 무형의 가치를 선점하지는 못한 것 같다. 하지만 사업수익의 주체로서 등장할 기회는 계속해서 주어지고 있다. 생산라인 소유자의 시대, 유통망 소유자의 시대, 플랫폼 소유자의 시대를 지나 IP 창작자의 시대가 계속해서 더 크게 다가오고 있기 때문이다. 그래서 음악계는 그다음 버전을 쟁취할 필요가 있는 것이다. 바로 무형의 것, 없어서 못 파는 일이 없는 것을 거머쥘 필요가 있다. 만약에 음악을 NFT로 만들어 판다고 생각해 보자. 얼마나 어마어마한 일이 되겠나. 이미 음반은 음악을 듣기 위해 구매하는 영역을 넘어서 가수에 대한 존경과 세간의 평가를 재는 척도에 숫자를 더하기 위한 개념을 가지고 있다. 예술적 가치라는 것은 물질적 가치와 대비되는 개념이다. 우리가 예술이라고 부르는 모든 것에서 물질적 가치는 비중이 작으면 작을수록 좋은 것이다.

°NFT아트가 더 예술에 근접해 있다

NFT로 발행된 디지털아트가 물질적인 실체가 없는데 왜 수억, 수십억 원이나 하냐는 말은 잘못된 것이다. 예술적 가치란 무형의 가치이기 때문이다. 예술품이 재료비의 가격과 비슷한 가격이 매겨지는 것은 모욕에 가깝다. 금 100g을 썼으니 금 100g의 가치를 인정받는다면 예술의 부가가치는 전혀 인정받지 못했다고 할 수 있다. 하다못해 금두꺼비나 금열쇠는 같은 무게의 금괴보다 비싸다. 이를 거꾸로 말하면 예술품은 그 구성물의 가치가 작품의 전체가치에서 차지하는 비중이 1% 혹은 그 이하인 0%에 가깝게 가려는 것이라고 할 수 있다. 실체의 유무는 고려할 요소가 아니라는 것이다. 그래서 원작을 불태웠는데도 가치는 더 오르는 것이다. 이슈 자체가 예술이 되는 것이다. 만일 작가가 판매를 한 뒤 작품을 예술적인 이유로 파손을 했다면, 작품의 소유주는 그 작가를 고소하는 것이 아니라 자기 작품의 가치를 오히려 더 많이 끌어올려 주었다고 감사해할 수가 있는 것이다.

그래서 예술은 NFT아트처럼 물질적 존재가 없는 것이 더 예술에 근접해 있다고 볼 수 있다. 물론 자연에 있는 돌을 깎아서 무엇을 만든다거나, 화가가 직접 물감을 만들어 쓴다든지 물질에 구속이 된 상태로 예술을 하던 시절도 있었다. 물론 특별한 색을 얻기 위해 물감을 만들어 쓸 수도 있다. 하지만 현대미술에서는 거의 자기가 물감을 만들어 쓰지는 않는다. 종이를 직접 만드는 것도 아니다. 물론 의도적으로 주변에 있는 물질을 사용해 예술을 표현할 수도 있지만 대부분의 현대미술 작가는 공산품을 사용한다. 자신의 의도를 어떻게 표출하느냐가 중요한 것이지 공장의 물감을 썼다고 예술로서 가치가 떨어진다거나 그렇지 않다.

　메타버스, 즉 가상세계의 디지털 아트의 영역에서는 원하는 색을 정확하게 다 표현할 수도 있고 재료에 구속을 받지 않는다. 물론 해상도 등 디바이스의 구속은 있을 수 있지만 이미 디지털 아트는 물질적 구속에서 벗어나 있다. 다시 말해 현재 NFT로 발행되는 디지털 아트는 사실상 예술의 영역에 더 가까이 가 있는 소재로 만들어지고 있다는 것이다. 돌멩이나 물감보다 더 예술적인 것에 근접해 있다.

　'왜 유형의 실체가 없느냐?'라고 하지만 유형물은 이제 가치 있는 미술품에 있어서 그렇게 중요한 것이 아니다. 지금까지 유형이라는 물질이 작품의 존재 자체를 증명하고 있었기 때문에 빠질 수가 없었다면, 이제 NFT라는 코드가 작품의 존재를 증명하면서 그 역할을 대체하고 있기 때문이다. 이 코드가 그 안에 작품의 고유한 일련번호와 작품을 만들어 NFT로 발행한 사람과 소유권 이전의 기록까지 담고, 누구나 볼 수 있고, 누구도 바꿀 수 없도록 한다.

˚예술이라는 영역의 해석이 바뀐다

메타버스에 대한 관심이 뜨거운데 이 안에는 사업적 관심, 산업적 관심, 콘텐츠의 관심, 예술가의 표현양식으로서의 도구 등 다양한 욕망이 존재한다. 그런데 돈을 어떻게 어디에 투자해서 벌어야 하는

지에 대한 관심은 어떤 목적에도 다 포함되어 있을 것이다. 이 부분에서 우선되어야 하는 것이 '창조'라는 것이다. NFT아트가 상당히 빠른 속도로 발달하고 있다. 그러나 좀 거꾸로 생각해 볼 필요가 있다. 예술이라는 영역은 가상세계를 닮았다. 현실에서는 어떤 상품의 희귀성이나 자산가치가 중요하지만 예술품은 다르다. 예술가의 사상적 가치관 또는 세계관이 추구하고 있는 그 무엇이 담겨 있어야 한다. 그것이 예술의 부가가치이다. 모나리자를 생각해 보라. 금보다 비싸다. 그 안에 우리가 예술이라고 표현하는 작가의 작품 세계가 담겨 있기 때문이다. 우리가 사는 이 현실세계에서 사람들의 허상이라고 말할 수 있는 가치를 담고 그것이 현실적 가치로 존재하는 것이 예술품이다. 그렇게 보면 가상세계에서 만들어지는 모든 것은 오히려 예술품이 추구하는 가치에 닿아 있는 것이다.

실제의 세계에서는 그 세계를 넘어설 수가 없다. 현실세계의 한계다. 재료비 원가의 만 배쯤 더 비싼 물건이 존재한다면 이제 원재료의 비용을 꼭 계산할 필요가 있나? 예를 들어 에코백에 유명인이 사인을 하고, 유명한 디자이너가 그림을 그려 넣는다면 그 가치는 이루 말할 수 없이 커진다. 에코백이든 천이든 소재는 별 상관이 없다. 원래의 가치는 의미가 없다. 그러나 그 실물 에코백이 없이는 그 가치가 유지될 수 없다. 존재할 수가 없으니까. 그러나 메타버스 세계에서는 암호자산의 등장으로 허공에 무엇이 존재할 수 있게 된 것이다. NFT라든가 암호자산으로. 물적 가치가 없어도 된다는 의미다.

에코백이라는 실물이 없이도 그 위에 디자인한 유명 디자인의 가치가 존재할 수 있는 영역이 된 것이다.

이는 우리 인류가 지금까지 쌓았던 예술이라는 영역을 통해 바라보던 꿈의 영역이었다. 모든 소재로부터 벗어난 자유, 육체라는 감옥에서 벗어난 자유이다. 나이키가 전자 신발을 만들고 구찌가 NFT의 의상을 만든다. 이상하지 않다. 실물 옷이 없이도 구찌는 의상을 만드는 것이다.

°NFT가 문명을 만든다

NFT의 등장으로 페이스북과 같은 소셜네트워크가 점점 철 지난 이야기가 되고 있다. 이에 동의하지 않더라도 페이스북은 이미 페이스북이라는 대표 서비스를 둔 채 사명을 '메타'로 바꾸고 모든 힘을 다해 새 시대를 선점할 것을 선언했다. NFT가 결합된 메타버스 시대 커뮤니티는 무엇이 다를까? '부캐'를 더 적극적으로 하나의 단일 캐릭터로서 소화하기 시작했다는 것이다.

블록체인의 암호화가 그것이 화폐이든, 작품이든, 많은 것을 허공의 점으로 찍어줌으로써 존재를 증명해 주기 때문이다. 모든 것을 내 전자지갑 안의 암호화된 유일한 코드로서 존재하게 해 주었기 때문이다. 이것이 경제 공동체, 문화 공동체를 만들어 버린 것이다.

사람들이 코인이 올랐다, 내렸다 하면서 좋아하고 힘들어하고 있지만 그들은 어디까지나 관광객의 입장에서 코인을 바라보고 있을 뿐이다. 그들은 원화를 증식시키기 위해서 코인 투자 여부를 고려한다. 이는 원화 베이스의 이야기이며 원화 공동체의 관점이다.

하지만 암호자산 공동체에 있는 사람들에게 1클레이는 그냥 1클레이일 뿐이다. 원화 공동체에서 1만 원은 1만 원일 뿐이지 않나. 그런 거다. 그런데 암호화폐는 특성상 그전까지는 독립적으로는 그게 예술이든, 게임이든 뭘 할 수가 없었다. 그래서 불가피하게 원화와 결합될 수밖에 없었다. 이런 결합 덕분에 디지털 아트도 암호화폐로 살 수 있었다. 암호화폐를 원화로 교환해서 살 수 있었다.

그런데 이제 그 결합이 느슨해지기 시작했다. 원화가 가장 필요할 것 같은 문화예술에서 NFT가 등장했기 때문이다. NFT가 거의 영원할 거라고 보는 이유도 이 때문이다. 왜냐하면 NFT, 즉 컴퓨터 코드 그 자체보다 코드에 물려 있는 문화예술의 가치가 더 크기 때문이다.

기계적인 숫자만 존재하는 삭막한 암호화폐의 세계에 문화예술을 입힐 수 있다는 것은 엄청난 변혁이다. 공동체는 철학 없이는 구성될 수가 없다. 그것이 개똥 철학이든 너저분한 철학이든 심지어는 반사회적 철학이든 철학이 있어야 그 커뮤니티가 공통점을 가질 수 있다. 철학이 있어야 세계관이 성립하고, 세계관이 있어야 커뮤니티가 성립한다. 그래서 세계관은 커뮤니티를 구성하는 요소이다. 그런데 이 세계관을 만들어주는 것이 문화예술이다. '나'라는 커뮤니티만 해도 '나'라는 작품 세계이든, '나'라는 인간의 어떤 애티튜드이든, 한류 문화에 속한 사람이든 어쨌든 문화가 있어야 한다.

과거의 커뮤니티는 기능적 커뮤니티였다. 나이별로, 소득별로, 지역별로, 직업별로 말이다. '군산에 사는 20대' 뭐 이런 식이었다. 그런데 메타버스에서는 이런 분류가 의미가 없어진다. 메타버스는 본캐가 아니라 취향과 욕망으로 뭉쳐진 부캐들의 세상이기 때문이다. 이제 커뮤니티가 존재하기 위해서는 철학이 필요하다. 우리가 왜 다세포 생명처럼 오글오글 모여서 '무엇을' 함께 하려고 하는가가 필요하다. 이것을 정해야 할 때도 있고, 자연스럽게 정해질 때도 있다.

이제 그 세계관과 철학을 성립하게 하는 문화예술을 받아내는 존재가 NFT이다. 이 세계에 대한 질서를 예술적으로 표방하는 것이 NFT인 것이다. 더 정확하게 말해 NFT아트라는 결정체이다. NFT가 비주얼을 갖추고 이 비주얼은 캐릭터와 연결된다.

타로카드를 예로 들어 보자. 천년이 넘었다. 그런데 어떤 문자건 천년을 넘어서서 전달된다는 것은 논리적으로 아주 힘들다. 그런데 타로카드는 그림으로 되어 있다. 타로카드가 특정한 나라의 언어로 쓰여 있었다면 후세대에 가서 읽을 수 없어 전해지지 않았을 것이다. 적어도 수천 년 뒤 사람이라는 존재가 남아 있다면 해골이 무엇인지는 알 것이다. 해골이 그려져 있으면 접근해서는 안 된다거나 위험하다는 것 정도는 알 수 있을 것이다. 피와 뼈가 드러났다면 문제가 심각한 거라고 생각하게 될 테니까. 그래서 모든 문화권에서는 해골이 좋은 뜻이 아니란 말이다. 해골을 직접 보게 된다는 것은 지금 엄청나게 긴급한 상황에 처해 있거나 아니면 별로 보고 싶지 않은 상황이라고 해석될 수 있다는 것이다.

물론 타로카드와 같은 그림은 여러 가지 해석이 나올 수 있고 정확하지 않을 수 있지만, 어쨌든 전달이 된다는 것이 중요하다. 우리가 뭔가를 정확하게 전달 못할 수도 있다. 하지만 하트로 마음을 전달할 수는 있다. 리트윗을 통해 당신의 말에 동의하고, 당신의 말이 훌륭하기 때문에 나는 다른 사람들에게 옮겨서 전파하고 싶다는 의미를 전달할 수 있다.

바로 복제를 통해서 말이다. '좋아요'가 많을수록, 리트윗이 많을수록 더 가치가 있다거나 훌륭하다거나 그런 평가를 내릴 수가 있다. 마치 자동차 속도를 확인하지 않고 게이지가 100이나 120이 올라온 사진만으로도 과속의 증거가 되는 것이다. 속도를 직접 확인하지 않아도 말이다.

그래서 NFT 투자를 위해서는 커뮤니티를 확인해야 하는 것이다. 세계관, 그 세계관의 결정체인 NFT아트, 그리고 부캐라는 비주얼 캐릭터, 이 모든 것을 아우르고 있는 것이 커뮤니티이다. 그렇다면 NFT의 가치를 확인하려면 무엇을 해야 할까? 커뮤니티를 확인해야 하는 것이다.

° 온라인 문화혁명 속의 NFT

BTS를 예로 들어 보자. BTS는 2021년 LA공연에서 다시 한번 그 명성이 입증되었다. 세계적으로 이미 유명하고 앨범이 100만 장 이상 나가고 콘서트 티켓이 매진됐다. 하이브의 기업 가치가 상장 당시 5조였고 지금은 십몇 조가 된다. 어마어마한 성장이지만, 엔터테인먼트 세계를 평정한 것 치고는 적다고 할 수 있다. 이 역시 적은 성과가 아니지만 단순히 규모로만 비교해 보면 30조가 넘는 가치를 가진 게임 회사가 한국에 여럿 있다. 그런데 역사상 최고의 전성기를 구가하는 회사, 그리고 소니뮤직, 워너뮤직 같은 세계적인 음반회사의 기업가치 역시 그렇게 높은 순위에 있지 않다. 필자는 그것을 음반이라는 현물을 기반으로 하고 있기 때문이라고 생각한다. 육체라는 감옥에 갇힌 위대한 철학자의 영혼처럼, 물질에 발목 잡힌 산업은 성장의 한계가 있다고 생각한다. 스트리밍 플랫폼은 고객과 음반사를 이어줄 엄청난 기회였지만 이후의 결과는 플랫폼사가 기존 방송사의 역할을 차지하게 되었다.

음반 산업은 스트리밍의 시대가 됐을 때도 여전히 명반의 시스템에 머물러 있었고, 그 기회는 음악 스트리밍 서비스 회사가 가져갔고 음반회사보다 더욱 성장을 거듭했다. 음반은 한 번에 1억 장씩 찍을 수 없다. 배송, 마케팅, 유통에 돈이 들기에 만들어 내는 데는 한계가 있기 때문이다. 그리고 음반 100만 상 찍는 것도 보통 일이 아니다. 제작, 유통, 배송, 중간 소매상 이윤 등등 따지면 실제 남는 것이 생각보다 적다.

게임 회사의 경우를 보라. 게임은 포장이라든가 CD 같은 실물 비용이 없다. 그냥 온라인으로 판다. 그래서 100만 다운로드니 천만 다운로드니 하는 이야기가 나온다. 없어서 못 파는 일이 없다. 클릭만 하면 되니까. 결제도 쉽고 배송도 필요 없고 오프라인 매장에 갈 필요도 없다. 그래서 쉬지 않고 매출이 전 세계에서 동시에 늘어나니까 기업 가치가 30조인 것이다. 한 달에 몇백 억씩 번다. 그렇지만 음반사가 몇백 억 벌려면 CD를 몇 장 팔아야 할까. 이건 불가능하다.

직접 나가서 공연을 해야만 돈이 들어오는 구조라면 그런 사람을 천 명을 데리고 있어도 회사가 벌 수 있는 돈에 한계가 있다. 뮤지컬 같은 예술 장르를 보자. 뮤지컬 극단을 몇 개를 가지고 공연을 준비해서 관객석에 사람이 꽉 차도 그 사람 숫자를 무한정 늘릴 수는 없다.

하이브는 다른 엔터테인먼트사들보다 먼저 새로운 시도를 했고 성공을 통해 다른 평가를 받을 수 있는 근거를 제공했다. 2020년 비대면 시절에 온라인 콘서트가 돈이 되는지 모두 궁금해 했다. 마치 무료 유튜브 같은 느낌일 온라인 공연을 과연 돈을 내고 보는 관객 수가 얼마나 될 것인가? 하지만 방탄소년단의 온라인 콘서트는 수백 만의 유료 관객을 동원했고 1년 해외 투어에 필적할 수익을 올렸다. 오프라인 공연에 비해 영업이익이 매우 높았을 것임은 쉽게 짐작할 수 있다. 그렇게 온라인에 돈을 내는 시대가 된 것이다.

한때 CD나 매체가 상자에 포장되어 판매되던 시대를 산 사람들은 온라인에서 윈도즈나 오피스 같은 소프트웨어를 돈을 내고 내려받을 때도 지금의 NFT와 똑같은 걱정을 했다. 하지만 지금 이 구매 형태에 익숙해진 기성세대, MZ세대로 분류되는 사람들은 월 사용료를 내고 무형의 소프트웨어를 사용하면서 대부분 이런 구매를 전혀 이상하게 생각하지 않는다. 왜냐하면 태어날 때부터 대부분의 서비스를 약정금액을 내고 사용하는 것이 당연했기 때문이다.

그런데 NFT는 이런 세대들에게도 신세계이면서 낯선 영역이다. 필자 역시 '스팀'이라는 온라인 플랫폼에서 무수히 많은 게임을 사는데, NFT 관련으로 만난 분이 '되팔지도 못하는 걸 사셨다고요?'라며 놀라워하는 모습에 충격을 받은 기억이 있다. NFT는 접속하며 돈을 내고 소비하는 것에서 끝나지 않고 되팔 수 있다. 온라인의 어떤 문제를 해결한 것이다. CD를 사서 실컷 듣고 남한테 중고로 팔

수 있지 않은가. 온라인은 그게 플랫폼을 통하지 않고서는 불가능했고, 각종 라이선스 약관들이 이를 금지했었는데, NFT 세상에서는 그게 가능해진 것이다. NFT로는 노래를 받을 때 온라인으로 가격을 지불하고 노래를 받고 내가 원하는 만큼 듣고 들으면서도 동시에 남에게 필 수가 있다. 이런 세상이 있는 것이다.

공연예술, 음악의 NFT가 거래되는 건 정확히 이야기하면 소유를 거래하는 것이다. 음악을 들을 수 있는데 그걸 왜 NFT로 사냐? 그림을 클릭하면 화면에 펼쳐지면서 쫙 나오는데 그냥 보면 되지 왜 NFT로 사냐? NFT는 소유를 거래하는 것이다. NFT마켓에 들어가서 음악을 클릭하면 얼마든지 공짜로 들을 수 있다. 그럼에도 불구하고 왜 사는 것일까? NFT의 현재 기본 흐름은 복제와 전파를 통해 가치를 올리고, 소유를 거래하는 것이다. 보고 듣는 것은 공짜지만 소유는 유료다. 왜 소유하게 되는지 이해하게 되면 NFT세계에 대한 공부를 다 한 것이다.

소유라는 개념을 생각해 보자. 박물관에 있는 그림을 보려면 박물관에 매일 가서 보면 된다. 그걸 사서 갖고 싶다고 생각을 해도 현실적인 문제, 보안이나 관리의 어려움이 있으므로 박물관에 대여료를 받고 걸어두기도 한다. 비싼 그림을 옮기려면 운송회사에서도 보험을 요구하고 보험회사에 엄청 큰 금액을 지불해야 한다. 명화들은 그림 한 번 옮기는 데 엄청난 공이 들어간다. 심지어 보안요원이 여러 명 붙어서 옮기는 과정을 지켜야 한다. 그래서 그냥 미술관에 걸어 두는 것이다. 거래는 이루어져도 장소는 그대로 미술관이다. NFT도 마찬가지라고 볼 수 있다. 소유만 거래될 뿐이다. 이렇게 소유를 사고파는 데 신세계라고 보이는 것은 암호화된 약속에 의해서 작품과 투자자를 보호하기 때문이다. 내 컬렉터들을 보호해 준다는 것이다. 투자자와 컬렉터의 이득을 훼손해서는 아무리 유명한 작가라도 작가의 생명을 지키지 못한다.

4. 커뮤니티가 NFT의 가치를 만든다

° 작가의 삶이 달라진다

작가나 예술가들은 보통 예술은 혼자서 하는 것이라고 생각하는 경향이 있다. 그런데 NFT의 세계, NFT가 근간인 메타버스, 즉 가상세계에서는 커뮤니티는 있으면 좋은 정도가 아니라 필수라고 봐야 한다.

당장 NFT 시장에서 작가가 자신의 작품이 진품이고, 위작이 아니라는 것을 수집가에게 증명하는 방법이 커뮤니티이다. 투자자들이 위작과 가작을 가려내는 방법이 커뮤니티이다. 온라인 세계, 가상세계에서는 진품과 위작, 가작이 모두 컴퓨터 파일로 존재하기 때문에 바이트의 차이가 없다. 한마디로 남의 그림을 훔쳐다가 원본이라고 우기고, NFT를 발행할 수 있다.

그래서 필수적으로 그 사람이 연결된 트위터 등 소셜미디어를 확인해 봐야 한다. 그 계정의 진위를 확인해야 하고, 팔로어들을 확인해야 한다. 팔로어들은 위조할 수 없으니까. 이것이 바로 커뮤니티이다. 그 작가가 속하고 만든 커뮤니티이다. 이 사람의 팔로어 분포를 보면서 작가가 어떤 사람인지 확인하는 것이다.

즉, 나를 드러내는 것이 나의 팔로어이다. 누가 이 사람을 팔로잉하고 있는지를 보고 그 사람의 신분을 확인하는 것이다. 처음 보는 사람일지라도 말이다. 팔로어들만 몇 명 살펴봐도 내가 신용을 부여한 사람이 이 작가에게 신용을 부여하고 있는지 알 수 있다. 이렇게 해서 그 작가의 커뮤니티를 확인하고 링크를 타고 다시 작품으로 돌아오는 것이다. 공간 안에서 연결이 돼 있어야 한다.

만일 연결이 안 되어 있다면 이 작품을 사서는 안 된다. 이 작가의 것이라는 보장이 안 되기 때문이다. 그래서 커뮤니티가 없으면 이 확인이 불가능해지는 것이다. 블록체인 기술은 신용이 필요 없을 정도로 신용을 만들어 준다고 한다. 왜냐하면, 코드를 위변조할 수 없고, 기록을 조작할 수 없기 때문이다. 하지만 위작을 자신의 작품이라고 코드화, 즉 NFT화하는 것은 막을 수가 없다. 그래서 커뮤니티의 신용이 필요한 것이다.

그렇다고 커뮤니티가 단순히 위작과 가작 여부를 확인하기 위한 기능은 아니다. 커뮤니티가 가지는 위상 때문에 진품과 위작과 가작을 가려낼 수 있다는 것이다. 그렇다면 NFT 세계, 메타버스의 세계에서는 커뮤니티가 왜 이렇게 중요한 것일까?

바로 NFT를 매개로 커뮤니티의 주민이 자신을 드러내고, 서로를 확인하고, 서로 소통하며, 뭉치는 메타버스를 이루기 때문이다. 메타버스의 기본구조가 커뮤니티이기 때문에 NFT 작품의 진위 확인이 커뮤니티를 통해서 이뤄질 수밖에 없는 것이다.

° **커뮤니티는 나를 중심으로 한 커뮤니티다**

우리가 어떤 세상을 경제라는 하부구조와 사회나 문화와 같은 상부구조로 나눌 때 메타버스를 이루는 하부구조, 즉 경제시스템은 블록체인 기반의 데이터 통화인 코인(토큰 가운데 메인넷에서 발행된 토큰)으로 이뤄지는 토큰 이코노미이다. 그리고 상부구조인 사회는 국가와 각종기관과 같은 에이전시들이 아니라 커뮤니티가 구성한다. 그런데 이 커뮤니티는 현실의 본캐들의 커뮤니티가 아니다. 부캐들의 커뮤니티이다. 현실의 '나'가 아닌 자신의 욕망과 취향으로 이뤄진 또 다른 '나'이다.

예를 들어 대기업에 다니는 30대 가장이 본캐라면, 부캐는 이 사람이 꿈꿔왔던 BJ나 아이돌 같은 것이다. 30대 직장인 가장과 BJ나 아이돌이 하는 행동과 취향과 욕망은 다르지 않나. 한마디로 부캐들의 커뮤니티에서는 다중인격자가 되는 것이다. 오히려 취향과 욕망이 더 직선적으로, 선명하게 드러난다고 할 수 있다.

그래서 어떤 교회가 소셜네트워크를 만들거나 일가 친척이 소셜네트워크를 만들었다면 그건 메타버스에서의 커뮤니티가 아니다. 커뮤니티로서 의미가 없다. 그 커뮤니티 안에서도 김모모 집사님, 이모모 권사님, 이런 식으로 활동하고 소통할 게 뻔하지 않나. 그냥 현실의 관계성이 온라인으로 옮겨간 소셜네트워크이지 이 책에서 말하는 의미의 커뮤니티가 아닌 것이다.

메타버스에서의 커뮤니티가 현실의 커뮤니티와 가장 다른 점은 '나' 중심이라는 것이다. 커뮤니티들이 개인화되었다는 것이다. '개인화되었다.'라는 말이 나 혼자 독립적으로 있다는 말은 아니다. 개인이 혼자 있는 것이 아니라 커뮤니티가 개인화됐다는 말이다. 이 집단은 옛날처럼 수직적 체계를 갖춘 하나의 집단이라기보다 나를 중심으로 만들어진 커뮤니티이다.

페이스북과 트위터만 해도 그렇다. 나를 따르는 팔로어가 있고, 내가 따르는 팔로잉이 있는데 따지고 보면 이것은 나를 중심으로 하는 커뮤니티다. 비슷비슷한 사람들끼리 모여 있지만 결과적으로는 내 중심이고 몇 명 빠져도 상관없다. 그렇다고 나 중심의 커뮤니티가 무너지는 것도 아니며 나는 새로운 사람과 연결하면 된다. 그렇다면 나의 커뮤니티인 것이고 자기 중심적으로 발전했다는 것이다. 내가 어떤 카페에 소속된다는 개념이 아니라 '나'라는 존재를 중심으로 하는 마이 월드를 만들었다는 의미이다.

페이스북과 트위터에 이상한 글들이 올라온다고, 페이스북과 트위터를 욕할 일이 아니다. 페이스북에 들어갔더니 '맨날 정크푸드 같은 글과 사람만 가득 있다. 이제 페이스북 못 쓰겠다.' 이렇게 말한다면 내 주변에 있는 것이 다 쓸모없다는 이야기가 된다. 자기 얼굴에 침 뱉는 것이다. 어떤 사람은 페이스북에서 기만적이고 거짓말만 늘어놓는다고 한다. 그런데 이게 결국 '나'인 것이다. '나'의 커뮤니티이다.

메타버스에서의 커뮤니티는 이런 성격이 더 두드러진다. 본캐가 아니라 부캐들의 커뮤니티이기 때문이고 내가 여러 명이 있다는 이야기다. 블랙핑크에 덕질을 하는 나, 아이유를 좋아하는 나, 혹은 회사 계정과 연결된 나, 이 모든 '나'가 바로 '나'다. 내가 분리가 된 것이다. 그럼 회사 계정에서는 입사 원서에 썼던 이력서 사진을 올릴 것이고, 페이스북에는 좀 더 다른 사진을 올릴 것이고, 오덕질 할 때는 내가 좋아하는 아이돌 사진을 올려놓을 수도 있다. 외형이 바뀌는 것이다.

본체^{본캐}와 연결이 끊어질 수도 있다. 실제 사람과는 연결이 안 되어 있을 수가 있다는 것이다. 하지만 잘 작동한다. 왜냐하면 나는 메타버스에서 나의 커뮤니티와만 연결하고 있기 때문이다. 현실에 있는 본캐인 나와 연결할 필요가 없고 작품을 올린 작가명과 그 작가의 트위터 계정이 서로 연결되면 그만이다. SNS도 없던 시절 살았던 사람들은 '그러면 이걸 누가 그렸는지 어떻게 아느냐?'라고 하겠지만 작가의 나이가 몇 살이고, 어느 미대를 나왔는지가 그렇게 중요하지 않게 되는 것이다. 어차피 부캐끼리 커뮤니티를 형성하기 때문에 이 메타버스에 세워진 커뮤니티는 한국인, 미국인, 중국인이라는 것이 의미가 없다. 부캐를 통해서 들어오기 때문이다.

유원지를 만든다고 생각해 보자. 어떻게 만들어야 할까? 기능적으로 훌륭하게 만들어야 할까? 아니다. 아이들의 마음을 뺏을 수 있게 만들어야 하는 것이다. IP지적재산권 등을 다 동원해서 꿈과 희망의 나라로 가기 위해서 말이다. 아이들을 타깃으로 아이들이 가고 싶은 곳으로 만들어야 한다. 그렇다면 메타버스 유원지의 아이는 누구일까? 바로 부캐이다. 그리고 이 부캐는 본질적으로 '나' 중심일 수밖에 없다.

이런 부캐들의 커뮤니티에서는 3D 모델링과 같은 비주얼이 필요하다. 예를 들어서 내가 실체로 활동할 필요가 있을 때는 '나'라는 것을 나타내는 프로필 사진, 혹은 나를 나타내는 어떤 작은 기호가 필요하다. 하지만 메타버스 커뮤니티에서는 현실이 희박해진다. 그래서 3D 모델링을 통한 아바타가 필요할 수 있고 VR(가상현실)과 같은 좀 더 바이트가 높은 커뮤니케이션 수단이 필요하다. VR 기술은 가상 캐릭터에 형체를 부여할 수 있기 때문인데 내 캐릭터가 내 의지를 반영해 제스처를 할 수도 있다. 그래서 3D 모델링은 앞으로 어마어마한 산업과 연결될 것이고, 사람들이 VR로 즐길 킬러 콘텐츠도 나올 것이고 예술과도 연결될 것이다.

커뮤니티의 궁극적인 목적은 커뮤니케이션, 즉 사람끼리 소통하고자 하는 욕망이다. 사실 우리가 현실에서 소통하는 데는 엄청난 비용이 소요된다. 10m만 떨어져도 우리는 피지컬하게 이야기를 하는 것이 아주 힘들어진다. 만일 그 거리가 2km라면 말할 것도 없다. 시야에 있는 상대에게 수신호를 하지 않는 이상 의사소통을 한다는 것은 불가능하다. 이것을 뛰어넘은 것이 바로 전신, 전보였다. 그다음엔 전화통화, 팩스와 같은 것들이었다. 그러면서 우리는 일상화된 통신을 시작하게 된 것이다.

지금은 스마트폰으로 통합됐지만 한때 초창기 휴대용 초소형 컴퓨터로 불리며, 스마트폰의 원형이라고 할 수 있는 Personal Digital Assistant^{개인용 디지털 단말기·PDA}가 마치 모든 것을 집어삼킬 줄 알았던 시절이 있었다. PDA는 컴퓨터였으니까. PDA라는 휴대용 컴퓨터가 전화기와 MP3 플레이어를 흡수할 것으로 생각했다. 그런데 결과적으로 무엇이 이겼나? 전화기가 이겼다. 만일 당신이 한쪽에는 개인용 컴퓨터가 있고, 한쪽에는 전화기가 있다고 생각해 보자. 당신은 무엇을 집을 것인가? 전화기다. 전화기에서 가장 중요한 것이 무엇인가? 바로 커뮤니케이션이다. 검색과 같은 것은 어떻게 보면 부수적인 것이다. 전화기가 1번이었고 그 전화기에 컴퓨터 기능을 합치니까 스마트폰의 시대가 열린 것이다. PDA에 전화기를 합친 것이 아니다.

전자화된 세계에서는 모든 것이 컴퓨터 코드로 이루어진다. 이 컴퓨터 코드에 기반한 소셜네트워크 플랫폼에 익숙해진 세대들은 '나'라는 존재를 플랫폼 위에서 오로지 계정으로만 표현하고, 역으로 계정으로 그 사람이 관찰이 된다. 계정에 무엇이 쓰인다면 그것이 바로 사람이다. '좋아요'를 누르는 것도 사람이다. 이 계정 자체가 사람인 것처럼 인식되는 것이다. 내가 텍스트와 이미지로 존재하며 텍스트와 이미지를 통해 나의 흉내를 내는 것이다. 여러 개의 계정을 통해 '덕질'을 하는 나, 회사 직원인 나 등의 다양한 페르소나를 소셜네트워크상에서 유지할 수 있는 것이다.

사람은 당연히 소셜계정에서 보이는 것보다 훨씬 다면적이고 복잡하다. 이것을 컴퓨터 용량에 비유한다면 실제 사람이 수만 테라바이트라면 계정은 몇 메가바이트에도 못 미칠 적은 용량으로 소통한다. 그렇기 때문에 트위터나 페이스북마다 서로 다른 계정들, 각종 인터넷 커뮤니티에서 마치 현실보다 더 쉽게 서로 다른 성격과 말투를 가진 사람으로서 행세할 수 있다.

'맞팔'을 한다고 생각해 보자. 내가 독자에게 친구 신청을 했고, 독자가 그것을 수락했다면 나와 독자는 서로 상대의 사회 구성원에 있는 것이다. 내 사회의 사회구성원은 나를 나타내는 어떤 표시의 일부가 된다. 예를 들어 내 풀에 대학생들이 거의 100%라고 하자. 누군가가 본다면 나는 대학교수거나 교육 쪽 활동을 하는 사람으로 관찰될 것이다. 인간관계가 학생으로만 이루어진 사람은 세상에 실존할 수 없다. 하지만 가상세계의 계정, 그 계정의 주인은 한 인물의 교수라는 역할이 만드는 부캐라고 말할 수 있다. 전부 학생들로 채워져 있으면 이것은 학생을 가르치는 교수의 '부캐'인 것이다. 왜냐하면 현실에서의 인간은 이런 식으로 인간관계를 단일하게 구성할 수 없기 때문이다.

그래서 어떤 캐릭터로는 회사를 다니고, 어떤 캐릭터로는 연애를 하고, 또 어떤 캐릭터로는 공부를 하고, 어떤 캐릭터는 일가 친척에게 효자라고 소문이 날 수도 있다. 그래서 사람들은 모두 자신의 커뮤니티를 다 하나씩 갖고 있는 것이다. 이 모든 것이 이뤄지는 것이 개인의 커뮤니티 영역이다.

메타버스라는 말은 초월적인meta 우주universe라는 뜻이다. 가상의 세계라는 말이다. 그런데 이미 우리는 얼터너티브 유니버스라는 대체 세계를 봐 왔다. 마블 유니버스가 대표적이다. 유니버스는 말 그대로 가상의 영역이다. 만화책을 사면 만화책의 가격표는 현실이고 만화책 안에 있는 내용은 가상의 영역, 즉 얼터너티브 '유니버스', 즉 대체 우주이다. 메타버스는 바로 가격표와 가상 콘텐츠의 결합과 같은 것이다. 이 유니버스가 현실과 결합함으로써 메타버스의 시대가 되는 것이다. 가상의 세계가 그냥 가상의 세계가 아니라 현실과 결합돼 있는 가상의 세계이다. 그래서 이 가상의 세계에 부캐들이 '실체화된' 커뮤니티를 구성하는 것이다.

이 메타버스는 사회 전체를 복제한다. 화폐도 복제하고 사람도 복제하고 영토도 복제한다. 그 영토에서 만들어진 암호화폐로 현실의 원화와 교환할 수 있다면 그 안에서 그림을 그리는 사람들은 생계와 연결되는 활동을 하기 시작하게 되는 것이다. 이것이 기존의 유니버스와 지금의 메타버스와의 차이다.

° **커뮤니티는 커뮤니티를 거절한다**

숫자는 이미지와 결합될 때 인식률도 높고 기억하기도 좋다. 게임이 그렇다. 멋진 그래픽과 숫자가 결합된다. 예를 들어 '플러스 13 검'은 화염검인데 불이 타오르는 칼이 새겨져 있다. 그래서 강렬하게 인식되고 머리에 쏙쏙 들어오는 것이다.

돈은 숫자다. 계량을 위한 수단이다. 더욱이 암호화폐는 지금까지 숫자로만 존재했다. 컴퓨터가 뿌리는 숫자들이 깔려 있기 때문에 일반인이 거부감을 느낀 측면이 있다. 그런데 여기에 이미지를 붙일 수 있게 된 것이다. 그것이 바로 NFT다. 컴퓨터의 고유한 코드에 이미지와 같은 대상을 붙인 것이다. 만일 NFT가 딱지 수준의 그림만 붙였다면 이렇게 폭발적이지 않았을 것이다.

그런데 딱지 수준이 아니라 문화예술을 담아 버린 것이다. 인간이 이해할 수 있는 형태가 되고 의사를 전달할 수 있는 매개체가 되었고 문명을 만들 수 있게 된 것이다. 예를 들어 블록체인 위에서 발행된 토큰을 찍어 보면 알파벳이 스무자리 정도 나온다. 그냥 숫자이고 코드일 뿐인데, 여기에 작품이 결합된 것이다. 그것도 내가 가지고 있으면 비싸게 되팔 수 있는 작품이다. 숫자는 정확하지만 직관적이지 않다는 모순이 있다. 모든 거래처 번호와 정보가 숫자로 가득한 장부보다 아이 학원비라고 쓰인 가계부가 사람의 감성에 잘 읽힐 것이다. 암호자산에 작품이 결합하면 가상세계에서 실물감이 주어지며 직관적인 것이 된다.

무엇보다 컴퓨터 코드에 문화예술을 결합할 수 있게 되면서 세계관을 전달할 수 있게 됐다. 덕분에 문화예술을 더 풍부하게 표현하고 커뮤니티를 더 확장시킬 수 있게 된 것이다. 커뮤니티의 정체성과 커뮤니티들 사이의 약속이 바로 세계관이고, 이 세계관을 표현해 주는 것이 문화이고 예술이다. 어렵게 생각할 필요 없다. 팬픽이나 팬아트와 같은 것이 아이돌의 세계관을 문화와 예술로 만들어 주는 것이다. 드디어 이런 문화예술을 컴퓨터 코드와 결합할 수 있게 된 것이다. 그렇게 결합된 컴퓨터 코드가 암호화 된 것이 바로 NFT다.

그런데 여기서 주목해야 할 것이 있다. 암호화폐와 NFT, 즉 통칭해서 크립토^{Crypto}라고 불리는 암호자산에는 철학이 있다. 암호자산은 블록체인 위에서 생성이 되는데 이는 블록체인의 철학이기도 하다. 바로 앞서도 언급한 '탈중앙화'라는 철학이다.

중앙집권의 관리자를 배제하고 대중들이 직접 거래를 하고 합의를 하겠다는 것이다. 이렇게 되면 중앙 관리자에게 거액의 수수료를 낼 필요도 없고, 우리의 데이터가 중앙의 기관에 의해 모두 장악될 필요도 없다. 통제되지 않는 개방화된 생태계를 만들고, 그러면서도 대중들의 합의에 따라 시스템이 굴러갈 수 있도록 하겠다는 철학이다. 블록체인 기술이 중앙의 기관이 없어도 컴퓨터라는 시스템에 의해 신뢰가 보장될 수 있도록 하는 것을 가능하게 했기 때문이다. 그래서 신용이 필요 없을 정도의 신용이라고 하는 것이다.

바로 블록체인과 암호자산의 이런 탈중앙화 철학때문에 '커뮤니티가 커뮤니티를 거절'할 수 있는 사회가 형성된다. 중앙화에 반발해서 커뮤니티들이 튀어나왔는데 이 커뮤니티들 사이에서조차 서로 거절하면 튀어나올 수 있다는 것이다. '넌 이제 너무 독재적이야. 독선적이야. 우리 생각은 달라.'라고 하면서 말이다.

그런데 NFT 세계에서 '커뮤니티가 커뮤니티를 거절한다'라는 것은 중앙화에 반대해 커뮤니티가 튀어나오는 것과 좀 다른 이야기다. 이름을 붙인다면 '대동소이 커뮤니티'이다. 대동소이大同小異. 크게는 같고 작게 다르다는 이야기다. 커뮤니티에 반발해 커뮤니티가 튀어나갔지만 대동을 버린 건 아니라는 것이다. 큰 뜻에는 서로 동의하지만 작은 것에 동의하지 않기 때문에 갈라져 나간 것이다.

이것을 나는 오프라인에서의 커뮤니티와 구별해 '셀 커뮤니티'라고 부른다. 한마디로 전체를 구성하는 세포인 것이다. 왜 세포냐? 같은 대동, 같은 테마, 같은 모티브와 메시지를 공유하고 있기 때문이다. 약간의 방법론에서 차이가 나는 것뿐이다. 그래서 NFT 세계에서의 대동소이 커뮤니티는 복제이기도 하다.

무한 복제를 해도 존재하는 가치

많은 사람이 가장 궁금해 하는 것이 NFT아트를 여기저기서 얼마든지 복제할 수 있는데 그 가치가 유지되느냐 하는 것이다. 필자는 혁명의 본질은 복제에 있다고 생각한다. 역사 속의 모든 혁명은 복제라고 할 수 있다. 옛날에는 필사하는 사람이 글씨를 쓰고 책자공이 멋진 대문자를 만들어 넣고 화공이 그림을 그려 넣어서 여러 권의 책으로 만들었다. 그런데 쿠텐베르크가 금속 활판 인쇄술이라는 혁명을 만들어서 유럽 전역에 활자 생산기술을 전파해서 단번에 책을 대량 생산할 수 있는 시스템을 만든 것이다. 이것이 복제가 아닌가? 책자공이 일일이 손으로 썼기 때문에 그 책이 가치를 가졌는데 이것을 인쇄해서 만들면 책의 가치가 사라지는가? 가죽으로 커버를 씌우고 금으로 장식하던 실물 원본의 가치는 없어지겠지만, 가치가 책의 내용, 즉 콘텐츠라는 영역으로 옮겨진다. '어떤 잉크로 어떤 서체로 글을 쓰는가.'라는 필사 기술의 가치가 아니라 그 내용, 어떤 글을 쓰느냐가 중요해진 것이다. 산업혁명 시대에도 복제가 쉽게 되도록 만들었기 때문에 혁명이라고 부르는 것이다. 장인의 손에 의한 것이 아니라 공장에서 똑같은 물건이 쉬지 않고 나오기 시작했다고 해서 그 물건의 가치가 어디로 사라진 것이 아니다. 오히려 얼마나 많이 빠르게 복제되는가로 그 가치가 옮겨지기 시작한 것이다.

이렇듯 인류 역사에서 모든 복제는 혁명이었다. 이렇게 복제하는 생산 시스템이 없었다면 과연 우리는 우리가 가지게 된 사물 중 몇 개나 누릴 수 있었을까? 장인이 하나하나 손으로 깎아야 했다면 우리가 과연 안경이라는 걸 쓰고 살 수 있었을까? 안경 렌즈도, 컴퓨터도, 아이폰도 우리가 지금 누리고 있는 모든 것은 복제되지 않았다면 누릴 수 없는 것이다. 아마 집에서 엄마, 아빠가 가위로, 망치로 만들었을 것이다. 자녀는 지금 베틀로 베를 짜는 법을 배우고 있었을지도 모른다.

'플란다스의 개'는 가난한 화가 지망생 소년 네로가 성당 안에 있는 루벤스의 그림을 보기를 갈망하다가 결국 성당 안에서 달빛에 비친 그 그림을 보면서 생을 마감하는 이야기다. 지금 우리는 네로가 그렇게 보고 싶어 했던 루벤스의 성모승천이라는 그림을 인터넷에 검색해서 얼마든지 볼 수 있다. 복제된 그 그림을 세상 어디에서나 몇 번의 클릭으로 감상할 수 있다. 사진을 예로 든다면 훌륭한 관광지를 사진으로 찍었을 때 그 사진이 여러 장으로 인화했다고 해서 그 가치가 없어지지 않는다. 그 사진을 누가, 어떤 의도로, 무엇을 어떻게, 어떤 순간을 찍었는가로 의미를 부여한다.

카페나 게시판도 그렇다. 쉬지 않고 복제되기 때문에 네이버 카페, 다음 카페가 엄청나게 많아진 것이다. 그런데 이들 역시 기본은 복제하는 것이다. 회원 모임만 다르다. 어떤 것은 영어를 배우는 모임이고, 또 어떤 것은 미술을 공부하는 모임이다. 하지만 기본형은 계속해서 복제되고 있다. 그리고 대동소이 커뮤니티라고 했을 때 이 작은 셀 커뮤니티들은 대동을 복제해서 나간 것이다. 아이폰을 한번 보라. 1,000만 대가 나왔다고 1,000만 개의 아이폰 종류가 생긴 것은 아니다. 아이폰은 하나인데 복제를 통해서 가치가 무한하게 증식되고 있는 것이다.

비트코인 체계도 그렇다. 기본형은 같다. 그런데 커뮤니티는 커뮤니티를 거절한다. 작은 부분에서 의견이 충돌하면서 비트코인 캐시 등으로 분리된 것이다. 이더리움도 의견이 충돌하는 이슈가 생겼던 것이다. 그래서 분리됐고, 분리된 체계를 운영하기 위해 새로운 암호화폐를 만들었는데 그것이 이더리움 클래식이다.

분리를 한다고 할 때는 '절이 싫으면 중이 떠나야지.' 하면서 빈손으로 나가는 게 아니다. 그 조직 전체를 복사해서 나간다. 그래서 복제는 혁명이고, 분열은 성장이다. 그리고 전자화된 세계, 블록체인의 세계에 들어섰기 때문에 복제가 더 쉬워졌다. 장부의 기록도 복제할 수 있게 된 것이다. 바로 이것이 메타버스 시대, NFT 세계, 암호화된 크립토 세계의 철학이자 커뮤니티의 특징이다.

사람들이 더 많은 관심을 가지고 보고 싶어 하는 영역은 더 많이 복제되고 새로운 시도를 통해서 증식되는 반면, 사람들이 별로 관심 없고, 싫어하는 것은 소멸될 것이다. 이 세계는 드넓지만, 누군가 개척하고, 다른 사람들이 관찰해 주어야 존재하게 되는 것이다.

앞에서도 예를 들었던 '떡 하나 주면 안 잡아먹지.' 하는 전래 동화를 다시 생각해보자. 떡 파는 어머니가 떡을 팔고 집으로 돌아가는 길에 호랑이가 나타났다. 그렇다면 집으로 가는 길은 그 길 말고 다른 길도 있을 것이다. 길에 관심이 있다면, 어머니가 집으로 가는 길이 더 디테일해 질 것이고, 떡을 팔았던 장소에 더 관심이 있다면 그곳이 더 디테일해질 것이다. 이 떡장수 어머니와 호랑이 이야기는 모두가 다 아는, 즉 복제가 워낙 많이 되었기 때문에 가치가 있는 것이다. 들어 본 사람이 거의 없는 전래 동화라면 일반적으로 그 가치가 적다고 할 수 있다. 현실은 희귀해야 가치가 올라가는데 가상세계에서는 더 많이 복제되어야 유명해지고 가치도 올라간다. 비틀즈의 음반은 천만 장이나 찍어서 가격은 저렴하지만, 물질에서 벗어난 콘텐츠 가치는 음반이 팔릴수록 올라간다. 더 많이 복제되어야 가치가 높아진다. 가상세계에서는 더 많이 복제될수록 가치가 올라가는 것이다. 비슷한 그림이 있을 때 더 많이 복제된 그림이 더 비싸다.

그렇다면 우리나라의 NFT작품도 글로벌해져야 많은 복제가 이루어질 것이라고 생각할 수 있다. 내국인들만으로는 한계가 있기 때문이다. 글로벌하다는 것은 어떤 의미인지 생각해 볼 필요가 있다. 쉽게 말해서 글로벌은 외국을 이야기하는 것이다. 지리적으로 떨어져 있고 다른 문화를 가지고 있는 곳이다. 그러나 점점 지리적 개념이 없어지고 있다. 넷플릭스에 지리적 개념이 없지 않은가. 결국 그냥 문화권이 다르다는 사실만 남는다. 글로벌해지려면 모든 문화권을 아우르려고 노력해야 하는가? 그렇지 않다. 이 작품을 좋아하는 사람들에게 먼저 어필하면 된다. 좀비를 좋아하는 사람들에게 좀비물을, 무협을 좋아하는 사람들에게 무협물을, 그런 장르로 어필하면 되는 것이다. 가상세계 안에서는 좋아하는 지점이 같은 무리에게 어필하면 그것이 바로 글로벌이 되는 것이다. 메타버스 세상에서는 취향을 공유하는 커뮤니티 중심으로 돌아가게 되어 있다.

˚가치는 커뮤니티가 결정한다

혹시 누군가가, 예를 들면 무명의 어떤 작가가 그림을 그렸다고 하자. 사람들이 '와~ 이런 센스 있는 작품이 있나.' 하면서 이 작가의 작품이 뜰 수 있을 것이다. 그럼 이 과정에서 뭐가 동반될까? 바로 커뮤니티다. 커뮤니티 없이 이 작품이 갑자기 뜰 수는 없다. 이 사람이 그렸는지 진위 여부 확인이 불분명하기 때문이다. 작가가 누구인지 모른다는 뜻은 이 작품을 이 사람이 그렸는지 안 그렸는지도 모른다는 것이고, 그 정도의 신용이 쌓이지 않았다는 것을 의미한다.

모든 가치는 신용에서 나온다. 신용이 있어야 연결 구조가 만들어지는 것이다. 세계가 의미를 가지기 시작한 처음은 물질이 아니다. 세계가 의미를 가지기 위해 중요한 처음은 바로 사람이다. 무엇을 만드는 것도, 가치를 판정하는 것도 전부 사람이 하기 때문이다.

메타버스에서 사람은 여러 조각으로 분리된 채로 있는 부캐이다. 본캐는 어딘가에 있을 것이다. 생물학적인 이야기를 하는 것이 아니다. 고객이라는 것도 보자. 우리가 고객이라고 부르는 사람은 우리 물건을 사는 사람이다. 우리 물건이 존재하는지도 혹은 좋은 물건인지도 모르는 사람은 잠재고객이다. 이 잠재고객을 고객으로 만들기 위해서 광고를 한다. 광고를 하려면 대상이 있어야 한다. 만일 고양이 관련 제품을 광고한다면 고양이를 키우는 사람이어야 할 것이다. 그런데 예전에는 본캐를 대상으로 광고를 할 수밖에 없었다. 하지만 지금은 부캐에도 광고를 할 수 있다. 왜냐하면 부캐끼리 그룹을 지어서 모여 있기 때문이다.

커뮤니티에서는 사람의 부캐가 목적성을 가진다. 그렇다면 부캐가 기존의 사람을 대신하여 커뮤니티 구성원의 기본 단위가 되는 것이다. 그래서 진위 여부도 커뮤니티가 확인해 주고 가치도 커뮤니티가 부여해 준다. 가치라는 것은 그것에 가치를 느끼는 사람들이 부여하는 것이다. 그것이 가격이고 가치이다. 누군가의 작품 세계에 동의하지 않는 사람들이 매기는 것은 가치가 아니다.

어떤 물건이 가격이 100이고 원가가 99라고 해 보자. 이는 커뮤니티적인 가치가 없다는 이야기다. 그런데 어떻게 보면 원가조차도 커뮤니티가 결정한다고 할 수 있다. 물론 이제 지구촌 사회가 됐기 때문에 그런 일이 많이 줄었을 테지만 말이다. 무역의 장벽이 사라지고 자원의 편재성이 감소하면서 대부분 비슷비슷한 가치를 가지게 됐으니 말이다. 다이아몬드가 흔해 빠져서 가치가 없는 동네는 없게 됐다는 것이다.

하지만 여전히 물가, 인건비의 차이는 있다. 내가 밥을 먹는 동안 누군가가 까만 징징을 입고 냅킨을 두르고 옆에 서서 이것저것 다 챙겨줄 수 있는 곳도 있을 것이다. 사람의 가격이 아주 싼 곳 말이다. 그런데 이 사람의 인건비는 어떻게 정해지는 것일까? 그것도 국가라는 커뮤니티 안에서 정해지는 것이다. 그 국가 경제 시스템 안에서 싼 것이다. 만일 그 사람이 한국에 온다면 쌀까? 물론 이 사람이 자국에서의 돈 개념을 생각해서 적게 받을 수는 있겠지만 최저시급이라는 것이 있다.

우리가 무역을 하는 이유도 커뮤니티에 따라 같은 제품도 가격이 다르기 때문이다. 인도에서 후추를 잔뜩 사서 리스본에 가져가면 비싸게 팔 수 있었다. 그리고 리스본에는 후추를 소중히 여기는 커뮤니티가 있었다. 그래서 가치를 부여하는 것도 결국 커뮤니티인 것이다.

°NFT에 따라 커뮤니티 성격도 달라진다

NFT의 종류에 따라 커뮤니티 유형도 달라지는데 아트쪽 NFT 커뮤니티는 작가의 작품 세계를 중심으로 모이는 커뮤니티이고, NBA카드나 야구 카드는 스포츠 카드 수집가들이 모이는 커뮤니티이다. 아예 커뮤니티를 만들려고 작정하고 NFT를 발행한 경우도 있다. 대표적으로 클레이락KlayRock이라는 NFT인데 그냥 돌 그림이다. 그런데 1개가 2,000만 원이 넘는다. 실제 이걸 가진 사람들의 커뮤니티가 있다. 그 정도는 살 수 있는 사람들인 것이다. 그렇지 않은 사람들은 낄 수가 없는 곳이다. 이런 방식으로 커뮤니티를 식별하고 구분하는 것이다. NFT가 있어야 그 커뮤니티 안으로 들어갈 수 있으니 말이다.

대중적인 커뮤니티도 있겠지만 폐쇄적인 커뮤니티도 있을 수 있다. 예를 들어 1만 원짜리 몇백만 장을 찍어서 자금을 모을 수도 있지만 장당 1,000만 원에 팔아 스페셜하게 자금을 모을 수도 있다. 게임은 대중화시키되 NFT의 특권은 소수화시키는 것이다. 예를 들어 카드 한 장이 성 하나의 지배권을 의미한다면 그 NFT의 가치는 2,000만 원이 아니라 2억 원이 될 수도 있다.

정리해 보자. 이제 투자자는 NFT아트가 원본이 맞는지 아닌지 그 작가의 소셜네트워크를 통해 확인해야 하고 그다음으로 이것이 성장할 것인지, 수익이 있을 것인지를 판단해야 한다. 앞서도 얘기했지만, 예술품을 구성하고 있는 소재는 기술적인 측면에서 감탄의 수단이 될지언정 원가가 비싸기 때문에 작품이 훌륭하다고 한다면 이건 작품에 대한 모독이다.

작품과 소재는 오히려 반발하는 성질을 가진다. 작품가격에서 원가가 차지하는 비중이 높을수록 예술적 가치는 낮다는 이야기밖에 안 된다. 예술과 원형은 오히려 상극이다. 지금까지 물건이 존재해야만 거래라는 것이 가능했고 또 예술의 형태를 표현하기 위해서 물질이 존재했지만, 전자화된 시대는 꼭 그럴 필요가 없다. JPG로 변경되더라도 여전히 예술품의 가치를 끌어안고 있다.

오히려 더 쉽게 유통된다는 장점 때문에 에이전시가 사라지고, 에이전시에 줘야 했던 과도한 비용도 사라진다. 오히려 거래될 때마다 작가에게 로열티가 부여되기 때문에 작가는 NFT를 하게 되는 것이다. NFT와 암호화폐 모두 코드이기 때문에 디지털화된 세계에서는 매끄럽게 작동한다. 현실의 예술품과 화폐는 겉으로는 실명이지만 안으로는 꽁꽁 감춰져 있다. 더욱이 중앙의 신용에서 비롯되는 에이전시들에 의해 작동이 되는데 이게 모두 커미션 기반이다. 반면 NFT와 암호화폐는 겉으로는 익명성이 강하지만 안으로는 투명하다.

˚ 커뮤니티의 결정판, 제너레이티브 아트

제너레이티브 아트는 마치 게임 캐릭터의 갑옷이나 무기, 액세서리를 바꾸듯 파트별로 컴퓨터로 조합된 대량의 NFT이다. 프로젝트 별로 차이는 있지만 보통 1만 개 정도를 생산한다. 커뮤니티 조성 용도로 쓰이고, 프로젝트의 인기 규모를 측정하게 하고, 상황에 따라 프로젝트 로드맵 구현을 위한 자금 수급과 회원가입 용도로 사용되기도 한다.

'제너레이티브 아트가 아트냐?'라는 논의는 계속되고 있지만, 어쨌든 인기를 누리고 있고, 어떤 면에서는 마치 주식을 액면분할하듯 하나의 테마를 가진 작품을 액면분할한 느낌으로 받아들이는 경우도 있다. 아트적인 의미에서 해석하자면, 제너레이티브 아트는 작가가 작품을 그릴 때 모자를 씌우거나 씌우지 않거나, 배경을 푸른색으로 하거나 산이나 바다로 하기로 결정할 수 있는 경우의 수를 평면적으로 수많은 결과로 보여주는 작품들이라고도 할 수 있다.

'사실상 채권 아니냐? 혹시 유사수신행위가 아닌가? 투자자로서 어떤 면을 봐야하느냐?'라는 질문은 '투자자로서 어떤 면을 보고 투자하느냐? 그리고 투자자인가 수집가인가?' 등의 질문으로 되물어 볼 수밖에 없다. 그것은 사는 사람의 마음가짐에 달린 것이고, 이 작품이 그 용도에 적합한지는 현명한 NFT 투자자가 판단해야 한다. 시세 차익을 노린다면 로드맵과 신용도, 프로젝트를 진행하는 팀에 대한 평가, 커뮤니티의 성격과 참여자를 확인해야 할 것이다.

NFT는 사실 커뮤니티 싸움이라고 단정할 수 있다. 작품의 싸움이 아니라, 이 커뮤니티들로 작품의 가치를 확인하고 커뮤니티들이 사주는 구조로 만들어지는 것이다. 크립토펑크cryptopunks, BAYC Bored Ape Yacht Club 등이 전세계에서 유명한 제너레이티브 아트들이다.

*크립토펑크cryptopunks

BAYC Bored Ape Yacht Club

　　제너레이티브 아트를 쉽게 설명하는 비유가 있다. 여기 원숭이들이 그려져 있는 그림 1만 개가 있다고 치자. 굳이 1만 개일 필요는 없지만 이게 요즘 관례가 되었다. 1만 개를 만드는 경우도 있고, 2만 개를 만드는 경우도 있지만, 요즘은 1만 개를 적당한 수준으로 보고 있다. 이 원숭이 그림을 1만 개로 만드는 이유는 이 작가의 작품 세계를 한 번에 커뮤니티화하기 위해 1만 명이 적당하다고 보는 것이다. 1만 개가 적당한 이유는 또 있다. 작가가 처음에 돌멩이 하나를 올렸더니 마음에 들어 하는 사람들이 사 가게 된다. 그렇다면 '내 돌멩이 스타일 좋아하는 사람 다 모여라.' 해서 돌멩이에 그려 넣을 입 10개 만들고, 모자 10개 만들어 씌우고, 귀 10개 만들고, 눈 10개 만들었다고 해 보자. 이것을 컴퓨터로 조립을 하는데 10개짜리를 10

*크립토펑크, BAYC: 오픈씨 캡처

개 만들면 100개가 되고 다시 10개씩 만들면 1,000개가 되고 다시 10,000개가 된다. 4개의 가짓수 4개만 있으면 딱 1만 개가 나온다. 그렇게 1만 개를 뽑는 것이다. 이렇게 1만 개의 작품이 팔린 것이 증명되고 1만 개를 팔 만큼의 가치가 있다고 하면 투자가치가 있다는 것이 증명되는 것이다.

이 작가의 작품 세계 1만 개 중에 뿔을 그렸을 수도 있었고 토끼 귀를 달았을 수도 있지만 완성된 건 하나의 작품일 수 있다. 단지 모든 경우의 수가 나열되어 사람들이 자신의 마음에 드는 것을 같은 작품이면서도 다른 형태로 소유하는 것이다. 작가의 모든 경우의 수를 한 번에 보는 것은 제너레이티브 NFT에서 가능해진 형태이다.

1만 개가 다 팔려버리면 투자가치가 있다는 것이 증명된다. 그럼 다음부터 이 원숭이 그림을 산 사람들이 다시 재판매를 하게 될 때 관례상 최소한 첫 구입가의 2배로 내놓는다. 일단은 방금 자신이 1만 원에 샀다면 2만 원에 내놔야 하는 것이다. 보통 이쪽 제너레이티브 투자자들은 자기가 보관하고 싶은 양의 2배를 산다. 완판이 되자마자 자신이 구입한 수량의 절반을 2배 가격으로 판다. 그럼 원금이 그 자리에서 회수되고 나머지 절반의 작품 수량은 보관하게 된다. 그리고 시세를 봐 가면서 파는 것이다. 가령 가격이 올라갈 때마다 10%씩 팔수도 있고, 나머지는 다시 더 비싼 가격에 파는 식으로 할 수 있다. 이게 관례가 되어 버린 것이다.

제너레이티브 아트는 대부분 관례적으로는 1만 개를 한 번만 만들고 그 이상을 만들지 않는 이유가 있다. 그것은 자신의 가치를 초기에 인정해준 컬렉터들의 안목과 보유한 NFT의 가치를 존중하는 의미이다. 더 많이 만들어 버리면 초기에 산 사람들이 가격을 못 끌어올리니까 그런 것이다. 또한 로열티를 받기 때문에 사람들이 비싼 가격에 거래하는 게 작가에게는 더 이득이 된다. 그런데 작가가 작품이 잘 팔린다고 해서 1만 개를 추가로 더 찍어버리면 그 앞에 있는 사람들은 분노할 것이다. 자기는 1만 개가 끝인 줄 알았는데, 1만 1번부터 2만 번까지 또 나오게 되면 희소성은 다시 줄어들고 초기의 구매자들은 기대했던 작품 가치를 빼앗기는 기분이 된다. 단가의 유지력이 떨어지게 되고 사이클이 다 무너지며 투매를 해버릴 수도 있으니까 가격은 내려가고, 저가 경쟁이 벌어지고, 커뮤니티의 결속력이 흩어진다. 그래서 1만 개로 끝내는 게 관례가 된 것이다. 커뮤니티에 속한 사람들의 소득은 점점 올라가고 작가는 로열티 소득을 쌓아나가면서 하나의 작품 세계를 끝내는 것이다. 비슷한 것을 자꾸 만들어도 욕을 먹게 된다. 왜냐하면 이 커뮤니티에는 어떤 가치를 작가가 보증했기 때문에 이 가치를 깎아내리는 짓을 하면 수집가들에게 손해를 입히는 작가가 되는 것이다.

기존의 예술시장과 다르게 가장 특색있으면서도 과연 아트인가 그 의도를 의심받기도 하는 제너레이티브 아트는 NFT와 가상세계의 가치 구조를 잘 드러낸다. 기존의 작품들은 작가가 순차적으로 제작해 점진적으로 작가의 작품 세계를 드러낸다. 그 작가의 스타일이 드러나면서 팬층 즉 컬렉터들이 생기게 된다. 그림을 보면 '어느 작가의 작품이겠구나.' 유추할 수도 있게 된다. 제너레이티브 아트는 하나의 아트가 만들어질 때 작가가 고민할 수 있는 모든 구성요소를 한 번에 1만 장 정도 되는 양으로, 배경이 소나무가 되든 대나무가 되든 한꺼번에 나열하여 커뮤니티를 끌어당기게 된다. 그림도 그렇지만 음악도 마찬가지다. 직접 음악을 못 만들면 자신의 구상을 음악가와 협업해서 만들어 갈 수도 있다. 분업화 되는 것이다. 웹툰도 웹소설도 그렇다. 웹툰 전문가가 아니어도 콘셉트와 그것을 구매한 커뮤니티가 있다면 모든 작가와 함께할 수 있는 기회가 있다. 웹툰을 출간하고 웹툰을 만들고 소설을 쓸 수 있다. 그것이 지금의 아트 세상이다.

예전에는 작가가 글을 쓰려면 신춘문예에 등단하거나 출판사에서 책으로 받아줘야 하는 등 어려운 고행의 길이었지만, 요즘은 누구나 웹툰을 그리고 웹소설을 쓸 수 있다. 인기를 얻는 것은 다른 문제이지만, 적어도 그 자격을 평가받고 기회를 얻지 못하는 경우는 더 줄어들었다. 작품을 좋아해 주는 사람들, 결제를 해주는 사람들의 힘이 작가를 증명한다. 이 커뮤니티의 결제능력은 대중상업적인 웹툰 웹소설에 대한 문학성, 예술성의 평가를 뛰어넘는다. 독창적인 재미만 있으면 통하는 시대는 창작자 전성시대를 연다. 이익을 만들고 명성을 만들게 되면 컬래버레이션이라는 명분하에 얼마든지 다른 작가와 협업할 수 있다. 그래서 더 커다란 제너레이티브 아트 세계를 만들어가는 것이다.

°NFT를 소유할 때의 가치

NFT아트에서는 동등한 화질을 갖고 있는 작품이 얼마든지 복제가 될 수 있지만, 정확하게는 소유를 파는 것이다. NFT는 암호, 정확히 말하면 허공에 존재하는 그 자체를 증명하는 행위가 일어난 것이다. 메타버스의 모든 기술적인 가상세계가 존재할 수 있는 그 기반을 만들어 내는 것은 암호자산 기술이다. 그전에는 복제와 진본을 구분하지 못했지만, 이제 구분할 수 있게 된 것이다. 암호자산 기술로 진본을 가진 사람이 입증될 수 있는 것이다. 작가의 NFT를 구매했느냐, 아니면 캡처해 놓은 것이냐를 구분할 수 있는 것이다.

그렇다면 굳이 비싼 비용을 들여 진본과 복제본이 다를 바가 없는데 NFT아트를 구매하는 이유가 무엇인가. 소유하고 싶고 자랑하고 싶은 욕구 때문이다. 그리고 또 하나 투자가치가 있다. 바로 비주얼한 가상 갤러리가 생기는 것이다. 자신이 보유한 NFT를 자랑하기 위해 가상의 사이버 공간에 등록해 두면 액자에 그 그림들이 착착 세워지는 서비스들이 이미 있다. 대저택의 복도에 유명 화가의 작품을 걸어두고 감상하며 초대 손님들에게 자랑할 뿐만 아니라 그 그림이 더 비싼 값으로 팔리는 투자 이익까지 크게 얻었던 것처럼.

피카소가 명화라는 건 세상 대부분의 사람이 알지만, NFT아트의 세상에서는 '무리'가 중요하다. 세상 사람들이 몰라봐도 그것에 투자하고 싶어 하는 사람들은 끼리끼리 다 알기 때문이다. 특히 제너레이티브아트는 이런 특징이 두드러지게 나타난다. 이 세계에서는 아트가 중요한 게 아니다. 그 그림이 멋진 것보다 그 그림이 멋지다는 것에 동의한 사람들의 무리가 중요한 것이다.

그래서 제너레이티브 아트를 1만개 씩 뿌릴 수 있는 근본적인 이유는 이 제너레이티브 아트에 동의하는 사람들이 구매를 통해서 그 가치를 증명하기 때문이다. 예를 들어 만 개를 뿌렸다면 만 명만 모일 수 있는 것인데, 이 커뮤니티에 들어오고 싶어 하는 만 한 명째의 사람은 웃돈을 주고 사야 한다. 대단히 고가의 티켓 같은 개념이 되는 것이다. 그 가치는 주식이나 부동산에 비유될 수 있다. 서울에 살기 위해서 서울에 있는 땅을 사야 하고, 뉴욕에 살기 위해서 뉴욕의 어떤 공간을 가져야 한다. 그런 것과 같다. 그래서 가상세계 안의 커뮤니티, 즉 특정 세계관이나 장르를 좋아한다고 믿어지는 사람들에게 내가 속하기 위한 증명 같은 개념을 가지게 되는 티켓이다. 그래서 가격이 오르게 되고 투자가치가 생기는 것이다.

어찌보면 NFT 가상세계 안에서 아트를 하는 게 아니라 아트가 원래 추구했던 지점으로 가는 것이다. 예술품을 사는 이유는 그 사람의 작품 세계에 동의했기 때문에 돈을 주고 사는 것이다. 본래 예술이라는 것이 그 작품 세계에 공감하고 동의하는 행위이다. 그것이 복제를 통해 민주화되었다. 모든 사람이 예술이 원래 추구하던 영역, 누군가의 세계를 공유한다는 본래의 목적에 다가간다.

Created by WhtDrgon(김동은) • NFT 작품 • Worth

5. NFT 작품 활동은 어떻게 해야 하나

˚ **NFT 세계에서 실패하는 작가의 유형**

NFT 세계에서는 오래 활동하는 게 중요하다. 새로 등장한 사람은 신뢰하기가 힘들고, 기존에 아무리 유명한 작가라도 그 명성만으로는 부족하다. 비슷한 작품을 자꾸 만들지 않고 오래 신용을 쌓는 활동이 필요하다. 물론 유명세에 맞는 희소성도 중요하지만, 기본적으로 신용을 얻을 수 있어야 한다.

기성 작가들이 NFT마켓에 들어와서 망가지는 경우도 꽤 있다. 크게 세 가지 부류라고 말할 수 있다. 첫 번째 타입은 '저런 그림이 인기라면 내가 가면 엄청난 인기를 얻겠다.'라는 생각으로 들어오는 것이다. 그러다가 사람들의 무관심에 너무 실망한 나머지 몇 번 작품을 올리다가 중단하게 되는 것이다. 그러면 이 작가들이 처음에

테스트로 몇 작품 올렸던 NFT를 산 사람들은 바보가 되는 것이다. 그냥 별 고민 없이 들어가서 '나 같은 대작가님 오셨으니까 너희가 알아서 모셔라.'라는 식으로 하다가는 커뮤니티에서 어울리지 못하게 된다. 본인 생각에는 작품을 올린다고 생각하는데 이 안에 있는 사람이 보기에는 기존의 자기 작품 찍어서 사진을 올린 의미일 뿐이다. NFT 문법에도 맞지 않다. 피지컬 아트라고 부르기도 하는데 고색창연하고, NFT마켓에서 볼 때는 너무 촌스럽기까지 하고 NFT 세상과 맞지 않게 느껴지기도 한다.

두 번째는 기존의 작품 활동을 충실히 하면서 NFT 문법을 적용한 사람의 경우다. 자기 작품을 멋있게 그려서 피지컬 아트를 하면서 거기서 일부분을 증명사진 모양으로 오려서 사진을 올리는 식으로 기존 작업과 같이 하는 사람들이다. 현실세계의 작품은 작품대로 팔고 NFT로도 거래하는 식이다. 만화를 그리는 사람들이 그대로 웹툰에 올리면 잘 안 되는 것처럼 종이에 그리는 그림을 마우스로 휠을 내리는 세로 문법을 적용하긴 했지만, 뚜렷하게 콘셉트를 잡아내지 못하고 너무 세밀하게 그리면서 산만해지는 경우는 성공하지 못한다. 모니터로 보는 것과 캔버스에 색칠하는 것은 색감 등이 당연히 달라서 그림을 그대로 사진을 찍어서 올려놓으면 칙칙해지면서 가라앉는 분위기가 된다. 물감의 색과 RGB빛의 삼원색의 색이 다르기 때문에 작가들이 저마다의 노하우를 개발해야 하는데 그러지 못하는 경우가 많다.

세 번째로 실패하는 타입은 붓을 쓰고 물감을 쓰는, 머티리얼에 귀속된 자신의 작품 세계에서 벗어나지 못하는 경우다. 동양화를 예로 들자면 붓이라는 도구와 먹, 화선지의 독특한 번짐 등에 의존해서 작품 활동을 하는 것이다. 그런데 디지털 세상에서는 그게 통하지가 않는다. 문신 아티스트가 있는데 문신을 새기면 끝나는 형식은 이곳에는 맞지 않다. 문신이 춤을 추고 돌아다녀도 되고 빛을 뿜어도 되고 여기저기서 문신 속 주인공이 빼꼼히 고개를 들고 나오는 등 자유로운 발상이 필요하다. 기술과 테크닉이 필요하다는 것인데 아이패드에 그리는 그림은 붓을 흉내낼 뿐이지 붓으로 그린 그림이 될 수는 없다. 여기서는 붓의 깊이감과 다르게 그 깊이감을 더 올릴 수도 있지만 3차원으로 만들 수도 있다. 그러니까 작가가 상상력을 더 많이 발휘할 수 있는 공간이다. 심지어 현실에서는 안 되는 상상 영역으로 돌파하는 작가들이 있는데 스케치하는 전 과정을 연속으로 붙이는 방법을 쓰기도 한다. '타임랩스'라고 부르는데, 처음에 백지부터 시작해서 그림이 그려지면서 완성되는 단계까지 가는 동영상을 파는 작가도 있다. 다시 말해서 디지털에 맞는 자유로운 발상이 없이 아트의 재료에 귀속되는 작품에서 벗어나지 못하면 실패한다는 것이다.

°생각할 시간에 출시를 하라

NFT 예술에 관심을 가지고 질문을 해 오는 작가들에게 항상 먼저 하는 말이 있다. 궁금해 하고 고민하고 방법을 찾는 시간에 작업을 먼저 하라는 것이다. 사실 고민의 종류는 다 똑같다. 그러니까 고민을 해결하려면 어차피 모두 똑같은 고민을 하는 시간에 먼저 나서서 해보라는 것이다. 작가들은 좋은 작품을 만들어야 한다는 생각이 습관이 되어 있다. 잘해야 한다는 생각이 꽉 박혀 있다. 그러나 이 NFT 세상은 다르다. 이 방법이 통하는지 안 통하는지 누구도 미리 정확히 알 수 없다. 어떤 방식이 통해야만 그다음 퀄리티 싸움을 할 수 있다. 작품이 두 개가 있다고 가정해 보자. 한 작품이 훨씬 더 좋아서 다른 작품보다 잘될 거라고 확신할 수 없다. 이렇게 찍는 게 좋은지 저렇게 찍는 게 좋은지 아무것도 확인되지 않았기 때문이다.

예를 들어서 '2D인데 빙글빙글 돌아가게 하면 어떨까?'라고 생각했다면 해 봐야 안다. 누구도 답을 할 수 없다. 기존에 그런 작업이 없기 때문이다. 작가들이 작품 활동을 해야 하는데 문제는 '잘하기' 이전에 이것이 통하는지 안통하는지 알 수 없으므로 일단 시도를 먼저 해 봐야 한다. '잘하기'와 '일단 시작하기'가 둘 다 되면 좋다. 그러면 속도가 빨라진다. 그러나 잘하고 있는 건지 어떻게 알 수 있겠나. 일단 시작하고 작품을 올려봐야 알 수 있다.

고민하는 시간 동안, 어떻게 찍느냐는 생각을 하는 동안, 비슷한 그림을 다른 누군가가 핸드폰 카메라로라도 찍어서 올려버리고 '새롭다.'라는 평가를 받으면서 팔고 있으면, 오래 고민하던 내 작품은 시간적으로 뒤처진 '짝퉁'이 되어 버리는 것이다.

'이런 시도 어때?'라고 주변에 물어보고 갸우뚱거리면서 방법을 모색할 때, 그걸 막 찍어서 올려야 된다. 커뮤니티의 반응을 봐야 한다. 물론 커뮤니티의 반응은 누군가 사 주는 것이다. 사주는 것보다 확실한 신호는 없다. '그래? 팔리네. 이제 더 제대로 만들어 봐야지, 내 것을 사줘서 고마우니까 더 멋진 걸 다시 만들었는데 기존에 미숙했던 것들을 사주신 분들이 고마워서 대신 이거 한 부를 더 보내드릴게.' 하면서 좀 더 제대로 찍은 걸 이미 과거의 것을 구매한 사람에게 보내주면 좋은 평을 얻게 된다. 이런 구조를 이해해야 한다.

°NFT아트 첫 작업은 어떻게 하나

나의 NFT 첫 작업의 경험을 이야기해 보겠다. 그림 하나를 그려서 '감사합니다.'라는 카드를 사람들에게 돌렸다. 이제 시작하니까 잘 가르쳐 주시면 고맙겠다고. 나는 미술가가 아니지만 그 대신 딥 드리밍이라는 컴퓨터 조합 기술을 알고 있다. 그런데 남의 그림을 가져다가 딥 드리밍을 돌리면 짜깁기가 된다. 그러니 내 원본 그림이 있어야 하는 것이다. 나 같은 경우는 캘리그라피 학원을 다니면서 글씨 쓰는 법을 배우고 붓펜 등 캘리그라피 도구를 구입했다. 그리고 작업을 하고 딥 드리밍을 한 번 돌리고 나면 전혀 다른 느낌의 그림이 된다. 물론 수준 높은 그림이라고 할 수 없지만 원본이 내 것이고 베끼지 않은 작품의 격을 갖추었다.

Created by WhtDrgon(김동은) • NFT 작품 • 주만티JUMANTI

　NFT마켓에서 주목받는 방법은 여러 가지가 있겠지만, 나처럼 예술가 출신이 아닌 사람이 커뮤니티를 쉽게 만들 수 있는 방법은 SNS가 우선이다. 그래서 SNS에서 작가들을 모두 친구 추가하고 NFT 아티스트하는 멤버 중에 친구가 많은 사람을 다 친구 추가한 다음에 그분들 이름으로 작품을 하나씩 만들어서 백여 명에게 드렸다. 상당한 시간이 걸리고 힘들기도 하겠지만, 그렇게 생각만 하지 말고 한 걸음씩 나가보는 거고, 작품을 만들기도 하고 올리기도 하고 팔아보기도 하는 것이다.

　새롭고 신선한 기획으로 '수집을 자극하는 것'이 가장 잘 어필하는 방법이다. 수집을 자극하는 방법은 정답이 없는 것이지만 '물성'

을 자극할 필요가 있다. 태생이 디지털이기 때문에 물성이 없는 것이 당연하다고 생각하는 사람도 많은데, 모순적이지만 디지털 세상에서 물성의 오묘한 감성이 배어 있어야 수집을 자극할 수 있다. 나의 경우는 마치 책의 한 페이지를 찍은 것처럼 디자인해서 원화 그림 넣고 텍스트 입혀서 올렸더니 이런 건 처음 봤다고 하면서 수집을 자극한다고 평가를 받게 되었다. 하나에 5만 원씩에 팔렸지만 001부터 100까지 100개가 나가게 되고 이제 101번부터 200번까지 또 만들게 되었다. 심지어 다음 작품이 언제 나오냐고 성화를 하는 팬까지 생겼으니까. 앞으로 1만 개 버전까지 나가게 될 것이다. 이런 작은 시도가 제법 수익을 가져다 주게 된 것이다. 더 중요한 것은 이렇게 내가 NFT작가로서 커뮤니티 구성에 들어간 것이다.

°디지털 세상의 문법

앞으로 많은 작가가 NFT를 하자는 제안을 많이 받게 될 것이다. SNS에 많이 노출된 작가들은 더 그러할 것이고 웹툰 표지 같은 것을 그리는 디지털 쪽에 있는 작가들도 많은 제의를 받고 있고 받게 될 것이다. 제너레이티브 아트를 하려면 아티스트가 꼭 필요하기 때문이다. 그런데 기존 그림 세계와 너무 달라서 멋지게 잘 그리는 작가들이 우선적으로 제의를 받는 것은 아니다. 이 분야에서 대박나는 작가들은 기존 현실 그림세계와 문법이 다르기 때문이다.

예전에 PC게임으로 MMORPG 약 350억짜리 대작을 만들던 시절 필자조차도 모바일 게임 세계를 보면서 '저게 무슨 게임이야?' 했는데 지금은 모바일 게임이 더 잘된다. 만화를 그리던 작가들이 웹툰을 보며 '저게 무슨 만화야?'라고 했는데 지금 종이 만화책을 보는 사람은 별로 없다. 웹소설도 마찬가지다. 시대가 바뀌는 정도가 아니라 문화혁명 수준인 것이다. 작품성보다 NFT마켓에서 얼마나 팔렸냐가 그 작가의 명성을 만든다. 똑같은 그림을 1만 장을 올렸는데, 그 1만 장이 완판되는 것을 보면서 그게 무슨 가치가 있냐를 생각한다면 이 세계의 문법을 기초도 이해하지 못하고 있는 것이다. 28초짜리로 모래를 뿌려서 작품을 하는 영상 클립이 NFT로 팔리면서 유명해졌는데 이 작품의 가치를 현실문법으로 접근해서는 알 수 없는 것이다.

° 작품의 수량은 어떻게 결정하나

필자가 작업했던 예를 가지고 설명해 보겠다. 이게 디지털 판화 같은 개념이다. 작품이 하나만 있으면 여러 명이 가질 수 없으니 많은 수량을 찍는 것이다. 원 오브 원을 추구하시는 작가들이 있기는 하다. 하나만 만들어 한 명에게만 파는 개념이 특별하기는 하지만, 그렇게 되면 시세 확인이 힘들다. 만약에 10개가 있으면 그중에 하나가 10만 원에 팔린다면 나머지도 그 이상으로 팔릴 것이라는 예상을 할 수가 있다. 그래서 투자자들은 수량이 좀 있는 걸 좋아하게 된다. 되팔 때도 시세를 어느 정도 알 수 있게 비교할 수 있으니까. 심지어 전부를 다 사는 사람도 있다. 전부 가지고 싶다면 한 개짜리 하나를 사는 게 아니라, 열 개라면 열 개를 다 사는 것을 선호한다. 일반 사진 작품이라면 몇 장이 만들어지고 몇 장이 팔리는지 알 수 없지만, 이곳에서는 100장을 찍든 1,000장을 찍든 몇 장이 팔렸는지 다 알 수 있다. 66억 장을 찍은 경우도 특별하긴 하지만 있다.

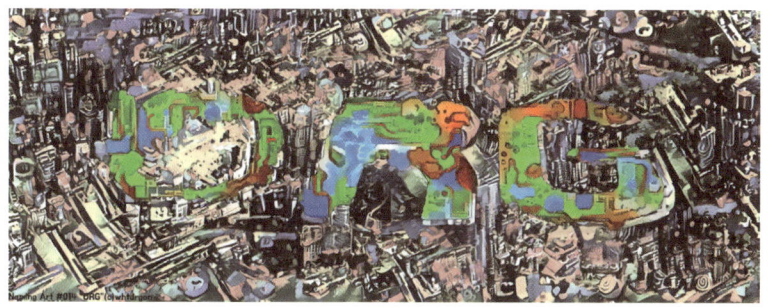

Created by WhtDrgon(김동은) · NFT 작품 · 'ORG'

NFT 거래를 하려면 트위터나 페이스북, 인스타그램에 공식계정이 있어야 하고 온라인상에 신용을 갖추어야 작품에도 신용이 생긴다. 오픈씨 계정을 만들고나서 전자지갑을 만들어 잘 보관해 두어야 한다. 오픈씨는 개인 정보를 받지 않고 오로지 전자지갑으로 연결될 뿐이다. 암호 분실 등으로 전자지갑을 켤 수 없으면 오픈씨 계정에도 접속할 수 없어서 작품에 접근을 못하게 되고 구경만 할 수 있을 뿐이다. 모든 것은 사람의 신상정보가 아니라 전자지갑에 있다.

3장

NFT에 어떻게 투자하는가

1. NFT에 투자하는 방법

° '돈 되는 NFT 추천 좀 해주세요' 라는 질문

NFT에 대한 강연을 하러 가면 가장 많이 하시는 질문이 '추천 종목'을 알려달라는 것이다. 뜰 것 같은 작가, 나중에 가격이 올라갈 것 같은 작품을 콕 찍어 달라는 것이다. 당연하게도 그런 것은 없다. 필자는 그런 질문을 받으면 www.DDOGG.World에 접속해서 NFT를 구매하라고 말할 텐데 그것은 필자가 제작한 NFT이기 때문이다. 이런 식의 답변밖에 할 수 없는 것이고, 좋은 아이템을 찾아 줄 방법도 없다. 현명한 투자를 하기 위해서는 그 흐름과 원리를 알아야만 한다.

예술계 쪽에서 해야 할 일은 투기하려는 사람은 제쳐 두고 예술에 투자하고 싶은 사람들을 어떻게 끌어가야 할지 고민하는 것이다.

나는 이런 사람을 '현명하게 예술을 사랑하는 아티스트'라고 부르고 싶다. 그저 '예술을 사랑하는 아티스트'는 많다. NFT세계에서는 '현명한'이 중요하다. 투자자도 현명하게 시대의 변화와 함께하면서 예술을 사랑하는 아티스트를 찾는 것이 중요하다. 이것은 암호화폐에 투자하는 것과 다르다. 단지 암호화폐로 거래될 뿐이기에 암호화폐를 구입해서 거래비용으로 쓰는 것이다.

NFT마켓에서는 전세계가 좋아해 주는 작가, 작품이라는 건 없다. 전세계의 여러 그룹들이 좋게 봐 주는 작품이 있을 뿐이지, 모두가 열광하는 작품이라는 것은 사실 없다. 서로 취향이 다른 셀 그룹들이 작은 구슬처럼 생기고 있다. 그래서 전혀 팔리지 않는 작품은 당연히 생존할 수 없고 최소한의 양이라도 팔리기는 해야 한다. 아티스트들은 100만 명이 좋아하게 만드는 것이 아니라, 최소한 작은 단위의 한 그룹이라도 내 작품을 좋아하게 만들거나, 어떤 그룹을 정해 놓고 그들이 좋아하는 취향을 공부해야 한다.

랩을 안 좋아해도 워낙 유명한 곡이라면 듣게 되는 거고, 아이돌을 좋아한다고 해서 특정 장르만을 듣거나 듣지 않는 것은 아니다. 이와는 반대로 좋아하는 아이돌이나 가수를 통해서 그 가수가 새롭게 시도하는 장르의 노래를 접하고 즐기게 되는 경우가 생긴다.

과거에는 출판, 만화, 게임 등을 모두 제조 입장에서 구분했지만 지금은 IP의 시대이다. 책으로 나오면 보고 만화로 나오면 안 보는 그런 세상이 아니다. 오히려 웹소설, 웹툰, 애니메이션, 영화, 드라마, 게임의 순서만 조금 바뀔 뿐 콘텐츠의 표준 흐름일 정도가 되었다. 스토리가 좋다면 어떤 장르든 매체든 상관없다는 것이다. 그 중심에는 콘셉트가 있고 이 콘셉트를 좋아하는 무리가 바로 가치 부여의 시작점이다. 예술품과 상품, 자원 등 모든 가치품은 당연히 구매자에 의해서 가치를 가진다. NFT아트나 NFT 프로젝트는 작가, 혹은 프로젝트 추진 그룹이 우호적 커뮤니티와 적극적으로 소통할 수밖에 없는 것이다.

이런 이유로 NFT 작가들은 모두 자신이라는 커뮤니티의 리더인 셈이다. 컬렉터들과 소통하지 않는 예술가들은 극소수일 것이다. NFT 활동을 잘하는 작가들은 새로운 시리즈의 작품을 시도할 때 클럽하우스 같은 것을 열어 파티를 하면서 커뮤니티의 사람들에게 홍보한다. 몇 월 며칠 무슨 작품을 몇 점 올리는데 어떤 기획 의도로 이런 작품을 했는지, 어떤 심상을 담았는지 작품 설명회를 하는 셈이다. 작품 발표회를 온라인에서 한다. 팬의 입장에서는 설명을 충분히 듣고 작품에 대해 알게 되면 사고 싶은 마음이 생기는 게 당연하다.

현명한 NFT 투자는 이런 식의 오픈된 마인드로 NFT 활동을 하는 작가의 작품을 잘 살펴보는 것이 중요하다. '어떤 작가의 작품이 곧 바로 몇 배로 뛰어오를 것인가?'라는 접근은 투기에 가깝고 우연과 요행에 의존하게 되어 도박에 가까워지고, 또 이런 눈먼 투자를 노리는 이들의 계략에 속기 쉽다. 꼭 NFT가 아니더라도 세상은 언제나 가치투자를 이야기해 왔다. NFT에도 가치투자가 정답이다.

°NFT투자의 순서

수익률이 높다는 것은 리스크도 크다는 의미. 리스크에 대한 수용도는 사람마다 다르다. 어떤 사람은 제시되는 수익률이 너무 높기 때문에 돈을 빼기 시작하고, 또 어떤 사람은 바로 그 이유 때문에 '아이고, 좋아라' 하면서 더 많은 돈을 집어넣는다.

 리스크를 받아들이는 성향이든 회피하는 성향이든 분명한 것은 돈을 지킬 정도로 지혜롭지 않은 사람은 돈을 지킬 수가 없다. 고기를 잔뜩 짊어지고 밤에 산길을 걷는다면 내가 고기인데 거기다 고기까지 짊어졌으니 맹수를 만나면 어떻게 되겠나. 살아남는다면 그게 용한 것이다. 그래서 웬만하면 밤에 산길을 가면 안 되는 것이고, 고기를 짊어지고 가면 더더욱 안 되는 것이다. 하다못해 여럿이 모여 꽹과리라도 쳐 가면서 가야 한다.

 아무리 두드려 보고 건너도 세상에 안 무너지는 다리는 없다. 높은 퍼센트는 늘 리스크와 쌍으로 간다. 만일 국공채가 수십, 수백%의 금리를 준다면 이것은 무슨 뜻일까? 그렇게 발행을 했다는 의미는 지금 국공채를 사고 있을 때가 아니란 이야기다. 나라가 망하기 일보 직전이라는 것이다. NFT 투자도 마찬가지다. 그렇다면 어떻게 안전하게, 안목을 가지고 NFT 투자를 할 수 있을까?

① 어디서 어떻게 사야 하나?

NFT를 살펴보고 거래를 할 수 있는 마켓플레이스는 국내에서는 카카오의 블록체인 자회사인 그라운드X의 '클립드롭스', 두나무의 NFT 거래 플랫폼인 '업비트 NFT' 등이 있다. 세계적으로는 오픈씨 OpenSea가 가장 크다. 이밖에 '라리블Rarible' '니프티 게이트웨이Nifty Gateway', '슈퍼레어SuperRare' 등이 있다. '파운데이션Foundation'이란 곳도 유명한데 이곳은 작품을 올리는 작가도 초대장을 받아야 들어갈 수 있고 가격도 아주 높다. 굳이 따지면 프리미엄이라 할 수 있다. 그리고 국내에도 코인 블록체인 기반 회사, 거래소, 예술품 거래소 등을 중심으로 NFT마켓이 생기고 있다.

작품을 구경 했으면 무엇으로 사야 할까? 작품들이 역시 블록체인에서 발행된 NFT아트이기 때문에 암호화폐가 있어야 살 수 있다. 이더리움 블록체인의 화폐인 '이더ETH'와 그라운드X의 블록체인인 클레이튼의 화폐인 '클레이KLAY' 그리고 '폴리곤MATIC' 등으로 거래를 할 수 있다. '클립드롭스'에서는 클레이가 있어야 한다.

한번 더 정리하면, NFT아트는 '돈에 그림을 그린 것'이다. 블록체인은 NFT로 발행할 대상, 즉 작품에 고유한 코드를 부여해서 토큰화한다. 누가 발행했는지 등기부등본을 발부하는 것이다. 지금까지 소유권이 누구를 쭉 거쳤 왔는지도 표시가 된다. NFT는 각 코드, 즉 돈 위에 그림을 그린 셈이다.

그런데 현실에서 돈은 달러도 있고, 원화도 있듯이 NFT를 이더리움 코드로 그릴 수도 있고, 클레이튼 코드로 그릴 수도 있다. 미국 가게에서 파는 물건을 사려면 달러가 필요하고, 한국 가게에서 파는 물건을 사려면 원화가 필요하듯이 이더리움 코드 위에 그려진 NFT를 사려면 이더를 주고 내 이더리움 지갑으로 NFT 작품을 받아야 한다. 마찬가지로 클레이튼의 코드 위에 그려진 NFT를 사려면 클레이를 주고 내 클레이튼 지갑으로 받아야 한다. 물론 '스왑'이라고 해서 이더와 클레이와 같은 코인을 교차 지원해 주는 서비스는 있지만 이는 특별한 경우이다.

이제 우리는 NFT를 구경하는 장소와 NFT를 사기 위해 필요한 암호화폐에 대해 알았다. 그렇다면 암호화폐는 어디서 구매할까? 업비트, 빗썸, 코인원과 같은 암호화폐 거래소에서 원화를 주고 시세에 맞춰 원하는 암호화폐를 사야 한다. 그런데 NFT를 사기 위해서 암호화폐를 산다고 할 때 우리가 발상을 바꾸어야 할 것이 하나가 있다.

만일 마음에 드는 NFT 작품 하나를 사기 위해 암호화폐 거래소에서 원화를 주고 클레이를 산다고 해 보자. 그 작품의 가격은 20클레이다. 그런데 암호화폐 거래소에서 1클레이의 원화 기준 가격이 계속 변동한다. 지금 1,800원이었는데 몇 초 뒤에 1,820원 하는 식으로 말이다. 그렇다면 20클레이의 그림 가격도 계속 바뀌는 것인가? 아니다. 여기서 혼동을 하면 안 된다.

앞서 설명했듯이 내가 사려는 NFT 혹은 가상자산의 가격이 계속 바뀐다는 생각은 원화 경제에 소속된 사람의 착각일 뿐이다. NFT 세계에서는 20클레이의 그림 가격은 20클레이다. 단지 클레이의 한국통화KRW나 미국달러USD의 거래 시세가 변하고 있는 것뿐이다. 그런 것이라면 한국통화KRW도 쉬지 않고 달러 기준으로 시세가 움직이고 있다. 그림 가격이 계속 바뀐다는 생각은 원화 세계에서 NFT 세계로 잠시 여행을 온 관광객과 같은 관점이다. 그래서 한국통화KRW로 1클레이의 가격이 변동하는 것으로 보고 가상자산의 가격까지 변동을 한다고 생각하는 것인데 이는 착시이다.

이더리움이나 클레이튼 같은 암호화폐로 작품을 사고파는 NFT 작가와 수집가 등 NFT 시장의 참여자들, 즉 암호자산 생활권에 살고 있는 사람들은 사실 원화로 환산한 암호화폐의 가격이 변동하더라도 NFT아트를 만들고 팔고, 혹은 자신이 좋아하는 그림을 사는 데 크게 불편한 점이 없다. 현실의 지구와는 다른 삶이 펼쳐질 메타버스 세상이 진전이 된다면 이런 불편함은 더더욱 사라질 것이다. 생각의 기본 단위가 가상자산으로 계산되기 때문이다.

② **작가를 확인해야 한다**

자, '이제 무엇을 사느냐?'이다. 우리가 주사위를 굴린다고 생각해 보자. 굴려서 1~6까지 어떤 수가 나온다는 것은 우리의 예상 범위 안에 있다. 시세 가치도 이렇게 느껴질 수 있다. 그런데 문제는 주사위 자체가 사기였거나, 당첨 숫자인 '6'이 나왔는데 돈이나 경품을 주지 않는 경우다. 혹은 당첨이 됐는데 고객이 건 돈을 모두 가지고 개최자가 사라진 경우다.

실제 NFT 시장이 아직 초기라서 이런 일이 벌어지고 있다. NFT 시장에서의 가장 큰 문제는 그림을 NFT로 발행한 작가가 자신이 그린 그림이 아니라 남의 그림을 NFT로 발행하는 것이다. 이 경우 그 작품을 산 사람은 사실상 사기를 당한 것이다. 자기가 그리지도 않은 그림을 마치 자기가 그린 것처럼 판다고 해 보라. 진짜 주인이 나타난다면 작품을 산 사람도 소유권을 뺏길 수밖에 없다. 현재 많은 NFT마켓에서는 이를 구조적으로 막을 방법이 없다. 그것을 막기 위한 인증이 더 큰 질서를 해칠 수 있기 때문이다.

물론, 마켓플레이스나 혹은 다른 에이전시^Agency가 사기인지 아닌지 심사를 해서 발행자 자신이 제작해 NFT화한 그림만 올리도록 할 수 있다. 실제 최근 그렇게 하는 곳도 생겨나고 있다. 하지만 이 경우 '믿을 수 있는 작품만 사게 해 주겠다.'라는 에이전시에 검증을 대가로 비용을 지불해야 한다. 믿을 수 있는 작품만 사는 대신 작가와 구매자 모두 비용을 지불해야 하는 것이다. 마치 부동산중개소와 비슷한 것이다. 사는 사람, 파는 사람이 서로를 믿을 수가 없으니까, 법률적 절차를 모르니까 공인중개사가 끼는 것과 마찬가지다. 공인중개사가 있으니 양쪽 모두 복비를 내야 한다. 우리가 대체 왜 단지 부동산 거래를 중개해 준다는 이유로 이 큰 비용을 내야 하는지 모르고 있는 복비 말이다.

물론 이런 에이전시가 앞으로 생겨날 수 있겠지만, 이렇게 되면 중앙의 에이전시나 중앙이 통제하는 플랫폼 없이 개인과 개인이 자유롭고 투명하게 거래하고 합의한다는 블록체인의 'P2P$^{Peer\ to\ Peer}$' 정신과는 어긋나게 된다.

그렇다면 우리는 작가를 어떻게 믿을 수 있을까? NFT에는 이 작가가 작품은 몇 개나 냈고 이를 몇 명이 소유하고 있고 그 금액이 얼마인지 확인할 수 있다. 유명 작가라고 했는데 이 작가의 작품을 소유한 사람이 별로 없고 금액도 작다면 이 작가는 방금 작품 활동을 시작했든지, 아니면 가짜든지, 아니면 아직 유명하지 않은 작가일 수 있다.

이를 확인하기 위해서는 그 작가의 커뮤니티를 찾아가야 한다. 이 작가가 유명 작가이냐 아니냐의 이야기만이 아니다. 이 작가가 내놓은 작품이 진짜냐 가짜냐의 문제다.

어떤 작품이 마음에 들어 구매할 생각이라면 먼저 그 작품의 진위 여부를 확인해야 한다. 그 작가의 노출된 트위터나 인스타그램 등을 살펴보는 것이 우선이다. 보통 작품의 설명이나 작품이 게시된 곳에 작가의 소셜네트워크 계정이 표시되어 있다. 이곳에서 이 작가의 팔로어들을 확인함으로써 이 작가의 신분을 확인하는 것이다. 물론 트위터 계정이 익명일 때도 있다. 그런데 이것은 별로 중요하지 않다. 많은 작가가 작가명으로 활동하고 있고 또 실명이 적혀 있다고 해서 신용도가 더 올라가는 것은 아니다.

그 작가의 팔로어 수를 확인하고 어떤 사람인지, 어떤 커뮤니티에서 활동하는지 확인해야 한다. 당연히 이런 작품을 올린 사람이라면 팔로어가 어느 정도 돼야 하는데 그렇지 않다면 의심할 필요가 있다. 팔로어까지 위조할 수는 없기 때문이다. 트위터에서 진위를 확인한 다음 그 트위터에 올려놓은 마켓플레이스의 링크를 따라 돌아오면 된다.

또 하나 중요한 것은 이 작가가 정기적으로 작품을 내는 작가인지 확인하는 것이다. 트위터나 인스타그램에는 이 작가가 자신의 작품들에 대해 올린 기록이 나오는데 이를 보면 알 수 있다. 이런 기록들은 위조하기가 쉽지 않다.

한마디로 작품 그 자체가 아니라 이 작가의 작품들이 어떤 경로를 걸어왔는지 봐야 한다는 것이다. 만일 이 작가가 중간에 NFT아트를 중단해 버렸다면 그의 작품도 인정받기가 어렵다. 만일 다시 오프라인에 집중해야겠다며 NFT아트를 중단했다면, 물론 오프라인으로 정말 유명한 화가가 됐다면 그의 NFT 작품도 재조명을 받을 수 있겠지만 그건 기적 같은 일이다. 그런 일은 거의 일어나지 않는다. 그래서 NFT를 꾸준히 내줘야 한다. NFT시장에서 통용되는 주기는 한두 달 정도이다. 이 간격으로 정기적으로 작품을 내주는 작가여야 한다는 것이다.

계속 꾸준히 작품을 올리고, 설령 잘 안 팔려도 포기하지 않고 꾸준히 올린다면 어느 날 컬렉터들에 의해 판매가 일어나고 매진이 일어날 수 있다. 실제 이런 일이 많이 벌어지고 있다. 내 주변에도 꾸준히 작품 활동을 하다가 어느 순간 작품을 인정받아 외국의 전시회에 출품하는 NFT 아티스트들이 많다.

그리고 이것이 가장 NFT 아티스트의 정규적인 코스라고 할 수 있다. 계속해서 꾸준히 그림을 그리다가 어느 날 인정받아서 컬렉터들에게 선택되어 작품이 잘 팔리는 것이다. 이제 사고 싶은 사람들이 많아졌는데 당장 신작들이 없으니 기존 작품들의 가격이 올라가는 것이다.

이렇게 작가의 커뮤니티와 꾸준한 작품 활동 여부 등을 확인하고 트위터와 인스타그램 등에 올린 커뮤니티에서의 링크를 타고 다시 오픈씨와 같은 마켓플레이스로 돌아와 어떤 NFT작품을 판매하고 있는지 확인할 수 있게 되면 믿을 수 있다. 진짜 이 사람의 작품인 것이다.

사실 바다와 같이 넓게 펼쳐진 NFT마켓에서 유명 작가를 찾는 것은 힘들 수 있다. 특히 한국 작가를 말이다. 그래서 결국 사람을 먼저 확인해야 하는 것이다.

③ **NFT아트의 가치는 어떻게 평가해야 하나**

NFT아트도 본질은 아트이다. NFT는 무한대로 복제될 수 있는 디지털 아트에 고유의 코드를 부여하는 역할이다. 이 코드를 통해 소유권을 특정하는 것이다. 다시 말해 NFT아트도 결국 작품과 작품 의도가 중요하다는 것이다. 작품 의도 역시 작품이다. 그런데 많은 사람이 이렇게 생각할 수 있다. '야, 어떻게 점 하나 찍었는데 몇 억이야? 내 발가락으로도 찍을 수 있겠다.'

그렇다면 스타벅스 이야기를 잠깐 해 보자. 요즘 스타벅스에 대해 이렇게 말하는 사람은 없을 것 같다. '스타벅스 커피의 원가가 얼마인데' 어쩌고저쩌고하면서 '왜 이렇게 비싸. 폭리 아냐?'라고 말이다. 만일 그렇게 생각한다면 사람들은 스타벅스에 속아서 헛돈을 지불하고 있는 것인 셈인데 그렇지 않은 것을 우리 모두 알지 않는가. 사람들은 스타벅스 커피 한잔에 어떤 의미와 신용을 부여하고 있다. 그러니까 그 돈을 지불하는 것이다.

스타벅스 원가를 따질 사람이라면 일부러 비수기에 썰렁한 곳으로 여행을 가서 '싸게 왔다.'라며 좋아할 사람일 수 있다. 물론 그 사람이 그런 것을 마음에 들어 한다면 다행이지만 성수기는 그 자체가 성수기다. 성수기 그 자체가 콘텐츠일 수 있다는 것이다. 해운대에 사람들 바글바글할 때 구경하는 것이 재미있는 것이고 미팅을 해도 누군가 좋은 사람을 만날 가능성이 크다. 여행의 재미가 있고, 더 많은 서비스도 있고 그런 것이다. 여행객이 아무도 없을 때 가 보라. 여행 콘텐츠가 없다.

남이 나를 봐주는 것, 혹은 유행을 한번 따라 해 보는 것, 이 모든 것이 가치가 될 수 있는 것이다. 물론 아무도 없는 썰렁함이 좋은 콘텐츠라고 하는 사람이라면 할 수 없지만 말이다.

그냥 혼자 하겠다고 사람도 없는 한적한 곳에 냉면집을 차리겠다면 뭐 개인의 자유이니 상관없지만, 여행이나 유행과 같은 것들은

'같이' 하고 '함께'해야 의미가 있는 것이다. 다른 사람들의 관심이 다 지나간 다음에 혼자서 그것을 한다는 것은 가치가 떨어지는 일이다.

'반지의 제왕'이 막 나왔을 때 바글바글 함께 보고, 이야기라도 한마디씩 하는 게 재미있는 것이다. 극장이 붐벼서 정신이 사나워도 말이다. '난 나중에 집에서 혼자 봐야지.'라고 한다면 물론 어쩔 수 없다. 하지만 어떤 사람들은 시간적, 금전적 비용과 불편을 감수하면서 '개봉 첫날 그걸 꼭 봐야 해.'라고 한다. 아트도 그렇다. 특히 컴퓨터 픽셀을 뿌리는 디지털 아트에 대해 그게 수억 원씩이나 할 이유가 무엇이냐고 대중들이 비웃을 수 있다. 그런데 중요한 것은 '가치'의 부여가 그 커뮤니티에서만 일어난다는 것이다.

역사를 돌이켜 보면 종교 핍박 때 종교 상징물을 밟고 지나가는 이야기가 나오는데 이는 신도가 아닌 사람은 밟을 수 있어도 신도들은 밟지 못할 것이라 믿기 때문일 것이다. 그 이유가 무엇인가? 의미 부여 때문이다. 종교상징물이 상징하는 것에 대한 의미 부여 때문에, 자신의 신념 때문에 그 의미와 가치를 훼손하는 행위를 할 수가 없는 것이다. 그런데 중요한 것은 이 가치를 가진 것이 '신도 집단'이라는 것이다. 다른 집단은 그 종교적 상징물에 대한 가치가 신도와 다를 것이다. 가치를 부여하는 커뮤니티에 의하여 가치가 유지된다. 그래서 '커뮤니티 = 가치'이다.

미술품의 가치도 그렇다. 대중이 그것을 비웃을 수 있다. 의미 부여를 하지 않기 때문에 그냥 점 하나 찍어 놓은 것으로 보이고, 자신에게 필요도 없고, 대단하다는 것에 동의도 할 수 없기 때문이다.

이는 의미를 부여하는 커뮤니티에 함께 있지 않기 때문에 마치 이름 모를 나라의 화폐를 보는 것 같은 느낌이다. 내가 모르는 나라의 돈으로 옷값이나 음식값을 지불하려고 하면 가게 주인은 거절할 것이다. '이게 어떤 엄청난 가치가 있는 거야.'라고 주장해도 태도가 바뀌지 않을 것이다. 자신이 알고 있는 게 아닌 이상 말이다. 모르는 사람이 자신은 유명한 사람이라며 냅킨에 그림을 그려서 지불하겠다고 할 때 그것을 거절하는 이유는 받는 이에게 가치가 없기 때문이다.

예술 세계의 바깥에 있는 사람들이 동의를 하는지 않는지, 작품을 어떻게 평가하는지는 중요하지 않다. 결국 돈을 벌겠다는 투자자의 입장에서는 이 작가의 작품 세계에 동의하는 사람들의 구매력을 인정할 것인가 말 것인가의 문제만 남는 것이다. 어떤 집단이 충분한 구매력을 갖고 있고 작품을 구매할 정도의 돈을 지불할 수 있다고 판단하면 투자를 할 수 있는 것이다.

하지만 증명된 다음에 투자를 한다면 이익이 적다. 이미 1개당 수억 원일 수 있다. 물론 수억 원짜리라도 살 수는 있다. 왜냐하면 블루칩이라는 게 바로 그런 거니까. 주식에서 삼성전자를 사는 것처럼 말이다. 그런데 삼성전자의 주식이 가까운 시일 내에 10배, 20배 뛸 것을 기대하고 투자하는 사람은 없을 것이다. 하지만 어떤 회사의 주식은 50배, 100배가 넘어갈 수 있다. 물론 삼성전자의 주식을 사는 것과 망할지 모를 회사의 주식을 사는 것은 리스크가 다를 수밖에 없고, 그 리스크의 영향으로 기대수익도 큰 차이가 날 것이다.

창업, 스타트업, 벤처, 중소, 중견, 상장사에 이르는 회사 투자와 마찬가지로 어떤 단계에 투자할 것인가는 투자자의 결정이다. 만일 엄청난 배수를 기대하는 공격적 투자라면 그 시점도 매우 당겨질 것이다. 증명이 되기 전에 가치를 볼 줄 아는 것이 바로 투자다. NFT 작품이 유명해지기 전에 사는 것이다. 그렇다면 무엇이 중요할까? 결국 자기 눈으로 판단할 수밖에 없다. 투자자의 안목이 가장 중요하다.

다시 한번 정리해 보자. 우선 작가를 확인해야 한다. 작품이 이 작가의 그림인 것이 맞는지, 남의 작품을 NFT로 발행해서 판매하는 것은 아닌지 검증해야 한다. 이는 결국 그 작가의 커뮤니티를 통해서 확인해야 한다. 트위터와 같은 작가의 소셜네트워크 팔로우와 그가 올려놓은 링크를 통해서 말이다. 그 링크를 통해서 역으로 접근해야 한다. 그러면 이게 사기일 수 있는지 확인이 되는 것이다. 남은 문제는 결국 그 작품이 커뮤니티에서 증명되기 전에 그 가치를 알아보는 개인의 안목이다.

④ 소문은 복제되고 가치는 작가와 구매자가 함께 만든다
자 이제, 어떤 NFT 작품에 투자를 했다고 하자. 이제 투자자는 나의 투자를 받은 작가가 잘되기를 바라는 일원이 되는 것이다. 내가 좋아하는 그림이 비싼 가치를 얻는다는 것은 내 안목이 옳았다는 이야기이니까. NFT아트의 세계에서는 이것이 엄청난 자산이 된다. 자신의 만족뿐 아니라 커뮤니티 내에서 나의 위상도 높아지는 것이다.

예를 들어 어떤 작가의 그림을 샀다고 해 보자. 어떤 일이 벌어질까? 작가는 팔린 작품의 모티브를 소재로 더 많은 그림을 그리게 된다. 시장에서 반응이 왔기 때문이다. 만일 토끼를 소재로 한 그림이었는데 이미지에 색을 넣었더니 잘 팔린다면, 작가는 색칠을 해서 잘 팔리는 것인지 아니면 토끼라서 잘 팔리는 것인지 고민하고 새로운 실험을 할 것이다. 예를 들면 연필로 그린 토끼와 색깔을 칠한 고양이를 그릴 수 있다.

어쨌든 팔렸다는 사실 때문에 작가는 자극을 받고 좀 더 열심히 하고 컬렉터들에게 감사 인사를 보낸다. 만일 작품이 판매되고 작가의 감사 인사가 올라오면 사람들은 그 작품에 관심을 갖게 된다. 특히 그 컬렉터가 유명한 헤비 컬렉터라면 선택을 받았다는 것만으로도 작가는 작품성을 인정받을 수 있다.

작가는 누가 자신의 작품을 사 주면 작품을 산 사람의 트위터 계정 등을 확인해서 누구인지 찾을 수 있다. 오픈씨에 계정이 있을 테니 말이다. 그러면 작가는 자신의 트위터에 모모님이 '나의 어떤 작품을 구매해 주셨다. 감사드린다.'라는 인사를 보낸다. 이런 행위는 커뮤니티에 자신의 작품이 팔렸다고 알리고 인식시키는 것이다.

작품을 산 투자자 역시 자신이 어떤 작품을 샀는지 트위터 등을 통해 커뮤니티에 인식을 시킨다. '나는 이런 작품 세계에 동의하는 사람이다.', '나는 이 토끼 그림을 좋아하는 사람이다.'라는 사실을 알리면서 스스로 플렉스^{flex}를 하게 되는 것이다. 이처럼 작가와 투자자 양쪽에서 작품을 팔았다는 사실, 작품을 샀다는 사실을 커뮤니티에 알리는 일종의 어떤 서비스가 이루어지는 것이다.

이렇게 함으로써 그 작가에 대한 커뮤니티의 보증이 이뤄지고 신뢰가 쌓이는 것이다. 이런 행위는 꼬리에 꼬리를 물고 이어진다. 이 작가의 작품을 누가 사고, 또 다른 누가 사고, 또 어떤 사람이 사는지 연결함으로써 작가에 대한 커뮤니티의 보증이 커지고 확산되는 것이다. 거래가 이뤄지면 이어서 거래에 대한 소문이 복제된다. 그렇게 연속적으로 팔리면 더 많이 팔리게 된다. 사람들은 팔리는 작가의 작품을 사려고 하지 안 팔리는 작가의 작품을 사고 싶지 않기 때문이다.

NFT 시장에서는 안목이 있고 투자 성과를 보여주는 투자자도 주목 받는다. 사람들은 이 투자자의 갤러리를 보고 있다가 이 사람이 작품을 사면 따라 사는 경우가 많다. 왜냐하면 이 투자자가 시장에서 '황금손'으로 유명한데 무명 작가의 작품을 사기 시작한다고 해보자. 투자자가 무엇을 샀는지에 대한 과거의 기록은 영원히 남는다. 그래서 만일 이 사람의 지난 전적을 보니 10배 판 것이 수두룩하다면 사람들이 이 투자자의 투자를 따라갈 수밖에 없다. 예를 들어서 1클레이에 사서 10클레이, 50클레이에 팔았던 기록이 많다면 사람들은 이 투자자의 컬렉션을 계속 주시하게 되고, 이 투자자는 이 생태계 안에서 수집가로서 NFT 투자자로서 사회적 지위를 가지게 된다.

커뮤니티에서는 작가의 위상만 올라가는 것이 아니다. 이 작가가 위상이 올라갈 때 이 작가의 작품을 산 컬렉터의 안목도 함께 인정 받는다. 투자 이득을 얻었다면 그의 예술적 안목까지 평가 받는 것이다. 단순 투자자여도 경기에 뛰어드는 것이다. 이렇게 되면 결국 커뮤니티 자체도 더 커지게 된다. 앞서 어떤 작품을 사고자 할 때 작가를 확인해야 하고, 작가를 확인하는 방법이 그 작가의 커뮤니티를 확인하는 것이라고 말한 이유도 이 때문이다.

여기서 오프라인에서 가지고 있었던 우리의 관점을 수정할 필요가 있다. 돈을 받고 작품을 다시 되판다는 것이 예술적이거나 문화적이지 않다는 생각 말이다. 작품을 산 이유가 소장하기 위해서라면 고상한 것이고, 두 배로 팔 목적으로 샀다면 뭔가 시세를 조종하는 나쁜 사람으로 취급하는 고정관념 말이다. '멀쩡한 작품을 왜 비싸게 되팔아?' '그렇게 받을 수 있는 작품도 아닌데 괜히 가격 올리는 사람 아니야?'라는 생각은 오프라인의 사고방식이다. 그쪽 얘기일 뿐이다.

커뮤니티 중심으로 돌아가는 NFT 시장에서는 그렇지 않다. 이쪽 세계는 그렇지 않다. 기존 미술시장에서는 소유자가 다시 그림을 팔아도 작가한테는 1원 한 푼 안 간다. 소유자만 차익을 볼 뿐이다. NFT에는 로열티 개념이 있다. 작가가 NFT 마켓에 작품을 올릴 때 로열티를 설정할 수 있는데 비율은 보통 10%이다. 그게 작품마다 표시가 되어 있어서 거래가 성사될 때마다 로열티가 작가에게 돌아간다. 작품이 많이 거래되어야 작가는 돈을 더 벌게 된다. 현실세계에서 피카소의 어떤 작품이 수없이 거래되어도 피카소는 최초에 자기 작품을 팔면서 받은 돈 이상을 벌 수가 없다. NFT마켓에서 작가는 자기 작품이 많이 유통되기를 바랄 수밖에 없는 구조이다. 그러니까 '평생 소장하겠습니다.'라는 말은 이 세계에서는 썩 좋은 것이 아니다. 차라리 계속 비싸게 되팔아주는 것이, 계속해서 많이 되팔아주는 것이 작가를 돕는 길이다.

주식시장에서는 여기저기 '주식방' 같은 곳에서 신나게 무용담을 떠들지 않는 이상 그 사람이 얼마나 성공한 투자자인지 알 길이 없다. 그리고 그런 행위에 대해 썩 좋게만 보지도 않는다. 하지만 NFT의 세계는 다르다. 본질적으로 커뮤니티 중심이기 때문이다.

돈을 가진 컬렉터는 예술 작품에 대한 투자자이자 수집가로서 대우를 받고, 작가뿐 아니라 커뮤니티의 많은 사람이 인정해준다. 자신은 이 생태계에서 인정을 받을 수 있는 것이다. 서로 좋아하는 것, 동의하는 것을 중심으로 이뤄지는 커뮤니티이기 때문이다. 작가와 투자자들이 함께 만들어가고, 그래서 취향이 비슷한 사람들이 속하고 싶어 하는 생태계이기 때문이다.

2. NFT아트의 종류

이 책에서 말하는 NFT아트의 종류는 어떤 기관이나 단체에서 정확하게 정리되고 공유되어 안착된 것이 아니다. 하지만 이름은 조금씩 달라도 그 구조는 거의 비슷하니 참고가 될 수 있을 것이다.

°**아트워크 NFT**

전통적인 미술의 형태가 디지털 아트로 제작된 것이다. NFT 안에 있는 이미지나 사운드 파일, 3D 모델링이나 제3의 것들이 예술적 의미를 주장함으로써 가치를 가지는 형태이다. 전통적 미술품이 디지털화되어 NFT와 결합했다고 생각하면 될 것 같다. 이 아트워크 NFT들은 작가에 의하여 크게 영향을 받는다.

°**컬렉션형 NFT**

컬렉션형 NFT는 수집용 NFT를 이야기한다. 중장년층인 독자들은 포켓몬, 따조, 핑클, 김국진이나 하다못해 딱지나 무언가를 수집해 본 적이 있을 것이다. 외국 영화에도 야구카드나 농구카드 수집에 대한 이야기가 종종 나온다. 컬렉션형은 이런 고전적 수집카드를 '레거시Legacy'화하여 과거의 관례를 답습하는 형태를 가지고 있다. 예를 들어 예전에는 자동차 브레이크가 지렛대의 원리였다. 운전자가 자동차를 멈추기 위해 페달을 밟게 되면, 지렛대의 원리에 의해 밟은 힘이 증폭된다. 페달에서 발생한 힘은 부스터에 의해 차량을 멈출 정도로 증폭된다. 그런데 최근 자동차는 그런 지렛대 원리가 아니다. 물리적 원리가 달라졌다. 그래도 페달은 원래부터 있던 곳에 비슷한 생김새로 달려 있다. 이것이 레거시다.

이 컬렉션형의 가치는 과거 수집형 카드들의 가치를 개념적으로 이어받는다. 수집가들은 단지 이것이 전자적으로 바뀌었을 뿐 동일한 방식이라고 받아들인다. 어차피 수집물을 구성하는 원가 개념으로 수집하고 가치를 부여하는 것은 아니기 때문에 익숙하게 가치 부여를 받을 수 있는 장점이 있다.

지금의 스포츠 카드들도 그럴 필요는 없지만, 옛날에 종이로 만들었던 트럼프 사이즈의 스포츠 카드를 똑같이 만들어서 올려놓는다. 물리적 성질, 즉 물성이 필요한 것이다. 어떤 것을 사고판다고 할 때 무언가 사고팔 '대상', 즉 물건이 필요하다. 그렇게 해야 이것을 거래한다는 느낌을 가질 수가 있다. 테두리를 잡아주지 않고 그냥 바깥으로 흘러버린 이미지는 그냥 인터넷상의 흔한 이미지 같은 느낌이 들고 프레임을 잡아줘야 뭔가 물건 같은 느낌이 든다.

농구선수 카드, 야구선수 카드 같은 컬렉션처럼 여러 개 수집할 수 있도록 한 것이 컬렉션류의 NFT아트이다. 여러 가지 컬렉션을 동시에 만드는 아티스트도 있다. 개 시리즈, 고양이 시리즈, 명화 시리즈, 영화배우 시리즈 등으로 말이다. 잘 팔리면 계속 만들고 안 팔리면 적당히 만들다가 만다. 또 트럼프 카드류를 만드는 아티스트도 있다. 팔리고 안 팔리고는 투자자가 자신의 취향에 맞든지, 아니면 비싸게 팔릴 것 같다고 판단하든지 해야 한다.

° **유틸리티형 NFT**

실제 다른 작업에 사용할 수 있는 용도를 가진 NFT아트를 유틸리티형 NFT아트라고 한다. 우리가 인터넷 세계에서 상거래를 하고 학교에 다니고 공부를 하듯이 메타버스라고 부르는 세계는 인터넷을 더 극대화해 월드화한 것이다. 커뮤니티들의 존재를 끌어올리고 커뮤니케이션의 역할을 끌어올린 인터넷 상점 사이트와 같은 것이다.

현실의 상점이라는 것은 아이쇼핑부터 시작해서 이벤트까지 모두 포함하고 있다. 백화점에 가는 것은 단지 물건을 집어 결제하고 집에 오기 위해서가 아니다. 구경하면서 요즘 트렌드는 어떤지 살펴보고, 좋은 게 뭐가 있는지, 눈여겨봐 둘 게 있는지를 확인하는 과정이 포함된다. 영화관도 마찬가지다. 단순히 영화 콘텐츠를 관람만 하는 게 아니다. 가서 커피를 마시거나 팝콘을 먹거나 수다를 떨거나 주변에서 놀거나 하는 행위를 함께 하고 있다.

메타버스 역시 구경하고 치우는 곳이 아니다. 어울리고 놀고 경험하며 살아가는 곳이다. 그러기 위해서는 놀고 어울리고 경험할 수단이 필요한데 그것이 바로 유틸리티형 NFT이다. NFT가 무엇인지 한 번만 더 짚어 보자. 메타버스는 전자화된 세계, 프로그램으로 돌아가기 때문에 이 세계의 재료는 코드이다. 이 세계에서 뭔가 존재하려면 이 세계의 재료로 만들어야 한다. 암호화폐와 NFT는 프로그램 코드이다. 이쪽 세계의 재료로 만들었기 때문에 너무나 잘 작동하는 것이다.

예전에도 프로그래밍만 되지 않았을 뿐, 책에 인쇄된 쿠폰을 오리거나 카드에 적힌 시리얼 번호를 입력하는 식의 유틸리티형 NFT와 비슷한 시도들이 있었다. 예를 들어 지금도 종이로 인쇄되는 도서상품권의 뒷면에는 은박을 긁어 컴퓨터에 입력할 수 있는 시리얼 번호가 적혀 있다. 그런데 이것은 인쇄물이다. 위조될 수도 있고 같은 번호가 여러 개 찍힐 수도 있다. 번호가 모두 도용될 수도 있다. 가령 지금의 기프트콘도 사진을 어딘가에 공개하면 바코드가 노출되어 도둑맞을 수 있게 된다. 암호를 걸어야 하는데 이는 엄청난 비용이 든다.

　NFT는 태생이 암호화된 프로그램 코드이다. 내 전자지갑 안에 보관할 수 있다. 예를 들어 어떤 게임에서 내 전자지갑으로 로그인을 하면 게임이 이 코드를 읽어서 전자지갑에 들어 있는 아이템을 나타내 준다. 이것이 바로 유틸리티용 NFT이다. 게임이든 뭐든 그 시스템과 같은 코드로 만들어졌기에 작동이 잘 되는 것이다. 만일 실물 상품권이었다면 긁어서 숫자를 확인하고 다시 입력을 해야 한다. 반면 NFT는 자연스럽고 빠르게 시스템과 결합이 된다. 굳이 다른 수단 없이 아이템이 내 소유임을 깔끔하게 증명할 수 있다.

　더욱이 NFT는 양도가 가능하다. 내가 소유하고 있다는 것을 증명할 수 있고, 남한테 확실하게 넘겨줬다는 것을 기록에 남길 수 있다. 장부 형태로 존재하기 때문이다. 양도를 할 수 있다는 것은 돈을 벌 수 있다는 얘기다. NFT를 암호화폐로 교환해서 그 암호화폐를 거래소로 들고 가 시세에 맞춰서 원화로 바꿀 수 있는 것이다. 절차가 복잡한 것 같아도 온라인에서는 엄청나게 빠르게 이루어진다. 이것이 모두 프로그램의 영역이기 때문이다.

° **커뮤니티형 NFT**
NFT아트를 사는 것은 어떤 작가의 콘셉트에 동의하기 때문에 그 작가의 IP^{지적재산권}를 발전시키는 데 기여하겠다는 것이다. 이렇게 되면 토끼를 좋아하는 사람들의 모임, 까만 해골 고양이를 좋아하는 사람들의 모임, 그 100마리 중에 하얀 마녀를 좋아하는 사람들의 모임, 추리 소설을 좋아하는 사람들의 모임……. 이런 식으로 커뮤니티가 만들어진다. 이 커뮤니티에서 함께 대화를 나누고 이 세계 속에 함께하고 싶고 이 IP가 발전하는 걸 지켜보기 위해 NFT를 소유하는 것이다. 커뮤니티에 속하기 위해서 말이다.

물론 투자의 용도일 수도 있다. 마치 삼성전자 주식에 투자한 사람들의 모임처럼 말이다. 서로 정보를 공유하는 그런 목적일 수도 있다. 어쨌든 함께 그 커뮤니티의 IP 가치가 올라가는 것을 바라고 지켜보고 기여하겠다는 것이다.

커뮤니티형은 대개 다양한 종류로 1만 개씩 NFT를 만든다고 앞에서 말했다. 토끼라면 애꾸눈 토끼부터 해적 토끼, 분홍 토끼, 또 무슨 토끼 이렇게 쭉 만들어지면 이 중에서 내가 좋아하는 것을 사는 것이다. 산다는 것은 이 커뮤니티에 동의한다는 의미다. 한마디로 나도 끼겠다는 뜻이다. 물론 여기에는 지금 1만 개가 팔리는 것을 보니 완판이 될 것 같아서 투자가치를 보고 살 수도 있다. 여기서 1만 개가 된 이유는 2장에서 설명해 두었다. 어디서 정해놓은 것은 아니지만 1만 개가 커뮤니티를 어느 정도 이룰 수 있는 임계점 같은 것으로 인식되고 있다. 그래서 커뮤니티형의 NFT는 대개 1만 장을 갖추고 있다.

NFT를 모르는 사람들이 보기에는 이해가 어려울 수 있다. 왜 이런 것을 사는지 말이다. 하지만 어쩔 수 없다. 투자라는 건 가치인데 가치는 인정하지 않는 사람들의 것이 아니라 인정하는 사람들의 것이기 때문이다.

NFT아트를 사는 것은 그 작가를 인정한다는 얘기고, 그 작가의 작품 세계에 동의하며 포함되겠다는 것이다. 물론 수집가들은 실물의 아트를 사서 소장할 수 있다. 실물의 아트를 피지컬 아트라고 부른다면 피지컬 아트는 대부분의 사람에게는 투자의 대상이 아니다. 왜냐하면, 옮기는 것만 해도 일이다. 수송비와 보험료 그리고 집에 보관해 둔다는 것 자체가 비용이다. 그리고 되파는 비용도 어마어마하다.

반면 NFT아트는 대중적으로 쉽게 접근할 수 있게 해 준다. 더욱이 커뮤니티 안에 소속될 수가 있다. 스포츠 카드를 산다면 그 스포츠 카드를 모으는 사람들의 무리에 들어가는 것이다. 이렇게 보면 NFT아트가 일반인들에게는 유일한 아트 투자처일 수도 있다.

커뮤니티형 NFT아트에 투자할 때는 이 커뮤니티가 건강하게 유지되고 잘 발전할 것인지를 봐야 한다. 예를 들어 커뮤니티를 리딩하는 사람들의 신용을 봐야 한다. 신용을 무엇으로 확인할 수 있을까? 내가 외부인이라면 얼마나 이게 많이 팔리고 다시 매입되는지,

아니면 보유자 수가 얼마나 많은지, 특히 꾸준한 보유자 수가 많은지 등을 통해 이 커뮤니티가 어떤 퀄리티를 가지고 있는지 판단할 수 있다. 아니면 하나 사서 그 안에 직접 뛰어들 수도 있다. 그러면 자연스럽게 투자자 그룹이 되는데 커뮤니티 안에 있는 사람들을 보고 판단할 수 있다. 이 커뮤니티가 정말 잘되기를 바라는 사람들인지 아닌지 말이다.

채굴용 NFT

채굴형은 채권을 가지고 있는 것과 비슷하다. 채굴이라고 표현했는데 가지고 있으면 토큰이 생성된다. 생성된 토큰은 다른 토큰과 교환해도 되고, 다른 곳에 사용할 수도 있다. 이게 마치 이자처럼 느껴지는 것이다. 토큰을 생성해서 줄 수 있는 이유는 NFT 발행자가 그 토큰을 만들었기 때문이다. 그냥 이 NFT 카드가 있으면 NFT가 알을 낳는 것이다.

배당이라는 개념으로도 생각할 수 있다. 또 어떤 이벤트에서 당첨이 되면 티켓을 주곤 하는데 이런 티켓 개념으로도 생각할 수 있다. 도서상품권이라고 생각할 수도 있다. 도서상품권은 현금은 아니다. 책을 살 때 사용할 수 있는데 현금으로도 교환이 된다. 혹은 커피 가게에서 커피 마시면 프리퀀시를 찍어주는 것과도 비슷하다. 프리퀀시를 다 모으면 선물을 주는데, 서너 개 부족한 사람들은 돈을 내고 프리퀀시를 구매할 수도 있다.

이처럼 채굴용 NFT는 NFT 카드를 가지고 있는 사람에게 주어지는 토큰으로, 이를 가진 사람들은 경매에 참여하거나 새로운 엔터테인먼트를 만드는 데 참여할 수 있다. 새로운 활동을 하면서 더 큰 수익을 기대할 수 있다. 그 NFT에 머무는 것이 아니라 확장이 되는 것이다. 만일 이 토큰을 가지고 싶은 사람이 있다면 이 토큰은 가치를 가지게 된다. 토큰이 생성되는 양이 이자처럼 계산되기 때문에 몇 퍼센트 정도의 이자를 얻는 것이냐로 따져 가치가 역으로 정해진다.

°투자형 NFT

예를 들어 누가 가상공간을 개발하겠다며 NFT를 발행했다고 하자. 이 NFT를 판매한 돈으로 가상공간에 멋진 오픈 월드를 만들겠다는 것이다. 오픈 월드가 건축이 되면 NFT를 산 사람에게 그 월드 안의 가상부동산에 대해 NFT를 통해 소유권을 인정하겠다는 것이다. 부동산 개발 투자인 셈이다. 만일 진짜 오픈 월드가 만들어진다면 그 월드의 땅, 즉 가상부동산은 한정돼 있기 때문에 NFT의 가치가 오를 것이다.

따지고 보면 있지도 않은 땅에 대한 권리증서를 사는 커뮤니티를 만들고 그 돈으로 오픈 월드를 만들고 그 땅의 소유권을 주겠다는 것이다. 이 경우 NFT는 일종의 교환증서이자 무보증 채권의 역할을 하게 된다. 나중에 오픈하면 땅을 너의 소유로 넘겨주겠다는 것이다. 만일 제대로 오픈이 되면 이 NFT는 10클레이나 0.01이더를 받고 파는 소유 증서가 아니라 이보다 10배, 100배 가치가 있는 소유 증서로 바뀔 수 있다. 그 땅에 원하는 시설을 짓거나, NPC$^{\text{Non-player}}$ ^{character}를 세워 놓거나 몬스터를 풀거나 광고판을 세우는 등 마음 대로 할 수 있기 때문이다. 바로 이런 것이 투자형 NFT이다.

또 하나 예를 들어 보자. 많은 분이 닌텐도의 게임 '동물의 숲'을 알 것이다. 플레이어가 동물들이 사는 숲속 마을에 합류해 산책, 곤충 채집, 낚시를 하고 이웃들과 교류하고 집을 꾸미며 사는 게임이다. 친구와 함께 즐기는 커뮤니케이션 게임이다.

만일 닌텐도가 동물의 숲을 닮은 '동물의 숲 월드'라는 것을 만들 겠다며 NFT를 발행했다고 해 보자. 지구 모양을 본뜬 땅이 있고 나라와 도시도 똑같다고 해 보자. 다 만들어지면 땅을 주겠다고 한다. 아마 그 NFT의 가치는 어마어마할 것이다.

그런데 닌텐도가 아니라 신생 회사가 동물의 숲을 닮은 게임을 NFT를 팔아서 만든다고 해 보자. 이 회사도 땅을 줄 거라고 한다. 그러면 NFT의 가치는 닌텐도보다는 덜할 것이다. 게임이 성공적으로 만들어져야 가치가 올라갈 것이다. 만약 발행한 NFT가 10만 장인데 겨우 40장만 팔렸고 내가 그중 한 명이라면 어떻게 될까? 휴지 조각이 되는 거다. 휴지는 휴지라도 있지, 이 NFT는 휴지도 없다. 투자형 NFT는 이런 것이다. 그래서 이런 사업 주체들은 NFT를 발행할 때

이 NFT에 자기네 테마 그림을 넣거나 게임 안에 등장하는 캐릭터를 만들어 발행하기도 한다. 어쨌든 커뮤니티가 와해되면 모든 건 휴지조각이다.

꼭 수익이 목적이 아니라 기부를 위해 NFT가 발행될 수 있다. NFT를 발행해 아프리카에 병원을 짓는 데 사용한다거나, 환경 보호 혹은 미얀마의 임산부들을 도울 수 있는 것이다. 이 NFT를 산다는 것은 그 행위에 동참하는 것을 의미한다. NFT로 발행이 되기 때문에 이런 기부나 자선사업도 투명하고 깔끔하게 진행된다. 모든 자금의 흐름과 성과를 한눈에 확인할 수 있다.

3. NFT에 투자할 때 놓치지 말아야 할 것

°**로드맵을 볼 줄 알아야 한다**

NFT의 계획을 밝히는 것을 로드맵이라고 하는데, NFT에 투자하기 위해서는 이 로드맵을 볼 줄 알아야 한다. 필자가 진행하는 NFT프로젝트를 예로 들어 설명해 보겠다.

 필자가 진행하는 NFT는 [FEWK; 동방의 하얀나라 Far East White Kingdom]이라는 이름이며 세계관 설정 NFT 시리즈들과 [FEWK; 4teens DDOGG]라는 1만 장의 제너레이티브 아트 NFT로 구성되어 있다. OYAT오얏이라는 클레이튼 기반의 토큰이 FEWK 세계관 내의 다양한 활동을 위해 준비되었다. 다른 암호자산이나 토큰과는 달리 이 토큰을 '플레이어블 밈 토큰'이라고 부르며 투자예치나 권유, 자산가치의 유지나 향상을 약속하지 않으며 투자 대상으로서 확보하는 것을 백서로서 금지하는 놀이용 토큰이다. 이 토큰은 FEWK; NFT를 보유한 사람들에게 하루 일정량이 지급되고, FEWK;에서 발행하는 NFT와 교환할 수 있다.

FEWKwiki.com이라는 FEWK;세계관을 다루는 위키가 개설되어 운영되고 있고, 여기에는 NFT와 컬래버레이션 NFT아트 작품들이 컬렉터 정보와 함께 총망라되어 있다.

Wnftart.com이라는 하얀나라 White Kingdom NFT아트 마켓도 개설되어 운영되고 있다. 이 마켓은 앞서 설명한 OYAT으로 FEWK; 관련 NFT를 교환 획득할 수 있는 클레이튼 블록체인 기반의 마켓이다.

이후 FEWK; NFT를 가진 사람에겐 FEWK 위키백과사전의 집필 권한이 주어지며, DDOGG NFT를 가진 사람들에게 이 집필물에 투표할 수 있는 권한을 부여할 것이다. 투표로 인기를 일정 수준 얻은 집필물은 FEWK의 마켓에서 NFT로 자동 출시되어 판매되는 데, 수익으로 받은 OYAT은 집필자와 투표자에게 배분된다. 그리고 판매된 NFT 작품은 FEWK의 세계관을 확장시키는 도구로 사용된다. NFT 소유자에게 매일 OYAT을 선물하고, 그 지위에 따라서 집필권을 부여 한다.

DDOGG NFT의 보유자들은 매일 OYAT을 획득하고, 위키의 인

기투표에 참여함으로써 OYAT을 추가 획득할 수 있다. 투표에 제한 시간이 있기 때문에 잘 팔릴 만한 좋은 내용의 집필물에 투표해야 할 것이다.

이렇게 FEWK NFT, 위키 백과사전 사이트, FEWK OYAT 토큰, FEWK NFT마켓을 연결하는 순환 확장 구조는 FEWK;세계관의 IP가치를 높이고 이를 바탕으로 전개되는 IP 콘텐츠 사업의 수익은 콘텐츠에 재투자되어 기존 NFT들의 가치를 향상시킨다. 이런 계획을 밝힌 것이 로드맵이다.

° **가상 사례; NFT를 통한 오픈 월드 공연장 제작 및 공연**
어떤 NFT 프로젝트는 10종의 가상 가수로 구성된 캐릭터 NFT를 가수 당 100개씩 총 1,000작을 매주 출시하는 계획일 수 있다. 이렇게 10주 동안 매주 공급하여 인기 있는 캐릭터와 인기가 없는 캐릭터를 투표 집계하듯 판매한다. 그렇게 진행하다가 5주차부터 인기가 가장 없는 캐릭터를 하나씩 탈락시키고 해당 캐릭터 NFT를 소유한 사람은 원하는 다른 캐릭터로 바꿔주는 계획을 세울 수 있다. 이 NFT 프로젝트를 위해 토큰이 발행될 것인데, 현금과 교환되지는 않아도 향후 티켓이나 여러 가지 용도로 사용될 수 있다.

이렇게 NFT 판매가 진행되는 동안 가상의 공간이 제작되고, NFT를 가진 사람은 자신의 캐릭터를 만들어 갈 수 있다. NFT를 100개

이상 가진 사람은 100명의 NFT 캐릭터들이 모여 있는 클럽 공연장의 구매 권리를 받을 수 있다. 가상의 공간이 100장 단위로 NFT를 구매한 사람들에게 제공되는 것이다. 이 공연장은 앞서 NFT 소유자들에게 나눠주는 토큰으로 구매할 수 있다.

티켓을 직접 NFT 소유자에게 나눠주지 않고 토큰을 통하는 이유는 티켓을 사서 공연을 보지 않는 소유자들에게도 그 이익을 나누기 위함이다.

이후 가상의 가수들이 행사에 나서면 가상공연장을 가진 사람들은 가수의 행사 유치를 위해 경매에 참여하여 공연을 낙찰 받을 수 있다. 공연을 시청하기 위해서는 NFT 캐릭터가 필요하고, 티켓으로 교환하려면 토큰 3개월 치 혹은 공연장 소유자가 결정한 토큰 수가 필요하다. 티켓 역시 NFT로 발매되며, 얼리버드 할인을 제공하기 때문에 일찍부터 토큰과 교환하여 티켓을 확보한 후 이 티켓을 또 NFT로 거래할 수 있다.

토큰은 이런 식으로 사용처가 늘어나고, 티켓을 구매하거나 공연장 주인이 공연장을 확충하고 가수를 초빙하는 데 사용할 수 있다. 공연장을 유지하기 위해서도 유지 토큰이 필요한데, 사람들은 더 높은 이율을 제공하는 공연장에 자신의 토큰을 투자할 수 있다. 이 투자를 통해 공연장 주인으로부터 무료 티켓을 약속 받을 수도 있다.

이 토큰이 거래소에서 거래된다면 투자의 대상이 될 수 있고, 공연사업 유치를 위해 활발히 사용될 수 있다. 토큰을 운영하는 프로젝트 진행 측에서는 토큰을 대량으로 사서 보유하는 사람들을 위해 토큰을 보관해 두는 대가로 이자를 제공하기도 하는데, 이를 스테이킹Staking이라고 한다.

또한 토큰을 다른 가상자산과 교환하기 위해 두 종류의 서로 다른 토큰을 동시에 예탁하는 풀Pool을 운영할 수 있다. 이 예탁을 LP라고 하며 이 풀이 없으면 교환할 수 없기 때문에 높은 보유고를 위하여 LP 포인트만큼 토큰을 추가 획득하는 이자를 제공할 수 있다. 이를 풀 예치라고 하며, 디파이Defi, 탈중앙화 금융라고 부르는 가상자산 투자 형태의 기본형이 된다.

이 NFT 프로젝트는 가상세계에서 공연장을 제작하고, 건물을 판매하고, 캐릭터를 위한 NFT의 가치를 올리고, 티켓과 NFT를 같이 제공하는 판매 사업을 진행하며, 그 수익을 자신의 토큰 가격을 올리는 데 사용한다. 또한 이 프로젝트는 NFT의 재거래가 활발하게 이루어지면 그 거래마다 10%의 로열티를 받아서 그 수익으로 다시 토큰 가격을 유지하고 공연장 가상세계를 개발하는 데 사용할 수 있다.

이제 오픈 월드 공연장 제작 및 공연 프로젝트는 가상 사례 NFT를 통해 이런 계획을 밝히는 로드맵을 발표할 수 있고, 이것을 본 사람들은 이 NFT가 무엇을 위해 존재하며 어떤 가치를 제공할 수 있을지 판단할 수 있을 것이다.

일반적 로드맵은 이렇게까지 상세히 구술되어 있기보다는 그냥 NFT를 판매하여 모은 암호화폐로 무엇을 할 것인지 간략하게 적혀 있다. 이 로드맵은 투자설명회나 기업 IR, 사업계획서가 아니기 때문이다. 하지만 내용이 상세하고 이전의 이력이 많을수록 사람들은 더 높은 신용을 부여할 것이다. 자세한 내용은 커뮤니티를 통해 알 수 있다.

° **3D NFT와 영상 NFT에 대한 생각**

'Y가 없으니 등장하면 새롭지 않을까?'라는 생각은 무척 좋다. 하지만 그 전에 X가 유행하는 이유에 대하여 냉정한 판단을 해야만 한다. 실제로 많은 기성 작가가 기존의 NFT 작품의 이미지만을 보고 자신의 실력이면 NFT에서 당연히 이름을 날리며 존경과 구매의 대상이 될 것이라고 믿었다가 고초를 겪는다.

필자는 픽셀Pixel, 화면의 가장 작은 단위이 새로운 기술이나 장비의 유행을 여는 것을 몇 번이나 보아 왔다. 픽셀 그래픽은 과거에는 기술적 한계가 있었지만, 지금은 기호와 상징의 영역이 되었다. NFT 역시 픽셀 또는 매우 단순한 그림으로 시작되었다. 그림은 매우 직관적이고 편안하다. 동영상이 시청 시간이 필요한 반면, 그림은 직관적이다.

공연 예술, 설치 미술도 분명 그 길을 찾을 것이다. NFT 작가 중에 모래예술을 하는 샌드방https://twitter.com/sandbang NFT 작가가 공연 그 자체를 주제별로 NFT화한 방식이나, YAYOseoulhttps://opensea.io/collection/yayo-card-series 작가가 드로잉 시리즈를 통해 하나의 작품을 한 편의 영상으로 만든 컬렉션은 필자에게 매우 인상적이었다. 이런 발전을 통해 모든 예술이 차례차례 NFT화될 것이다.

그러나 설사 그 원작이 유명하고 인기 있다고 해도 기존 영상을 적당히 잘라서 내놓거나 3D로 만들 경우, 더 높은 해상도라고 해도 그 NFT의 가치가 더 크게 인정받는 것은 아니다. 3D NFT가 별로 없는 이유는 다 망했기 때문에 없는 것이다. NFT는 기술적으로 오지에서 시작된 것도 아니고, 등장 시점부터 픽셀로 구현해야 할 만큼 기술적인 표현 방법이 부족했던 것도 아니다. 자칫 유치해 보이고 수준 낮아 보이는 것들은 극초기여서, 참여한 작가들이 아마추어여서만도 아니다. 그 작품들이 수집가들의 선택을 받고 커뮤니티로부터 가치를 부여 받았기 때문에 살아남은 것이다. 오픈씨에서 컬렉션 랭킹https://opensea.io/rankings을 볼 수 있는데, 아디다스 같은 유명 브랜드의 첫 컬렉션이 가지는 부가가치와 지명도는 둘째치더라도, NFT 제너레이티브 아트의 간판 격이라고 할 수 있는 BAYC Bored Ape Yacht Club https://opensea.io/collection/boredapeyachtclub 는 2021

년 크리스마스 시점의 시세로 6,145이더리움, 즉 약 306억 원의 볼륨을 가지고 있다. 최근 급부상한 메타콩즈https://opensea.io/collection/the-meta-kongz는 클레이튼 블록체인 기반으로 353이더리움, 즉 17억 원 정도의 가치를 가지고 있다. 국내 NFT 프로젝트로서 초기 대표성이 있다고 할 수 있는 DSC MATES https://opensea.io/collection/dogesoundclub-mates 프로젝트는 65이더리움의 가치이다. NFT 1만 장의 최초 배포가격은 약 1만 원 상당의 가치였지만, 지금 1장의 최저가격은 1200클레이튼, 약 200만 원의 시세를 가지고 있다. 국내 뉴스에도 보도된 바 있는데 '돌이 그려진 NFT'라는 클레이락스 https://opensea.io/collection/klayrock는 돌덩이를 그린 NFT 하나에 146이더리움의 볼륨과 최저호가 2,500여만 원 상당의 클레이튼으로 매물에 올라왔다. 최종 실제 거래 체결 최고액은 21,000클레이튼으로 현재 시세로 약 3,500만 원 상당의 가치를 가졌다.

    이 NFT 컬렉션들의 시세는 실질적 가치나 효용을 계산하는 커뮤니티 밖에서는 이해하기 힘든 것이다. 그렇다고 이 가치를 허영이나 무지로 평가절하 하는 것은 너무 이르다. 가치는 본래 커뮤니티가 부여하는 것이다. 종교 작품이나 예술품이 비신자나 예술적 공감을 하지 않는 사람에게는 함유된 금의 가치 정도겠지만, 그 가치를 인정하는 사람에겐 엄청난 고액의 가치를 가지는 것이다. 문화재들의 가치를 진품 감정 TV프로를 통해 익히 보았을 텐데, 커뮤니티가 부여하는 가치 부여는 커뮤니티의 크기만큼 안정성이 있고 가치가 있다.

 현명한 투자자들은 자신이 속하길 원하는 커뮤니티에 투자해야 한다. 자신이 신용을 부여할 수 있다고 생각되는 커뮤니티의 현실적 크기와 미래 예측 가치에 투자하여야 한다. 눈에 보이는 것만으로 경솔하거나 가벼운 접근을 할 것이 아니라 형성된 가치 그 자체를 면밀하게 분석하여야 한다. 최소한 그 안에는 그 작품의 가치에 동의한 커뮤니티가 있고, 눈에 보이지 않는 이익 가치 흐름과 확장, 그리고 거버넌스가 있다.

°**NFT 게임에 투자하는 것**

NFT 게임을 개발하겠다고 발표하는 것만으로도 주가가 오르는 현상 때문에 많은 게임회사가 NFT 게임 제작을 앞 다투어 발표하고 있다. 그러나 필자는 개발사가 NFT에 대한 기본적인 이해조차 없거나 NFT게임을 블록체인 프로그래밍 또는 버추얼 그래픽 구현만으로 쉽게 생각하는 경향이 있다고 느낀다.

 게임은 메타버스가 논의되기 한참 전부터 온라인 소셜을 비주얼적이고 논리적으로 구현한 경험이 있다. 이는 게임회사가 메타버스 시대에 어드밴티지를 가지고 큰 기여를 할 수 있음을 의미하지만, 반면 문화와 IP를 갖추지 못한 채 제조사에 머무르게 될 수도 있음을 의미한다. 게임은 '게이머'라는 특별한 사람들의 집단에 대응하기 위해 발전해 왔다. 그러나 게이머는 메타버스 시대의 '일반인' 영역과는 또 다르다. 이 차이를 모르면 '메타버스 = 재미없는 게임'이 될 수 있다.

가령 게임 안에서 NFT 혹은 코인을 획득해서 현금으로 바꿀 수 있다는 정도의 개념은 너무나 단순하고 기획적 요소도 없으며 국내 법상 불법이다. 무엇보다 P2E$^{Play\ to\ Earn}$ 즉, 국내에서는 속칭 '쌀먹'으로 불리는 코인 수익모델의 경우 코인 펀더멘탈이 핵심인데 이 역시도 넘어야 할 장벽이 많다. 코인 사업에서 코인의 유통을 증가시키는 목적이 아니라 게임의 수익을 향상시키는 목적으로 쓰기에도 배보다 배꼽이 더 큰 경우가 많다. 실제로 갑작스러운 NFT 게임 제작 계획 발표는 그 안에 세심한 기획과 경제 흐름 구조가 잡혀 있다고 생각하기 힘들다. 제대로 만들려고 했다면 NFT 프로젝트 사업의 로드맵이 유틸리티 NFT의 기능, 게임 및 게임 캐릭터의 작용과 유저의 활용, 구매자 입장에서의 가치 향상까지, 세 가지 요소가 모두 별도로 작동하도록 기획되어 있어야 한다. 그냥 게임을 하는 사람이 필요하니까 비싸게 사 줄 것이라는 생각은 너무나 안일하다. 또한 제작된 맵에서 제작된 몬스터를 죽이고 제작된 레벨업을 하는 게임 역시 옛 방식에 NFT란 이름만을 붙인 것이다. NFT 작가와 제작자가 참여하고, 경제 흐름을 만들 수 있는 크리에이터를 위한 공간과 다방면의 커뮤니티가 존재하고, 서로 교류할 수 있는 요소와 그에 따른 내부 재화의 수익과 소진이 함께 존재하는 것이 바람직하고 건강한 형태라고 할 수 있다.

투자를 위해 살펴봐야 할 것은 단순한 NFT 게임 제작뿐 아니라, NFT 프로젝트로서 NFT의 공급, 가치 향상의 방법, 인플레이션에 대한 유통량 소각과 수량 감소의 계획, 토큰 펀더멘탈이 있는지, 있다면 어떤 백서와 로드맵을 가지고 있고 법률적 분석과 대응을 준비하고 있는지, 없다면 NFT를 어떻게 매각하고 유통하며 재거래 요인을 발생시키는지, 그 유인 요소가 '게임이 재미있어서' 외에 다른 것이 있는지 확인해야 한다. 무엇보다 이 모든 것이 게임 본연의 세계관과 연결되어 있어야 한다. 단순히 시세 차익을 얻으려는 사람들의 자금에만 모든 것을 의존하고 있다면 이것은 구조상 폰지사기와 비슷한 원리거나 버블 그 자체일 수 있는 것이다.

°NFT 프로젝트에서 가장 중요한 것

첫째는 아이덴티티이다. 아이덴티티는 여러 가지 목적으로 만들어지는데 콘셉트, 디자인, 외적 요소들을 모두 일관되게 만들어 준다. 좋은 아이덴티티는 존재만으로 메시지를 전한다.

아이덴티티는 여러 가지 말과 표현보다는 단일 이미지의 상징과 기호로 만들어지는 편이 좋다고 생각한다. 정작 필자의 세계관 NFT인 FEWK는 굉장히 긴 문장들로 이루어져 있는데 그건 그 나름의 전략과 세계관이라는 콘텐츠의 특성 때문이지 이런 방식이 좋다는 뜻은 아니다. FEWK;는 텍스트 설정과 내용에 공감하여 컬래버레이션에 참여한 작가가 현재 50명에 이르지만, 단 하나의 이미지로 작가들의 참여를 이끌어 낸 리드미컬 클럽https://twitter.com/rhythmicalimage의 사례가 더욱 성공적이라고 할 수 있다.

아이덴티티에 기초하려고 노력했다면 색감이든 음악이든 그래픽이든 구성이든 모든 것에서 어떤 통일감을 느낄 수 있다. 전반적인 통일감이 있으면 커뮤니티가 공통된 어떤 메시지에 동의할 수 있고, 서로 공통점이 있는 커뮤니티가 생성될 수 있다.

이런 통일감은 누구는 포켓몬 카드를 모으고, 누구는 따조를 모으고, 누구는 동전을 모으는 것 같은 분리된 차별성이 아니라, 각자가 하나의 종류를 모으는데 모두가 어떤 동질감을 느끼는 유행에 따라 모으게 된다. 그래서 이때 종류들 간의 차이는 사전적 정의와 같은 의미다.

사전적 정의는 '포함되는 것'을 말하고, 어떤 것이 그중에서 어떤 차이가 있는지 언급한다. 예를 가볍게 들면 '영의정'의 사전적 정의는 '[명사] 조선 시대 의정부의 으뜸 벼슬'이라고 되어 있다. 조선 시대 의정부의 벼슬들이 있고, 그 안에서 영의정은 으뜸간다는 차별성을 가진다.

이렇게 아이덴티티는 사전적 정의와 같은 구조로의 확장성을 가지게 된다. 제너레이티브 아트 프로젝트는 그 공통의 아이덴티티에서 만들어진 이미지를 1만 개의 차별성, 즉 동일한 차별성을 구현한 것이다.

필자는 OSMU One Source Multi Use: 단일 IP의 다양한 사용가 아니라 MUOS Multi Use One Source: 다양한 사용을 통해 합쳐지는 하나의 IP의 시대라고 주장해 왔는데, 성공적인 IP와 커뮤니티가 만들어지고 로드맵이 펼쳐지기 위해서는 이런 공통된 아이덴티티 안에서 개별적 차별성을 가지는 개념과 철학이 필요하다. 그렇지 않으면 커뮤니티는 시세 차익을 기대하는 사람들로 가득 차고, 더 많이 산 사람이 무조건 더 큰 목소리를 내고, 프로젝트 운영자들에게 단기적 시세 급등을 위한 활동을 강요하게 된다. 이런 상황에서 프로젝트와 IP의 가치가 어느 쪽으로 흘러갈지는 뻔한 노릇이다.

필자가 강조하는 싶은 세계관은 바로 이 아이덴티디에 정성을 쏟는 것이다. 각 개인의 공통적이고 개인적인 아이덴티티를 바탕으로 구성원이 NFT를 중심으로 IP의 확장성을 만들어 가는 것이다. 메시지에 일치된 세계관은 진정성을 느끼게 하고 이 메시지에 동의한 사람들에게 이 프로젝트에 가치와 신용을 부여해도 좋다는 표시가 되는 것이다.

NFT 프로젝트들은 대부분 중앙화되어 있지 않다. 그 가치는 커뮤니티의 가치 부여로 발생한다. 진정성과 성의가 없는 NFT는 진정한 NFT투자자들이 아닌 버블의 기회를 노리는 사람들의 투기 수단이 되고, 지속적 가치를 부여해 줄 커뮤니티가 없다면 이 작품들의 가치는 어느 순간 기하급수적으로 폭락하게 될 것이다.

° **NFT 프로젝트는 얼마나 크고 치밀해야 하는가?**

불과 몇 달 만에 수많은 NFT 프로젝트가 생기고, 작가 중심이거나 몇 명의 소그룹이 아닌 기업형 NFT가 선을 보이고 있다. 하지만 저마다 자신이 가진 역량을 바탕으로 프로젝트를 진행하고 있다는 것을 잊으면 안 된다. 부족한 역량으로 스케일을 과장해도, NFT 시장을 경험해 온 수집가들은 내성이 있기 때문에 휘황찬란한 사업계획에 크게 반응하지 않는다. 신뢰하지 않거나 내가 끼어들 시점이 아니라고 생각할 것이다.

어떤 유명인이나 IP를 섭외함으로써 가치를 과시할 수 있지만, 한국 NFT 시장은 기본적으로 국가 법령의 진입장벽이 존재한다. 일반인들의 팬덤이나 인식이 NFT 시장까지 들어오기에도 아직 넘어야 할 산이 많다.

전자지갑은 전자적으로 복잡해 보이고, 메인넷의 차이로 인한 전송사고가 끊임없이 발생하고, 거래소에 현금을 옮기기 위해서는 특정 은행을 가야하고, 지정된 은행을 가도 통장 개설 목적에 가상자산 거래라고 기재하면 창구에서 거절당하는 수상한 모순이 있다. 암호화폐에 대한 부정적 인식과 NFT의 가치에 대한 의심과 불안정성을 넘고, 그리 친절하지 않은 NFT마켓들의 메뉴와 싸우고, 자신이 구매한 NFT가 대체 어디에 있는지 찾아 헤매야 하는 문제도 있다.

   이 상황은 마치 지금의 인터넷 시대가 아닌 옛날 옛적 원속^{Winsok} 같은 특수한 프로그램을 설치해서 모뎀 통신을 인터넷 통신으로 바꾸고 기계적으로 보이는 복잡한 프로그래밍 설치를 지나 옐로페이지라는 정보로 미리 URL이나 IP주소를 확보해서 인터넷 홈페이지에 접속해야 하는 1990년대 초반의 인터넷 환경같이 느껴진다.

   지금의 NFT 아트시장은 그보다 더 빠르게 발전할 것이다. 사용자 5,000만 명 확보에 라디오는 38년, TV는 13년, 인터넷은 4년, iPod는 3년이 걸렸다. 반면에 페이스북은 9개월이 채 안돼서 사용자가 1억 명에 도달했다. 이 비약적 상승이 가능했던 것은 관련된 실물 보급의 한계가 없었기 때문이다. 없어서 못 팔거나 사용하지 못하는 일이 없는 무형의 서비스는 그 속도를 더 가속화해 나갈 것이고, NFT 역시 메타버스와 함께 더 빠른 전개가 이뤄질 것이라 믿는다. 더 편리한 전자지갑과 NFT마켓 그리고 마치 게임처럼 자연스럽게 느껴지는 참여와 활동이 이뤄지면 크리에이터와 커뮤니티는 더 귀한 자산이 될 것이다.

그래서 지금 단계에서는 NFT 시장에 이미 진입해 있는 수집가, 참여자, 암호화폐의 자산가를 고객의 대상으로 삼는 것이 맞다고 생각한다. 그러기 위해서는 바깥의 유명세보다 내부의 문화와 정서를 먼저 파악해야 한다. 또한 오래 준비하고 기획하기보다는 그 씨앗이 될 초기 활동을 어떻게든 빨리 시작하는 편이 좋다. 하지 않으면 잘할 수 없다. 신생 시장을 해보지도 않고 무시하는 것도 문제지만, 해보지 않고 잘하려는 것 역시 지나친 욕심이라고 할 수 있다.

필자가 생각하기에 가장 바람직한 것은 커뮤니티와 함께 성장해 나가는 것이다. 작은 것부터 시도하고 공개하고, 이에 동의하여 모인 사람들을 소중히 여기면 커뮤니티는 저절로 커나갈 것이다. 커뮤니티 구성원의 자발적 확장 없이 커뮤니티는 성장해 나갈 수 없다. 본래 예술품은 작가의 작품 세계나 공동체의 개념, 다른 세계의 세계관을 현실에 가져온 것이다. 그렇기 때문에 부가가치가 있는 것이다. NFT의 세계가 예술가, 크리에이터의 세계인 이유는 이들이 이 세계의 필수 요소이기 때문이다. 가상세계이기 때문에 그 비율이 현실보다 훨씬 더 크고 의미 있다고 할 수 있다.

모든 사업이 진행자의 마음대로 흘러가는 것은 아니지만, 초기의 커뮤니티를 어떤 사람들로 채우고 싶은지 정도는 명확히 생각해 놔야 한다. 도덕성이나 교과서적인 바람직함이나 올바름, 커뮤니티 전체의 발전이라는 측면뿐만 아니라 비즈니스적으로도 그렇다. 단기

확대를 위해서 주요 컬렉터 중심으로 적은 컬렉터 수와 많은 보유량으로 작고 단단한 고부가가치의 커뮤니티를 구성할 수도 있고, 낮은 가격, 많은 보유자 수, 부담 없는 가벼운 콘셉트로 저변을 늘려가는 커뮤니티 방향성도 있다. 이런 어떤 기준들이 사업 로드맵과 일치해야 NFT에 익숙한 사람들에게 모순 없고 진정성 있는 모습으로 인정받고 다소의 서투름도 초기의 추억으로 이해될 수 있을 것이다. 어정쩡한 흔들림보다는 그렇게 계획하여 모인 사람들에게 목적에 맞는 로드맵을 제시하는 것이 좋다.

시작은 누군가 하더라도 그 메시지와 콘셉트, 가치는 모두의 것이다. 그렇기 때문에 프로젝트는 참여자의 자리를 보장해야 하고, 그러기 위해서는 초기 단계부터 비전을 공유하며 함께 성장해야 튼튼하고 건강한 커뮤니티를 만들 수 있다. 그리고 그 커뮤니티에서 만들어진 신용이 가치의 성장으로 확장되어 감으로써 자산과 연결되는 가치사슬과 콘텐츠의 확장을 지속적으로 가져올 수 있다. 구현 방식과 앨범, 웹툰, 웹소설, 만화, 애니메이션, OTT 영화, 드라마 등 매체의 유형은 당연히 부차적으로 따라오는 것이 된다. 결론을 말하자면 초기는 초기답게 구성하면 된다. 단계별로 무상의 NFT를 제공하는 에어드랍, 다른 NFT 작가와 컬렉션과의 제휴, 추가 콘텐츠의 개발, 토큰 이코노미의 형성과 다른 토큰 이코노미와의 제휴 등이 따라올 수 있다.

뒷장에 이어지는 '오픈씨 계정을 만들고 거래하는 방법'과 '파운데이션 마켓에 경매하는 방법'은 NFT를 시작하려는 분들이 꼭 알아야 할 필수적이고 구체적인 내용이다.

Created by WhtDrgon(김동은) • NFT 작품 • Despair specialist KIM

4장

오픈씨에 계정을 만들고 거래하는 방법

인터넷 브라우저 선택

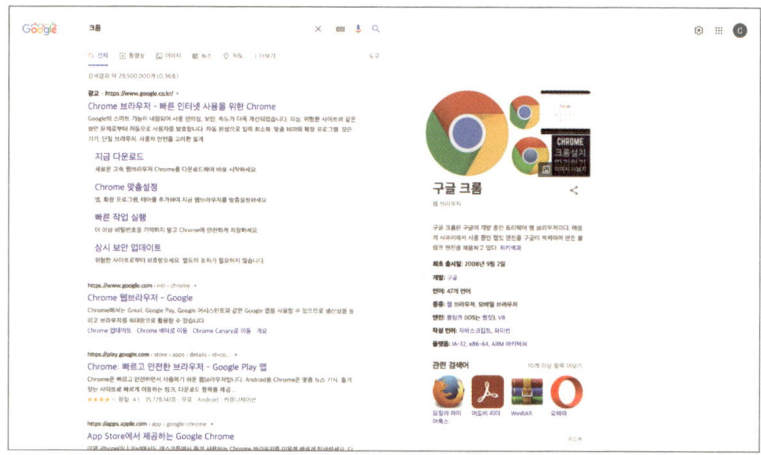

오픈씨는 모바일 앱도 있지만, 기능이 한정적이어서 여기서는 PC를 기준으로 설명한다.

〉먼저 인터넷 웹 브라우저를 선택한다.

네이버 등 인터넷 서핑을 하는 분들이라면 이미 설치되어있을 것이다. NFT마켓이 처음이고, 전자지갑이 없다면 마이크로소프트 엣지나 크롬, 익스플로러를 권한다. 파이어폭스 등 다른 브라우저도 지원하지만 이 브라우저를 다룰 정도면 이 단계의 설명은 필요없을 것이다. 필자는 크롬 브라우저를 사용한다.

- 마이크로소프트 엣지 https://www.microsoft.com/ko-kr/edge
- 크롬 익스플로러는 https://www.google.co.kr/chrome

이 매뉴얼은 편의상 크롬 브라우저를 기준으로 작성되었다.

〉브라우저를 설치, 실행시킨다.

보안상의 이유, 여러 계정을 운영하게 될 때를 위해 브라우저를 로그인 상태에서 사용하길 권한다. 오른쪽 위에 사람모양 모습으로 되어있다. 크롬을 계정 로그인 하기 위해서는 Google에 가입해야 한다.

〉인터넷 주소창에 https://Opensea.io를 치고 엔터를 누른다.

오픈씨 Opensea.io 둘러보기

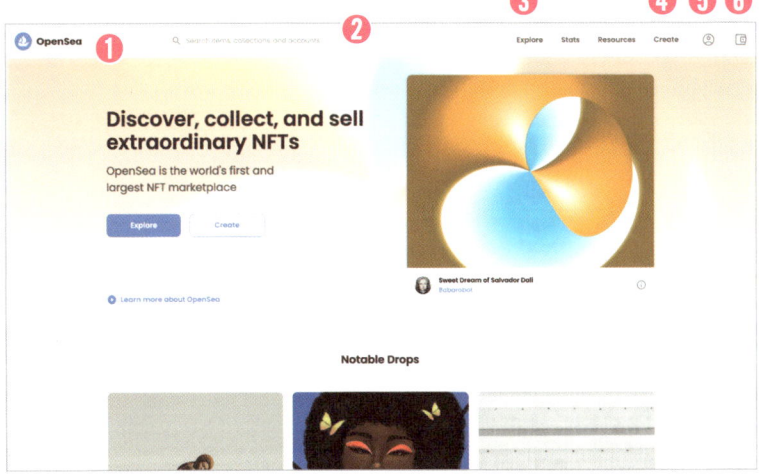

° 오픈씨 첫화면

오픈씨의 첫 화면이다.

1. Opensea; 오픈씨 로고를 누르면 홈화면, 지금 화면으로 돌아온다.
2. Search; 검색창에 검색할 글자를 치면 중간 검색결과를 화면에 보여준다.

3. Explore; 돌아다니기. 오픈씨가 추천하는 여러 콜렉션들을 볼 수 있다. 오픈씨에서 '콜렉션'이란 작품의 한 묶음 단위인데, 한 명의 작가가 여러개의 '콜렉션'을 만들 수 있다. 컴퓨터에서 파일들이 모여있는 디렉토리명이라고 생각해도 된다.
4. Create; 제작. 작품을 만드는 메뉴. 나중에 알아보자.
5. (프로필아이콘) : 이곳은 로그인 메뉴이다.
6. 이곳은 지갑에 보관된 각 코인과 수량을 보여준다. 로그인 하면 자동으로 나온다.

〉스크롤을 내려본다.

여러 기능들이 있지만, 먼저 가장 흥미로운 것부터 알아보자.

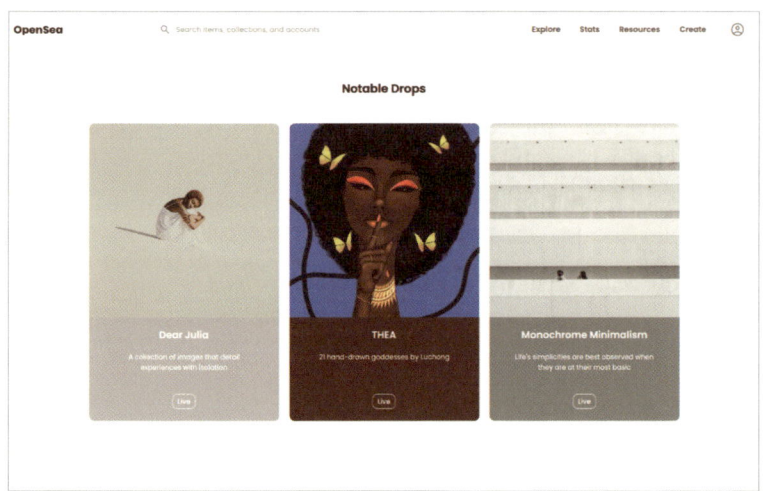

Notable Drops는 오픈씨가 추천하는 '콜렉션'이다. 여기에 소개되는 것이 꿈인 작가들이 많다.

〉스크롤을 내려보자.

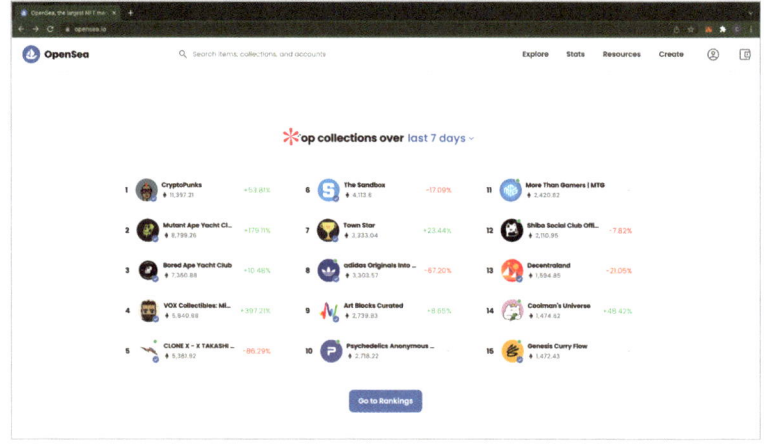

＊Top Collections Over [Last 7 days]; 이곳은 최근 7일간 오픈씨 '콜렉션'들의 랭킹이다.

7일간의 거래량 등 순위를 보여주는데, 지금은 대체로 수량과 금액 면에서 압도적인, 제너레이티브 아트들과 유틸리티 NFT 들이 대부분을 차지하고 있다. 제너레이티브 아트 NFT와 유틸리티 NFT는 책 본문을 참조하자.

〉Go to Ranking을 클릭한다.

아래에도 여러가지 메뉴가 있지만, 이곳을 먼저 살펴보자.

° 오픈씨 콜렉션 랭킹

1. Collection은 콜렉션 이름이다.

_ 사진에서 현재 1위는 크립토펑크 CryptoPunks이다.

• Volume; 볼륨은 콜렉션 내 거래를 기반으로 작품 전체의 가치 산출이다. 여기를 누르면 볼륨의 순서·역순으로 정렬할 수 있다.

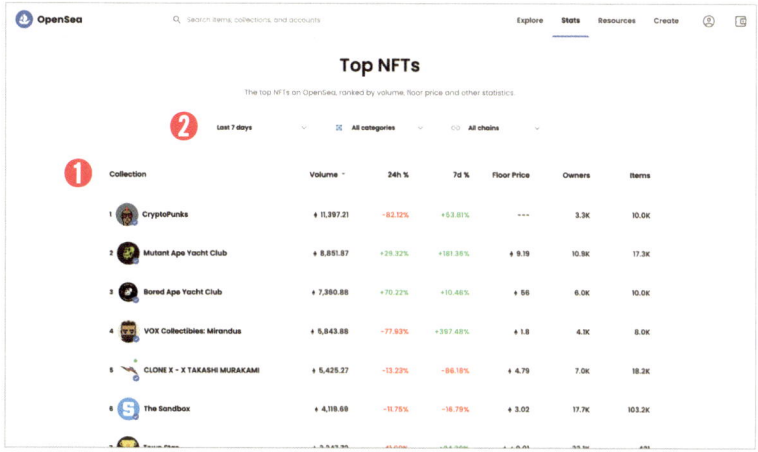

- 24h%; 지난 24시간동안의 거래량 변화를 표시한다.
- 7d%; 지난 7일간의 거래량 증감을 보여준다.
- Floor Price; 콜렉션 내 NFT의 일반 가격을 보여준다.
  - 여기서 표시되는 검은색 마름모는 이더리움^{ETH} 암호화폐란 의미이다.
- Owners; 보유자. 이 숫자는 이 콜렉션을 보유하고 있는 사람의 숫자이다. K는 1천명 단위를 의미한다.
- Items; 이 콜렉션의 NFT 갯수이다. 10.0K는 이 콜렉션에 1만개의 NFT가 있다는 뜻이다.

2. 위쪽을 보면 네모난 칸으로 3개의 칸이 있다.
   - Last 7 days; 지난 7일간을 의미한다. 24시간, 30일, 전체를 선택할 수 있다.
   - All categories; 지금 모든 분야의 콜렉션 랭킹을 보여주고 있다는 뜻이다. 카테고리는 운영진이 분류하는 것이 아니라 콜렉

션을 만들 때 작가가 스스로 고르는 것이라 큰 의미는 없다.
- All Chains; 체인은 블록체인을 말한다. 지금은 오픈씨에서 다루는 모든 '체인 = 토큰'을 보여주고, 누르면 이더리움, 폴리곤, 클레이튼을 고를 수 있다.

〉1위를 골라보자. 독자가 지금 살펴볼 때 1위는 다른 콜렉션일 수 있지만 사용법을 익히는데 큰 차이는 없을 것이다.

콜렉션; 프로젝트, 콘셉트
° 콜렉션

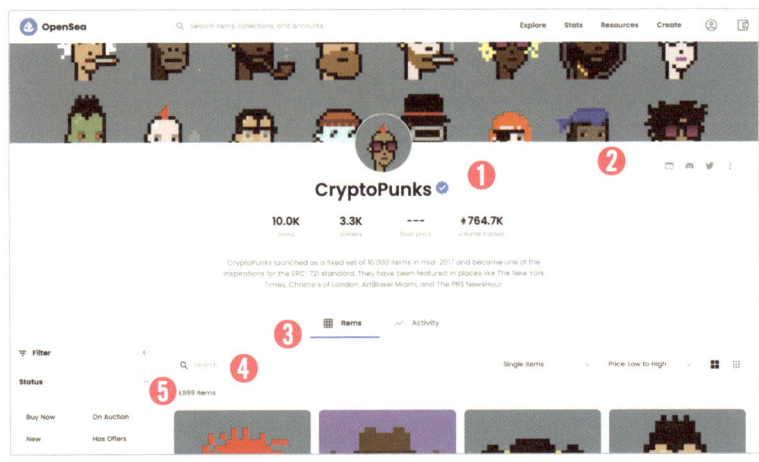

이곳이 콜렉션 화면이다. 오픈씨의 콜렉션은 대부분 이렇게 생겼다.
1. 이름 옆에 파란색 체크표시는 오픈씨가 공식적으로 확인한 콜렉션이라는 뜻이다. 체크가 되어있지 않다고 해서 사기나 가짜 콜렉션이라는 뜻은 아니지만, 체크가 되어있다면 좀 더 믿을 수 있다.

2. 오른쪽의 네모난 칸 4개
- 첫번째 네모는 이 콜렉션에 연결된 홈페이지이다.
- 두번째 네모는 연결된 '디스코드' 커뮤니티 링크이다.
- 세번째 새모양은 연결된 트위터 링크이다.
- 네번째 점 3개는 추가 메뉴인데 지금은 'Report'만 보인다. 이 메뉴는 부적절하거나 가짜 콜렉션 등을 신고할 때 쓴다.

3. 아래의 아이템Items과 액티비티Activity
- 현재 사진에 Items가 선택되어있는데 콜렉션의 NFT들의 리스트이다.
- Activity는 시간별 거래량, 거래기록, 금액 등을 보여준다.

4. 네모난 칸 5개
- Search; 탐색은 이 콜렉션 내에서 타이핑한 글자로 검색하여 해당하는 아이템NFT을 보여준다.
- Single Items; 싱글아이템은 단일 NFT를 보여주고 있다는 뜻인데 누르면 All Items와 Bundle이 나온다. 번들은 이 콜렉션 내에 2개 이상의 NFT 묶음 판매상품을 보여준다.
- Price low to High; 현재 가격별로 낮은 가격에서 높은 가격순으로 보여준다는 뜻이다. 누르면 아래 중에 고를 수 있다.
  · Recently List; 최근 판매listing를 시작한 최신 순
  · Recently Created; NFT작품이 제작된 최신 순
  · Recently Sold; 판매된 최신순
  · Recently Received; 받은 순서인데 이 콜렉션은 해당 사항이

없다.

- Ending Soon; NFT가 판매·경매 상태에 있는 경우 마감임박순
- Price High to Low; 판매가격 높은 순
- Highest Last Sale; 거래된 높은 가격순
- Most Viewed; 많이 열람한 NFT 순
- Most Favorited; 하트가 많이 달린 순
- Oldest; 제작된지 오래된 순서

• 4칸짜리 네모; 아래의 NFT 표시 크기

• 9칸짜리 네모; 더 작은 크기로 NFT들을 보여준다.

5. 9999 Items; 검색결과^{지금은 전체} 9999개의 NFT가 표시되었다는 뜻

> 스크롤을 내려보자.

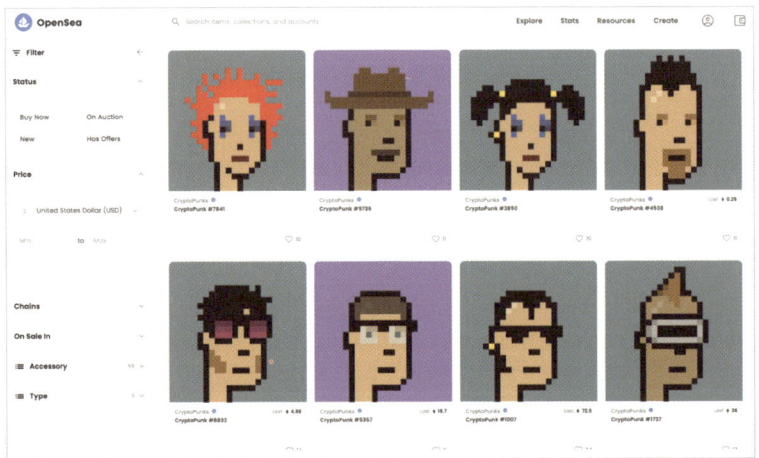

앞에서 정한 순서대로 나열되는데, 각 칸에는 원래 판매 가격이 적혀 있어야 하지만, 지금 판매 가격 낮은 순으로 소팅해도 첫번째

에 그것이 없다는 것은 이 컬렉션에 매물이 전혀 없다는 뜻이다.

작품의 이미지와 아래 컬렉션 명, 오픈씨의 컬렉션 확인표시. 아랫줄에 CryptoPunk #7841은 NFT 제목이다.

좌측칸에 Filter가 보이는데 나중에 설명하겠다.

〉첫번째 NFT를 클릭해보자.

° **NFT 화면**

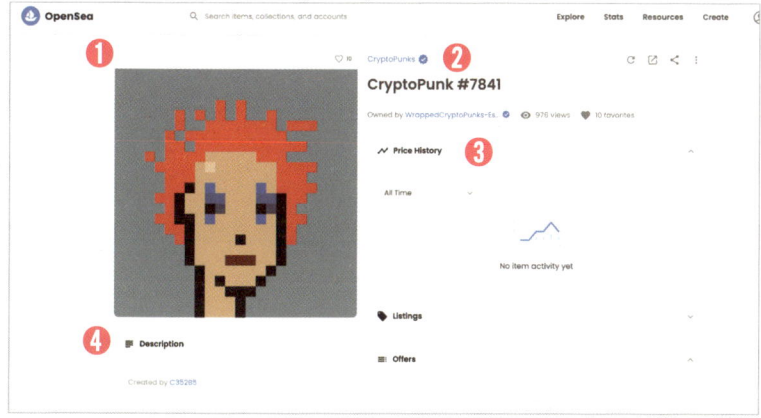

1. 이미지와 하트10

- 이미지는 NFT작품의 본체라고 할 수 있다. 클릭하면 큰 이미지로 볼 수 있다.
- 하트 10은 이 작품에 Favorite를 표시한 사람 수이다. 나중에 자신의 계정화면에서 내가 Favorite한 작품만 모아서 볼 수 있다. 하트를 누르면 표시할 수 있는데 로그인이 필요하므로 지금은 놔두자.

2. 기본정보
- 콜렉션명. 오픈씨의 확인표시
- 이 NFT의 이름
- Owned by…; 이 NFT의 소유자
- … views; 이 작품을 본 로그인한 사람 수
- … favorites; 하트 favorite를 찍은 사람 수

3. 3개의 네모칸
- Price History; 본래 가격변화가 표시되는데 이 NFT작품은 발행된 이후 거래가 없었다는 뜻이다. 뿐만 아니라 지금의 소유자에게 넘어갈 때 거래가 없었다는 말인데, 이것은 이 NFT가 오픈씨에서 발행되어서 거래된 것이 아니라 다른 곳에서 제작되고 지금의 소유자에게 넘어갔기 때문에 오픈씨에 거래기록이 없는 것이다.
- 오픈씨는 중앙화된 다른 사이트와 달리 이 사이트에서 무엇을 만든다는 개념이 아니라, 블록체인에 있는 NFT 콜렉션 하의 NFT 작품들을 보여주는 개념이다. 물론 오픈씨에서도 콜렉션과 NFT를 만들 수 있지만, 이 NFT는 개인의 전자지갑에 보관되게 된다. 오픈씨는 그 내용을 블록체인에 기록된 내용을 바탕으로 정보를 보여주는 것이다.
- Listings; 여기는 가격 리스트가 나와야하지만 현재 판매하지 않기 때문에 공란이다. 이 NFT 작품은 수량이 1개이지만, 하나의 제목 아래에 여러개의 NFT 수량이 있을 수 있다. 이 경우 저

마다 소유한 여러개의 판매 가격과 수량이 올라와있다.
- Offers; 오퍼는 다른 사람이 사겠다고 제안한 가격이 올라오는 곳이다.

4. 작품 세부정보
- Description; 이곳은 작품에 대한 세부적 설명이 텍스트로 표시되는 곳이지만, 이 NFT 작품은 디스크립션이 없다.
- Created by…; 이 NFT의 제작자이다. 클릭하면 제작자의 개인 페이지로 갈 수 있다.
- Properties; 보통 제너레이티브 아트 NFT 작품들이 사용하는데 클릭하면 세부항목이 나온다. 이 항목들은 작품의 구성요소와 그 항목, 전체 콜렉션에서 존재하는 비율을 보여준다.
- About …; 이 작품이 속한 콜렉션의 설명을 보여준다.

〉스크롤을 내려보자.

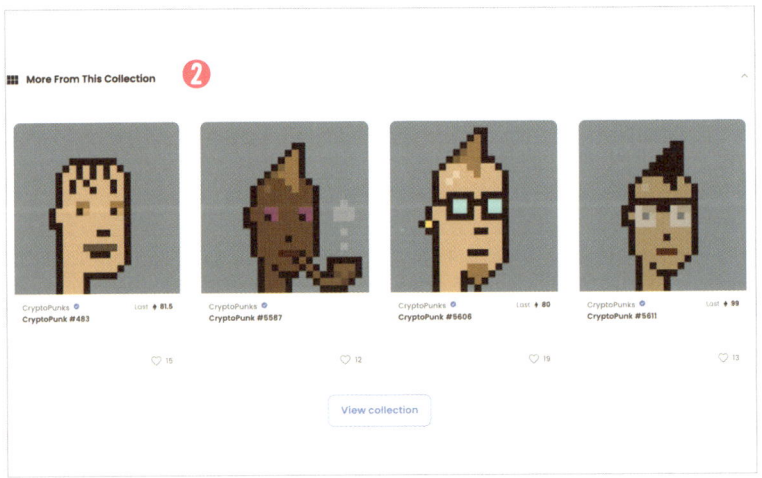

1. Item Activity; 이 NFT의 지난 이력을 보여준다. 이 정보들은 블록체인 상에 기록된 것을 오픈씨에서 정리하여 보여주는 것이다.
   - 이 정보를 보면 근 1년 전쯤 제작자 CBD482에 의해서 MR703에게 전달된 이후, 여러 경로를 거쳐 8개월 전쯤 전에 지금의 소유자에게 전달된 것을 볼 수 있다.
   - Filter; 이 거래기록들 중에 리스팅, 판매, 입찰, 전송의 항목들을 선택하여 보여주는 기능이다.
2. More From This Collection은 이 콜렉션의 다른 NFT를 나열한 것이다.
   - View collection; 이 버튼은 NFT 화면에서 벗어나 아까의 콜렉션 화면으로 돌아가게 해준다.
   - 〉View collection 버튼을 누르자.

° **콜렉션 필터**

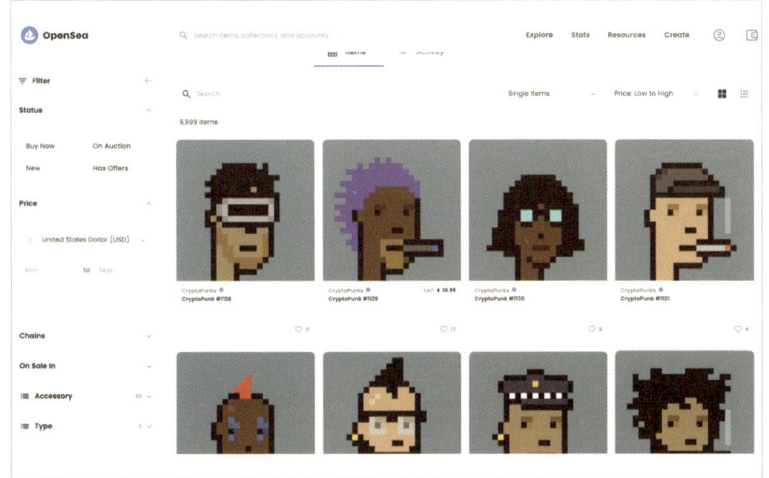

필터는 <- 화살표를 누르면 닫을 수 있다.

- Status; 상태 조건
  - Buy Now; 지금 살 수 있는 것만 표시한다.
  - On Auction; 경매중인 것만 표시한다.
  - New; 새로 올라온 것만 표시한다.
  - Has Offers; 구매 오퍼를 받은 것만 표시한다.
- Price; 가격 조건
  - United Sates Dollor^{USD} 를 누르면 가격 기준을 이더리움^{ETH}로 바꿀 수 있다.
  - Min to Max; 최저가에서 최고가를 정해 필터링
- Chains; 블록체인
  - 누르면 이더리움, 폴리곤, 클레이튼이 나온다.

- 해당 블록체인 기반의 NFT만 보여준다는 것인데, 지금 이 콜렉션은 이더리움만으로 구성되어있기 때문에 다른 것을 고르면 아무것도 보이지 않을 것이다.
  - 필터는 꼭 지금같이 단일 콜렉션이 아니라 내가 검색한 결과 등에서도 나오기 때문에 오른쪽에 있는 콜렉션 결과를 특정할 때 사용한다.
- (Collections)
  - 원래는 여기 '콜렉션'을 선택할 수 있는 메뉴가 있는데 지금 특정 콜렉션 화면이기 때문에 고르는 메뉴가 없다.
- Accessory; NFT구성요소별
  - 이 메뉴는 콜렉션의 NFT 프로퍼티라는 구성요소 기재사항이 있을 때 그 항목을 표시한다. 이 콜렉션은 제너레이티브 아트 NFT이기 때문에 그림에 구성요소가 있다. 입에 뭘 물고 있는가, 헤어스타일, 모자, 안경, 성별 등의 구성요소들 별로 원하는 것들만 골라서 볼 수 있다.
  - 제너레이티브 아트는 그 안에서도 사람들이 선호하는 요소나 희귀한 요소를 가진 NFT들이 가격이 다른 경향이 있다. 당연히 무엇이든 더 많은 사람들이 원하는 것은 가격이 조금 더 높다.
- 〉왼쪽 위의 OpenSea를 눌러 메인화면으로 돌아가자.

°검색

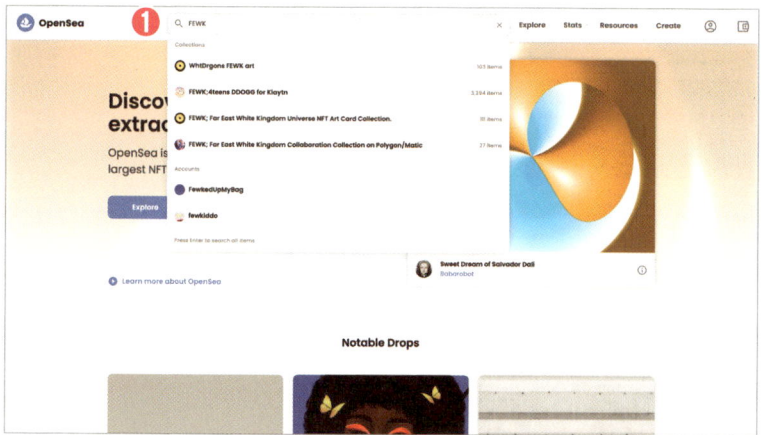

〉검색창에 FEWK 4글자를 타이핑만 해놓자.

1. 중간 검색 결과

- 엔터를 누르지 않으면 일시적으로 중간 검색 결과가 나온다.
- Collections; 타이핑한 글자를 바탕으로 콜렉션 중의 검색결과
- Accounts; 사용자 계정 이름 검색결과
- Press Enter All items; 엔터를 누르면 NFT들을 화면에 보여준다는 뜻

〉화면의 3번째에 있는 FEWK; Far East White Kingdoms Universe NFT Art Card Collection을 골라보자.

콜렉션

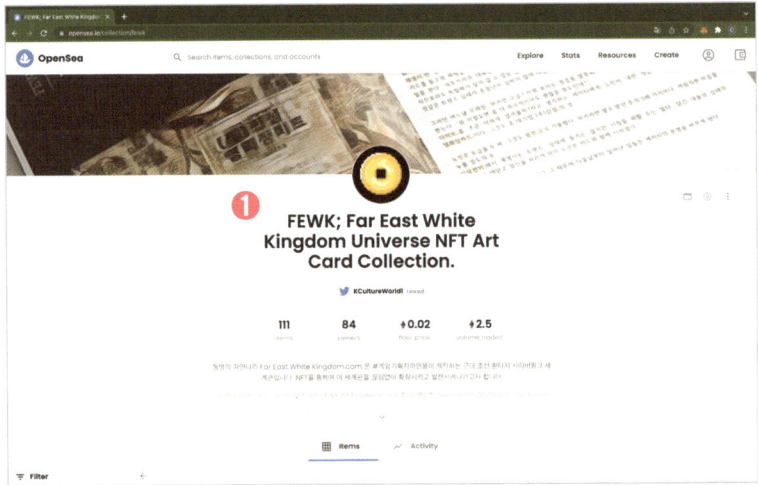

이곳은 필자가 운영하는 FEWK; 세계관 NFT 콜렉션이다.

이 페이지는 다른 사진과 달리 상단 브라우저 주소창이 표시되어 있는데, Opensea.io/collection/fewk 주소를 보여주기 위해서이다. 콜렉션을 만들 때 URL을 정하고, 해당 콜렉션의 주소가 위에 이렇게 표시된다.

1. 콜렉션 정보
   - 위의 긴 이미지는 '배너'라고 한다. 나중에 콜렉션 만들기에서 자세히 설명하겠다.
   - 가운데 동그란 것은 프로필 이미지이다.
   - 우측의 작은 네모 3개는 아까 크립토펑크 콜렉션에서 본 것과 똑같은 것인데, 3개밖에 없는 이유는 이 콜렉션에는 홈페이지, 트위터, 인스타그램만 있고 디스코드 링크가 없기 때문이다. 트

위터도 이 칸에 없는데 트위터는 지금 화면에서 제목 아래에 있다.

- KCultureWorld1 Linked; 이 컬렉션이 KCultureWorld1 트위터 계정으로 공식 인증되었다는 뜻이다. 이 마크는 이 컬렉션 소유 계정이 트위터의 로그인암호를 입력하고 둘 다 서로 확실히 연결되어있음을 증명했다는 뜻이다.
- 이 연결은 컬렉션이 복제된 가짜가 아님을 판단하는 수단 중 하나이다.

〉스크롤을 내려보자.

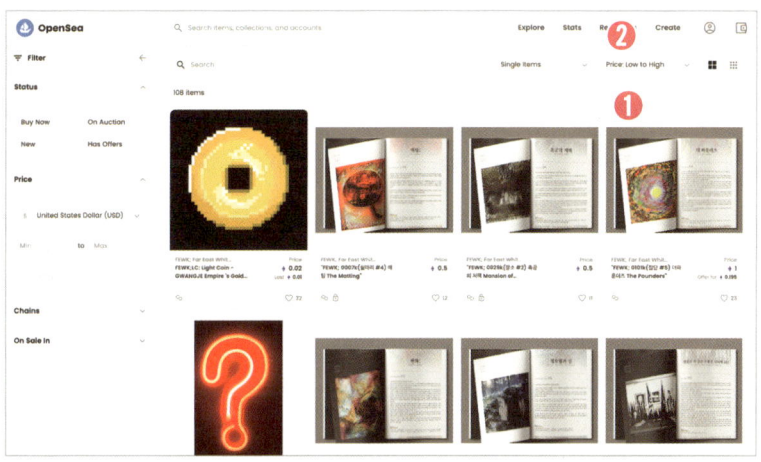

이곳은 비슷한 이미지가 여러개가 있어서 제너레이티브 아트처럼 보일 수 있지만 이 컬렉션은 수동으로 동일 양식으로 NFT를 올린 것이다.

첫번째 이미지는 번쩍거리며 움직이는데, NFT가 .GIF라는 움직이는 이미지 파일로 되어있으면 이렇게 움직이는 이미지로 표시된다.

이 곳은 NFT에 좀 더 많은 정보가 표시되어 있다.

1. 오른쪽 위에 있는 이 작품의 네모를 살펴보면

    - NFT 작품의 이미지.

    - FEWK; for far East Whit…; 콜렉션 제목

    - FEWK; 0101k…; NFT 제목

    - Price 1 : 이 표시는 판매자가 제시한 '호가'이다. 이전과 다르게 보라색 마름모꼴이 있는데 이는 '폴리곤 블록체인' 기반이라는 뜻이고 숫자 1은 1폴리곤-이더리움이라는 뜻이다.

    - Offer for; 누가 이 작품을 사기위해 가격을 제안했다는 뜻이다.

    - 8; 아래에는 약간 누워있는 8자 모양의 아이콘이 보이는데 이것은 이 NFT가 '폴리곤 블록체인' 기반이라는 것을 뜻한다.

    - 폴리곤은 이더리움처럼 코인·블록체인의 일종이고 오픈씨가 지원하는 블록체인 중 하나이다.

    - 이더리움에 비하여 가스피gas fee: 서적 본문 참조가 적게 들고, 타인에게 전송할 때 비용이 들지 않는다는 장점이 있다.

    - 하트; 하트와 숫자는 마찬가지로 이 작품에 하트를 표시한 사람 숫자를 의미한다. 하트는 Favorite라고 하는데, 나중에 자신의 계정화면에서 따로 모아서 볼 수 있다 .

2. Price; Low to High를 눌러 [Highest Last Sale]을 골라보자.

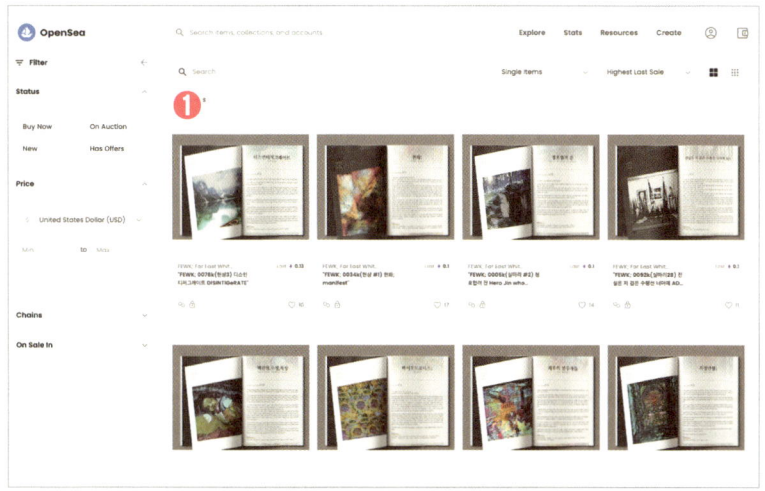

이 나열은 마지막으로 거래된 액수대로 보여준다.

이 콜렉션은 2021년 10월 31일에 0.01이더리움, 약 5만원 상당의 가치로 판매되었는데, 당시 무명이었던 이 NFT는 지금 0.13이더리움 65만원상당 ~ 0.1이더리움 50만원상당의 가격으로 재거래 되었다. 불과 1개월반만에 10배이상의 가치로 거래되고 있는데, 이것이 NFT투자의 묘미라고 할 수 있다.

스크롤을 내려보면 1, 2개 정도가 아니라 십수개가 이정도 가격에 거래된 것을 알 수 있는데, 이런 상태를 '바닥 거래가가 안정적이다.'라고 한다. NFT 투자에서 이런 부분을 살피기 때문에 의도적으로 바닥가격을 맞추는 경우도 존재한다.

1. 단일 NFT
- 다른 것은 비슷한데 왼쪽 최하단에 '기울어진 8'자 같은 폴리곤 블록체인 마크 옆에 자물쇠 마크가 보인다.

- Unlockable Content; 이것은 이 NFT를 소유한 사람에게만 보이는 '메시지'가 있다는 것이다. 작품마다 용도가 다르지만 고화질 원본을 제공하는 다운로드 링크나 특별한 서비스, 홈페이지 안내, 제작자가 생각한 용도의 정보가 적혀있다.

> 1번으로 표시된 첫번째 NFT작품을 클릭해보자.

° NFT

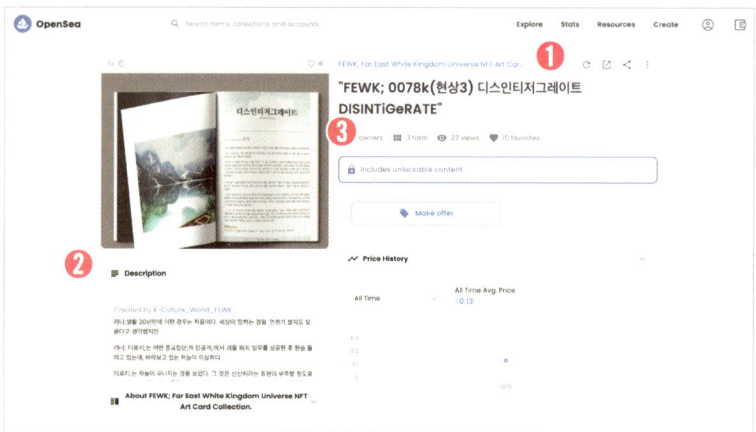

NFT 화면의 구성은 아까 살펴보았던 것과 크게 다르지 않다.

1. 4개의 네모.
   - 원형의 화살표; Refresh Metadata라고 하는데 최초 발행 후 해당 정보를 오픈씨에서 가져오는데 이 정보값을 다시 읽는 기능의 버튼이다. 나중에 NFT를 샀는데 이미지 정보 등이 잘 보이지 않을 때 사용하는 버튼
   - 네모와 화살표; 이것은 이 콜렉션이 연결된 홈페이지로 새 창을

열어 이동한다.
- 〈모양 버튼; 이것은 이 NFT를 트위터, 페이스북 등 다른 SNS 등에 공유하거나, 공유를 위해 인터넷 주소를 복사할 때 쓴다.
- 점 3개; 확장메뉴로 지금은 Report뿐이다. 이 NFT를 오픈씨에 보고·신고할 때 쓴다.

2. 디스크립션
- 만든 사람, 그리고 기재한 설명들이 쓰여있다. 이렇게 꽤 장문의 내용과 외부 링크등을 디스크립션에 삽입할 수 있다.

3. 멀티 서플라이 정보들
- 3 owner; 이 NFT에는 앞서 크립토펑크 NFT와 다른 것이 들어 있는데 바로 소유자 계정이 표시된 것이 아니라, 3 owners가 쓰여있다. 클릭하면 3명의 소유자 계정명이 표시된다.
- 3 total; 이 숫자는 이 NFT작품이 총 3개의 수량이 있다는 뜻이다. NFT를 구매할 때는 이 숫자도 잘 살펴야 한다. 수량이 많으면 당연히 가치가 덜 할 수도 있다. 하지만 수량이 있는 편이 거래 가치를 측정하기 쉬운 면도 있다.

〉2번 디스크립션Description 밑의 Created by… 옆의 K-Culture_World_FEWK를 클릭해보자. 이 작품을 만든 필자 본인의 계정 화면으로 이동한다.

콜렉션; 개인 계정

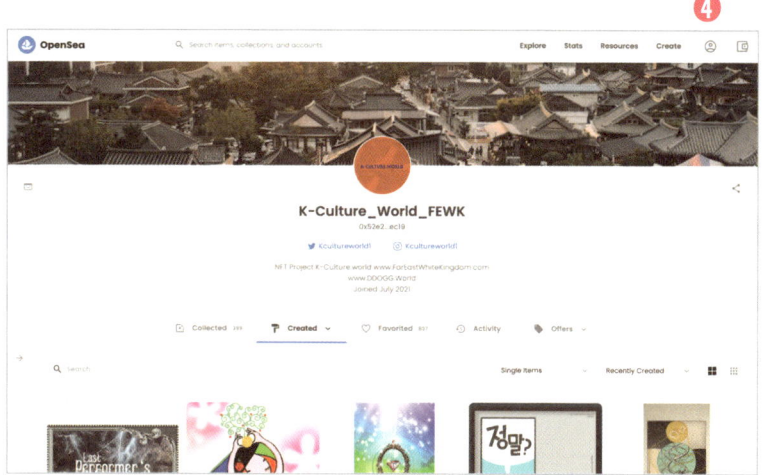

이 화면은 개인 계정의 화면인데, 곧 독자도 자신의 계정 화면을 보게된다.

더 정확히 말하면 개인 '전자지갑'의 계정이다. 왜냐하면 오픈씨는 회원가입 등의 개인정보를 수집하는 것이 아니라 전자지갑의 주소를 기준으로 계정이 만들어지기 때문이다. 필자 역시 NFT작가로서 whtdrgon이라는 계정과 프로젝트 진행을 위한 K-Culture_World_FEWK라는 2개의 계정, 실은 프로젝트마다 배정된 더 많은 계정을 쓰고 있다. 왜냐하면 전자지갑이 자금관리의 입금, 출금의 역할을 하기 때문에 명확한 가상자산 관리를 위해서이다. 이처럼 계정은 독자도 곧 만들게 될 전자지갑으로 만들어지기 때문에, 계정의 신용은 작품 수, 콜렉션, 트위터 등의 SNS 활동 등으로 확인해야 한다.

오픈씨의 인증마크는 어떤 정보제출을 통해 쉽게 얻는 것이 아니라 생각보다 얻기 힘들기 때문에 필자는 아직 인증마크가 없다.

1. 계정 페이지의 정보
   - K-Culture_World_FEWK; 계정명. 쉽게 바꿀 수 있다.
   - 0x52e2…ec19; 이것은 이 계정의 전자지갑 주소이다. 클릭하면 복사된다. 가상자산이나 NFT를 보내거나 할 때 사용한다.
   - Joined…; 이 계정이 최초 만들어진 년월

2. 개인 계정의 분류탭
   - Collected…; 이 계정이 보유하고 있는 NFT 작품 수 및 그 NFT를 하단에 나열하는 버튼 탭
   - Created; 이 계정이 만든 NFT를 보여주는 탭. 누르면 2개의 메뉴가 나온다.
     · Items; 구분없이 하단에 창작한 모든 NFT를 나열한다.
     · Collections; 이 계정이 가진 '콜렉션'들을 나열한다.
   - Favorited; 이 계정이 '하트'를 누른 작품 수. 이 하트는 꼭 나중에 보기위한 용도보다 '좋아요'를 표시하기도 하기 때문에 꼭 추후 구매의사를 밝히는 용도는 아니다.
   - Activity; 이 계정이 관계된 판매,전송,구매의 기록.
   - Offers; 이 계정이 구매의사를 액수와 함께 제안하거나, 제안 받은 내용.

3. 필터 메뉴
   - → 이 버튼을 누르면 아까 설명한 필터 메뉴가 나온다.
   〉이제 4번 표시가 된 오른쪽 상단의 원형 프로필 아이콘을 눌러

보자. 이제 전자지갑이 필요하다.

전자지갑 • 메타마스크
° 전자지갑 로그인 • 전자지갑 만들기

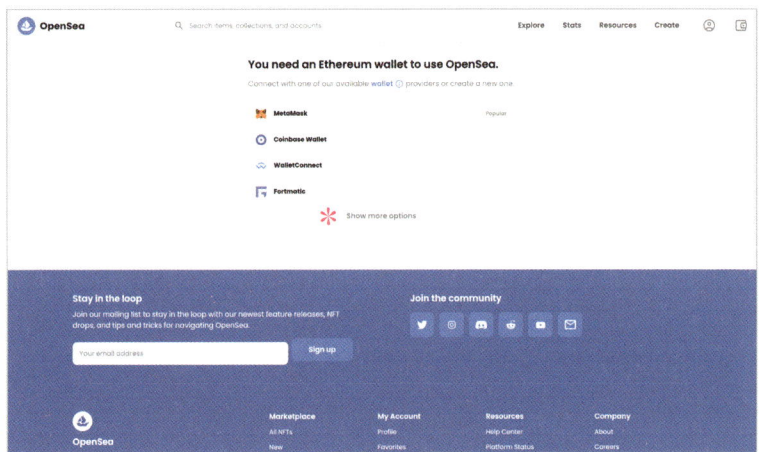

전자지갑을 고르는 화면이 등장한다.

알고있는 지갑이 있다면 그것을 고르면 되고, 보기중에 없다면 *Show more options를 누르면 지갑화면이 확장된다. 뭔지 잘 모르겠으면 일단 MetaMask를 고르기를 권한다. 현재 (클레이튼을 제외하고) 가장 범용적인 지갑이다.

 〉MetaMask를 선택한다.

˚메타마스크 다운로드

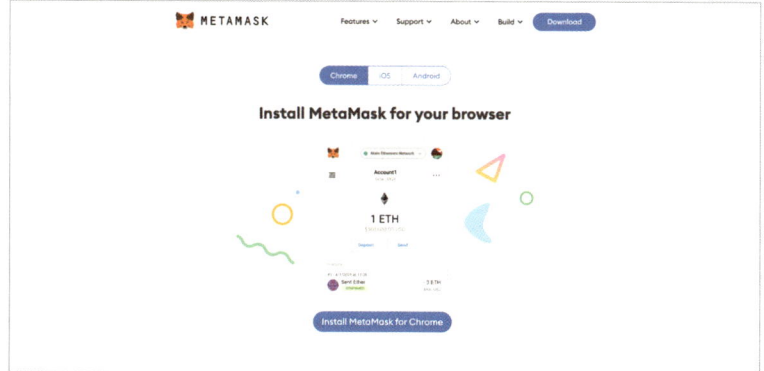

메타마스크가 없다면 메타마스크 화면으로 이동한다.

- 마이크로소프트 엣지도 Chrome을 선택하면 된다.
- 외부 스토어를 사용하도록 허락할지 묻는 메뉴가 상단에 뜨면 승인을 하면 된다.

이 설명은 '크롬 브라우저'를 기준으로 설명한다.

〉Install MetaMask for Chrome 클릭

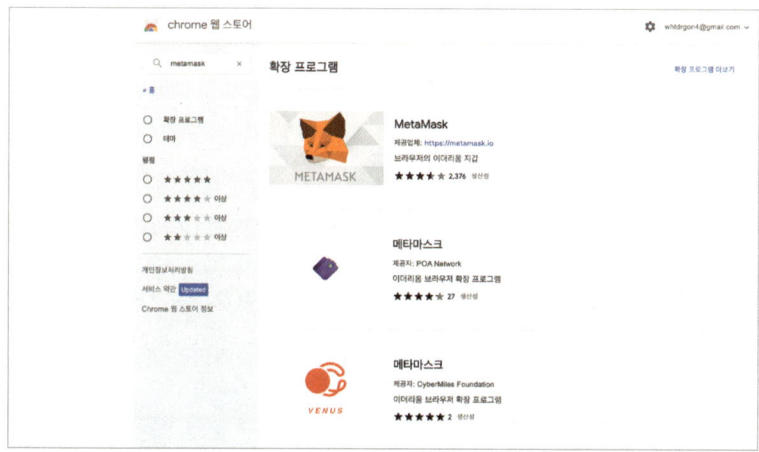

메타마스크는 크롬 웹스토어의 확장 프로그램이다.

오픈씨에서 자동으로 이동해오지 않았더라도

https://metamask.io 를 방문하거나

https://chrome.google.com/webstore 를 방문하여

검색창에 metamask 로 검색하면 '주황색 여우'얼굴이 있는 메타마스크를 선택할 수 있다.

〉MetaMask - 제공업체 metamask.io 선택

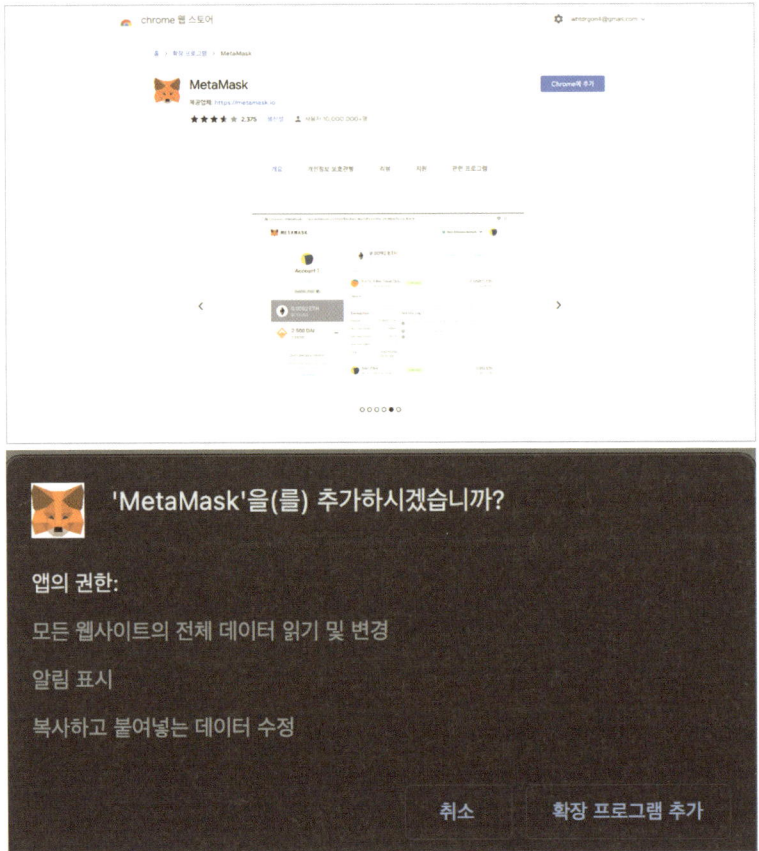

〉Chrome에 추가 선택

〉확장 프로그램 추가 선택

º 메타마스크 전자지갑 만들기

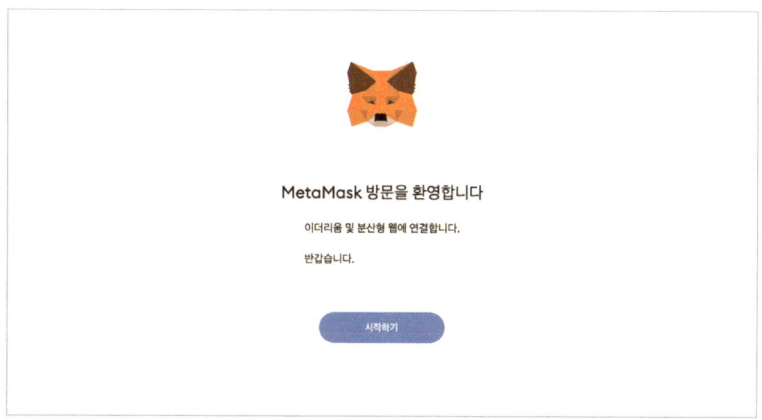

〉시작하기 선택

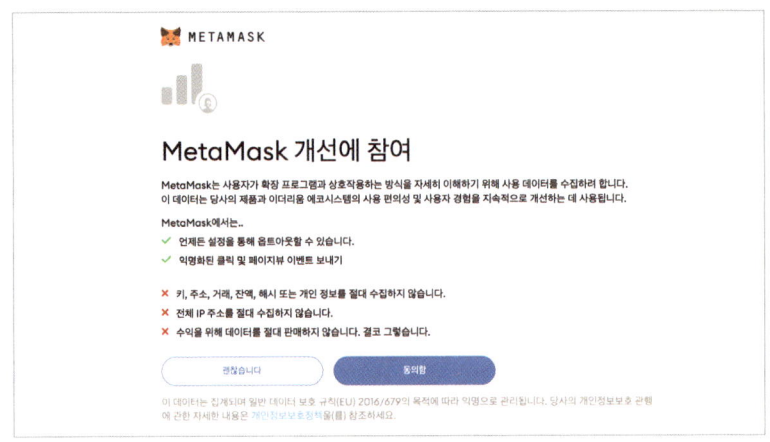

최초라면 우측 [지갑 생성]을 고르면 된다.

좌측의 [지갑가져오기]는 지갑을 만든 후 다른 곳에서 동일 지갑을 가져오기 위해 '구문'이라고 부르는 매우 중요한 코드를 입력하는 과정이다. 구문 자체가 비밀번호이기 때문에 다른 비밀번호가 없고 지갑을 쓰기위해 입력하는 비밀번호는 그 설치 지갑에 한정될 뿐 어딘가 보관되고, 비밀번호 찾기를 통해 찾을 수 있는 것이 아니다.

만일 비밀번호를 분실했다면, 구문만 있으면 지우고 이 좌측 메뉴를 이용해서 다시 설치하면 그만이다. 그만큼 구문은 중요하다.

〉[지갑 생성] 선택.

MetaMask 개선에 참여; 다음 화면은 그리 중요한 것은 아니고, MetaMask 회사의 서비스 개선을 위해 개인 중요정보가 아닌 일반 사용데이터를 회사측에 제공할 것인지 활동 데이터 기부에 대한 내용이다. 사용에 필수적이거나 매우 중요한 선택은 아니다.

〉아무거나 선택

메타마스크는 사용자 정보를 필요이상 검증하지 않기 때문에, 8자만 넘는다면 일렬 번호든 1234든 aaaaaaaa든 무슨 번호를 입력하든 수락할 것이다. 이제부터 본인의 책임영역이다.

〉본인이 사용할 비밀번호를 똑같이 두번 입력한다.

〉'이용 약관을 읽고 이에 동의합니다.' 버튼에 체크.

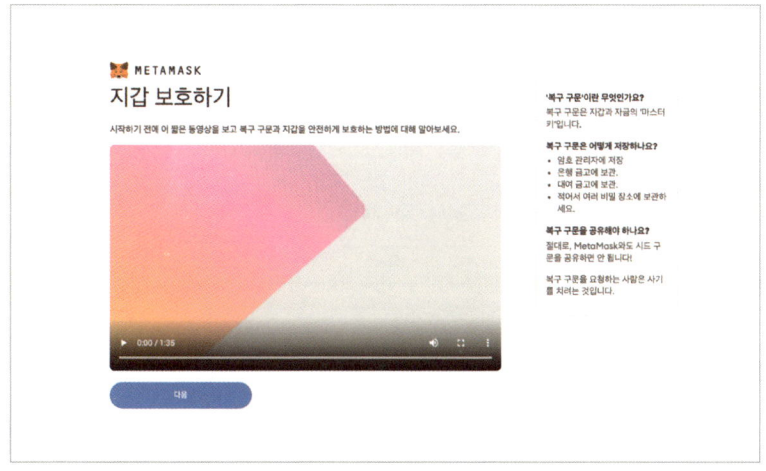

이 화면은 구문의 중요성에 대해서 강조한다.

구문은 절대 남이 알아서는 안되는 정보이다.

비밀번호도 구문을 안다면 재설치하는 과정에서 정하면 그뿐이다.

아이러니하게도 해킹보다는 구문 분실이 훨씬 더 많이 일어나는 사고이다. 왜냐하면 이후 비밀번호를 치고 들어갈 뿐 구문을 사용하게 되는 때는 아마 한참 뒤인 재설치할 때 뿐이기 때문에 분실할 수 있는데, 구문을 분실하면 되찾을 방법이 없다.

왜냐하면 어딘가에서 내 신분증을 확인한 후 구문을 알려주거나 재설치해주는 곳이 존재하지 않기 때문이다. 구문이 없다면 남의 지갑에 들어갈 수 없듯, 본인의 지갑에 들어갈 수 없다. 그냥 계정과 안에 든 코인과 NFT 모든 것과 이별이다.

가상자산, NFT의 세계에서는 전자지갑이 유일한 증명이고, 구문은 지갑 소유자의 유일한 증명수단이다.

〉 (비디오 시청 후) [다음]을 선택한다.

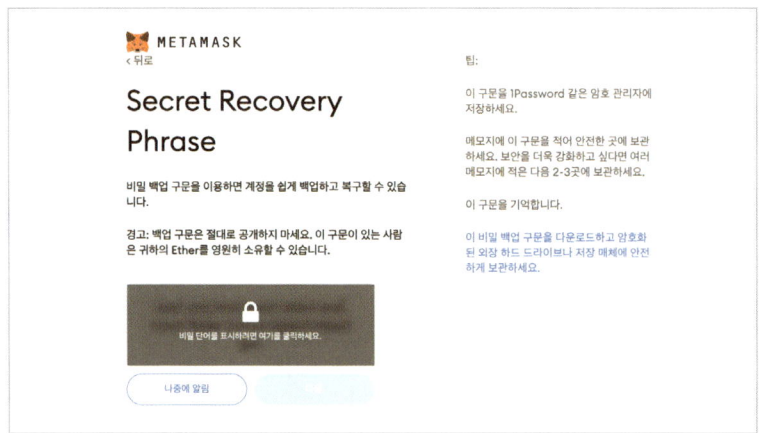

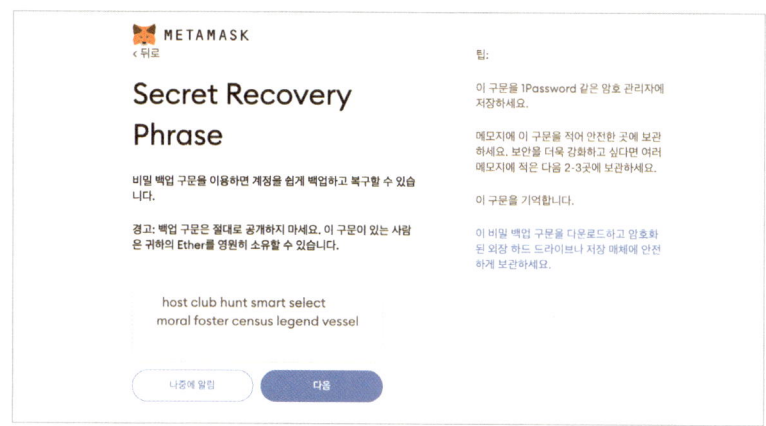

〉[비밀 단어를 표시하려면 여기를 클릭하세요]를 선택한다.

지금 화면에 이 단어를 표시하는 이유는 독자의 이해를 돕기 위해서이다. 그래도 혹시 이 단어를 구문 복구에 사용하는 것으로 오해하는 사고를 막기 위해 2개의 단어를 지웠다.

〉구문을 안전한 곳에 적거나 보관한 후

〉[다음]을 클릭한다.

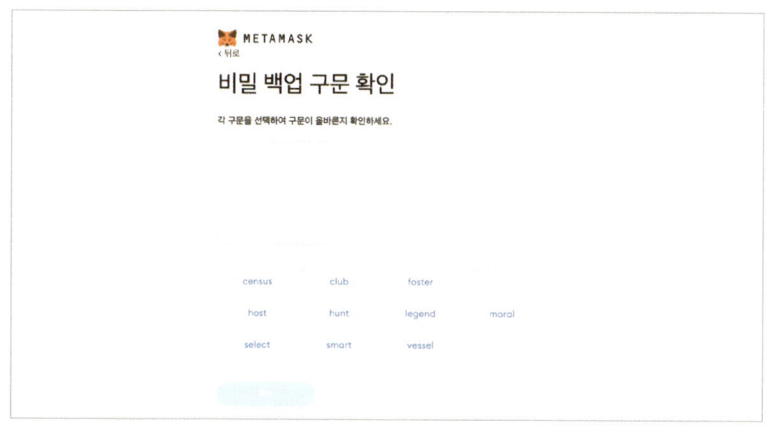

앞서 기억한 구문의 단어를 순서대로 클릭한다.

만일 틀렸다거나 하면 브라우저의 이전 페이지 보기로 이전으로 돌아가 다시 확인한 후 반복한다.

주의할 점은 이렇게 이미 있는 단어를 고르는 방식은 처음 설치 때 연습삼아 해주는 것일 뿐 다음부터는 모든 단어를 정확히 입력해야 한다. 따라서 앞글자만 적어두는 식으로 기록해놔서는 안된다.

〉 구문대로 단어를 클릭한 후 [확인]을 누른다.

'축하합니다.' 화면이 나오면 성공이다.

〉 [모두완료] 클릭

° **입출금**

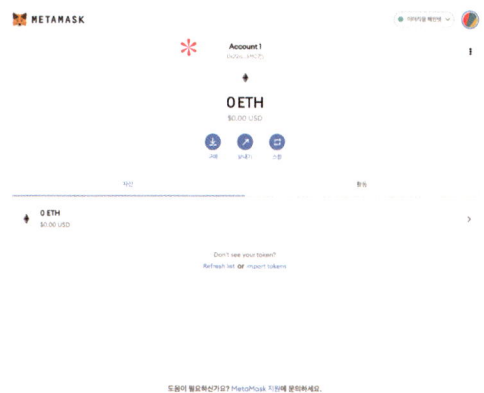

✱Account 1 이라는 임시 이름이 붙고, 아래에는 이더리움 잔고인 0 ETH가 찍혀있다.

- 0x22a…51fC라고 사진에 적힌 부분이 지갑의 주소이다. 독자는 다른 번호이다. 지갑주소는 계좌번호같은 공개정보이다. …은 줄임표현이고 클릭해보면 복사되는데 이 예시의 경우 실제 전체주소는 0x22a5BE48Aa6bCb25AaaaAaa316a240F6be8051fC이다.
- 구매버튼이 있는데 한국에서는 쓸모없는 버튼이다. 한국 신용카드는 여기서 구매할 수 없으니 신경쓰지 말자.
- 보내기는 남에게 이더리움을 보내는 것으로, 상대의 주소를 입력하고 금액을 입력한다. 주의해야할 것은 지금 이더리움 메인넷이기 때문에 상대 지갑의 블록체인을 확인해야 한다.
- 이더리움 메인넷오른쪽 위이라고 쓰인 부분이 있는데 여기에 다

른 블록체인 메인넷을 고르거나 추가할 수 있다. 일단 오픈씨를 사용하는데는 클레이튼 기반을 제외하고 별 지장이 없으므로 여기서는 이정도로 설명을 끝내자.

- 이더리움 등의 암호화폐를 지갑으로 보내기 위해서는 빗썸, 코인원, 업비트 같은 코인 거래소에 가입하고 통장을 개설하고, 거래소에 통장을 연결하고, 통장에 돈을 넣은 후, 거래소-가상계좌로 이체한 후, 거래소에서 이더리움 등의 코인을 사서, 거래소의 입출금 메뉴를 선택후, 이더리움을 고른 후 출금주소를 입력해줘야한다.
- 출금주소는 본인의 전자지갑 주소가 될 것이다.

〉 오픈씨로 돌아간다. 사용하는 인터넷 브라우저의 탭화면 중에 있을 것이다.

° **전자지갑 열기, 꺼내놓기, 로그인하기**

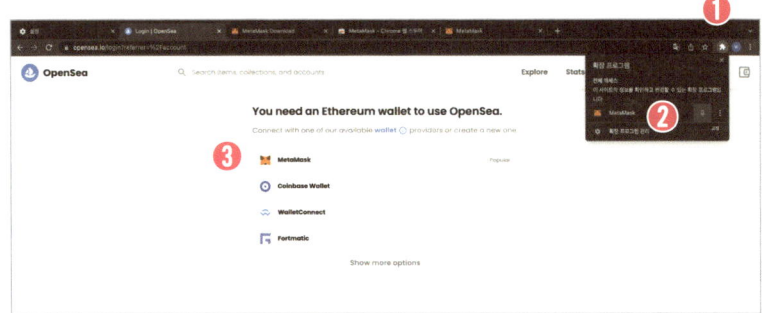

1. 크롬의 경우 확장프로그램이 오른쪽 위의 퍼즐 아이콘을 누르면 나온다.

2. 메타마스크의 옆에 핀을 클릭하면 메타마스크가 항상 퍼즐 아이콘 옆에 나와있게 된다. 자주 쓰면 이렇게 꺼내놓을 수 있다.
3. 로그인 화면에서 메타마스크를 클릭한다. 만일 화면을 놓쳤다면 https://opensea.io에 접속하여 오른쪽 상단에 있는 동그란 프로필 아이콘을 클릭하면 이 화면을 볼 수 있다.

   〉로그인 화면에서 MetaMask 클릭. 만일 다시 설치화면이 나온다면 오픈씨에 재접속하고 3번을 반복한다.

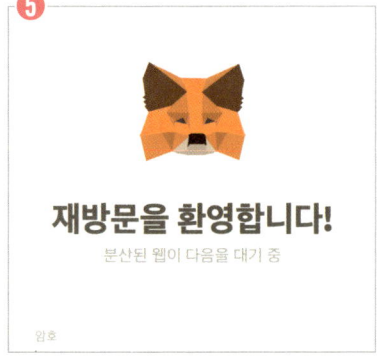

- 정상적으로 진행됐다면, 사진과 같은 팝업이 뜬다. 만일 이 팝업이 뜨지 않으면 1번으로 돌아가서 브라우저 우측 상단의 메타마스크에 (1)이라는 숫자가 떠있는지 확인하고 메타마스크 아이콘을 클릭하면 팝업이 열린다.

4. 만일 사진처럼 암호를 입력하는 창이 뜨면 아까 설정한 암호를 넣어준다. [잠금해제] 클릭
5. 이 화면이 나오면 정상적으로 된 것이다.
   · 만일 5번 팝업이 안뜨면 3번으로 돌아가서 반복한다.

〉다음을 클릭.

- 다음 화면이 나오고, 연결중이라는 화면이 뜬다음 로그인이 된다.

콜렉션; 내 계정
°오픈씨 첫화면 · 로그인상태 · 나의 계정 화면, 설정

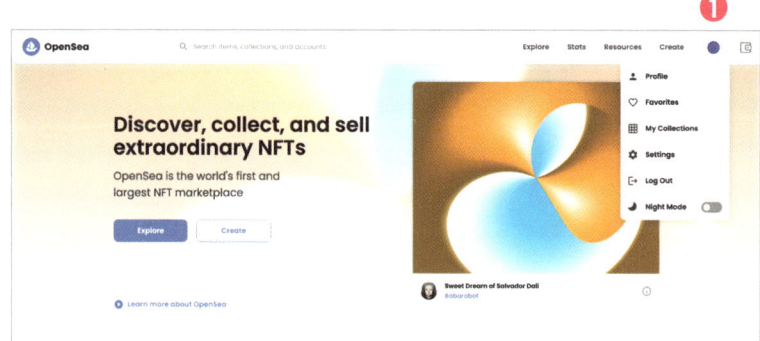

1. 제일 처음 본 화면이지만 오른쪽 위에 색이 있는 동그라미가 있다.

· 마우스 커서를 올리면 사진과 같은 메뉴가 보인다.

〉오른쪽 프로필 아이콘에 마우스를 올린 뒤 Profile 메뉴를 고른다.

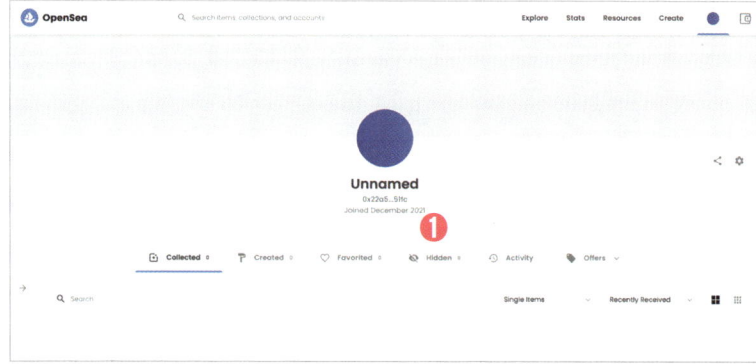

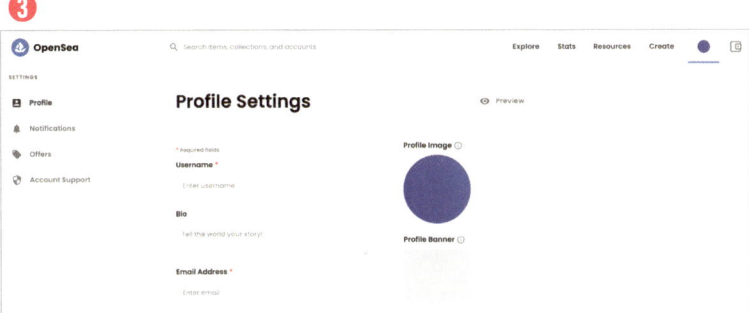

이게 아마 독자들의 계정 화면과 비슷한 모습일 것이다.

Unnamed라는 이름 밑에 주소는 다를 것이다. 나머지는 이전에 K-Culture_World_FEWK 계정과 비슷한데 다른 것이 딱 하나 있다.

1. Hidden은 본인계정에서만 보이는 메뉴이다.
   - 누군가 나에게 임의로 NFT를 보내면 이 히든으로 들어온다. 일종의 스팸함이다. 네모난 단일 NFT 썸네일에서 하단의 점 세개 버튼을 눌러 Hide 상태, Unhide 상태를 바꿀 수 있다.
2. 톱니모양 아이콘을 클릭하면 설정 메뉴로 가게 된다. 이 때 전자지갑이 한번 뜨고 [서명]을 해줘야 한다.
   - 이처럼 오픈씨에서는 본인의 확인이 필요한 거의 모든 단계를 전자지갑 [서명] 혹은 [확인]으로 처리한다.
3. 여기서 유저이름, 프로필아이콘, 배너, SNS연결 등을 할 수 있다. 단, 개인화된 정보를 넣으려면 이메일을 등록해야 한다.

〉종료. 이제 마음 편하게 오픈씨를 돌아다녀보자.

· 다음에서는 NFT를 사는 방법을 설명한다.

NFT 구매와 판매; 이더리움
° NFT 구매(이더리움)

윗쪽은 이더리움으로 판매되는 필자의 작품 중 하나이다. 0.01 가격 옆의 까만색 마름모는 이더리움의 아이콘이다.

〉구매할 NFT 썸네일을 클릭한다

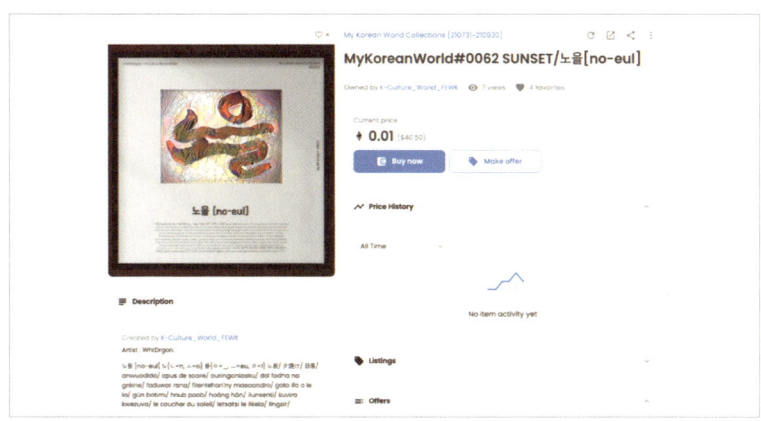

353　　　　　　　　　　　　　　　　　　　4장. 오픈씨에 계정을 만들고 거래하는 방법

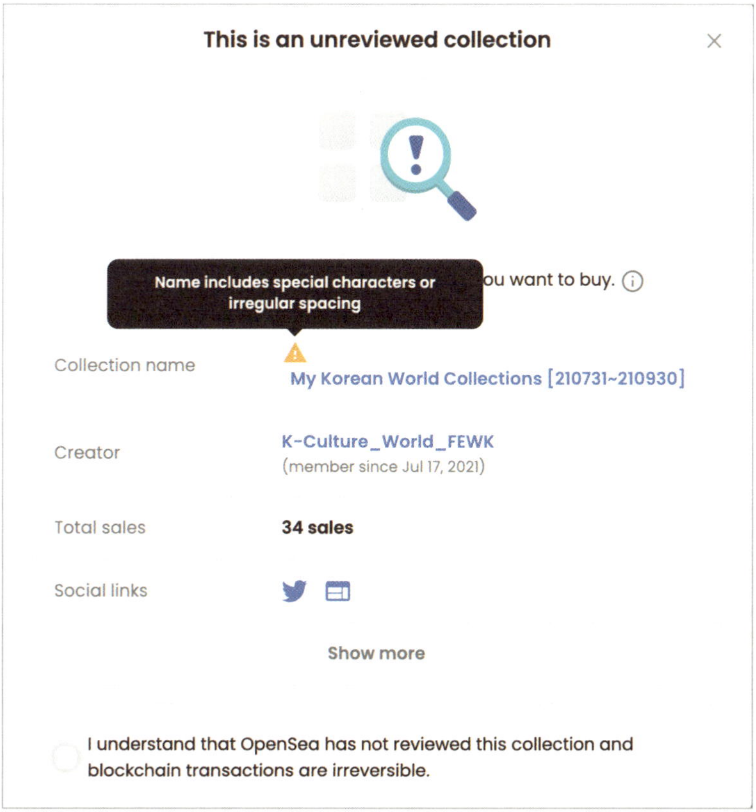

세부화면으로 들어가면 사진처럼 [Buy now]를 고르면 구매절차가 이루어진다.
　〉구매할 NFT 썸네일을 클릭한다
1. 구매에 대한 팝업이 뜬다. 이 콜렉션은 리뷰되지 않았다는 경고가 나오는데 유명 창작자 빼고는 대부분이 이런 상태이다.
2. 콜렉션 네임에 특수문자가 있다면, 미묘하게 진짜 콜렉션 이름을 흉내낸 가짜인 것을 특수문자의 유사함 때문에 구매자가 알아차리지 못할 수 있기 때문에 이를 경고하는 마크이다.
- 마찬가지로 제작자명과 생성날짜, 판매 숫자, 소셜 링크를 통해 진짜 계정인지 확인할 수 있는 수단을 제공한다.
- Show mores를 누르면 마찬가지로 계정의 전체 판매액수 등 급조한 가짜 계정이 위조하기 힘든 전적 정보를 제공한다.
　〉3번의 I understand…. 앞의 네모를 클릭한다.

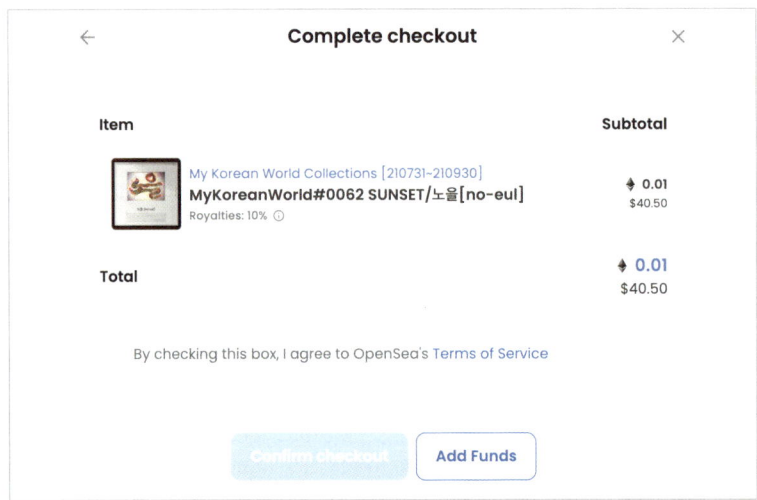

최종 체크화면이 뜨고 항목과 가격, 전체 갯수, 로열티가 표시된다.
- 로열티는 이 작품이 매매될 때마다 작가가 가져가는 비율이다.
- 이 비율은 이 작품을 산 후 다시 재판매할 때 차감되어 작가에게 지급되는 비율이기 때문에 구매할 때 이부분을 고려해야 한다.
> By checking this box 옆의 체크박스를 체크한다.
- 이 단계에서 지금 시연에 사용하는 계정은 아까 메타마스크 지갑을 만들 때 쓴 지갑으로 이더리움 코인 잔고가 없기 때문에 [Add Funds]가 나타난다.
- 하지만 한국에서는 이 버튼으로 뭔가 할 수 있는 것이 없으므로 여기서 멈추고 코인을 구해서 지갑에 넣어야 한다.
> 우측 상단의 X를 눌러 창을 닫는다.

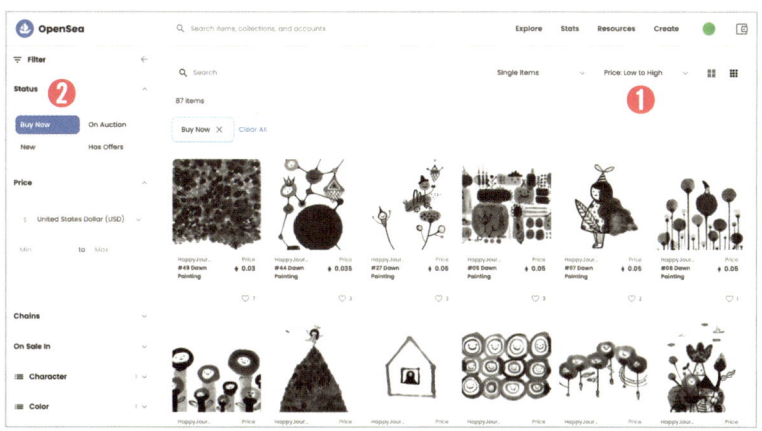

이 작품은 김지현 작가님의 HappyJourney Black이라는 작품 콜렉션이다. https://opensea.io/collection/meditation-painting-1

1. Price Low to High; 낮은 가격 순으로 정렬하고
2. Buy Now; 구매 가능한 것만 나오도록 했다.

    시연을 위해 제일 낮은 가격인 0.03이더리움의 첫번째 작품을 고르면 다음 내용의 화면이 나온다.

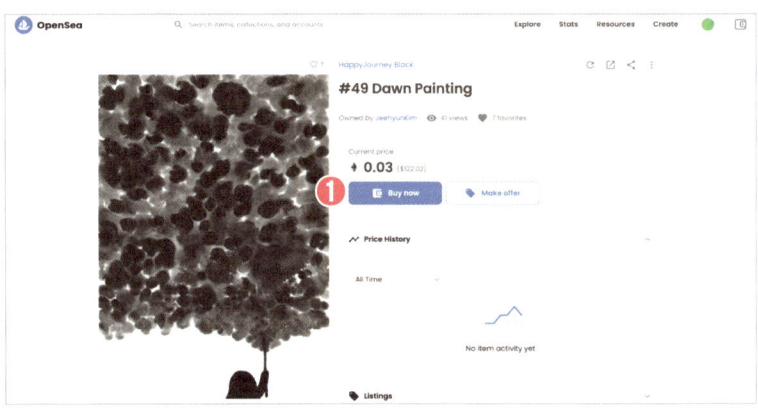

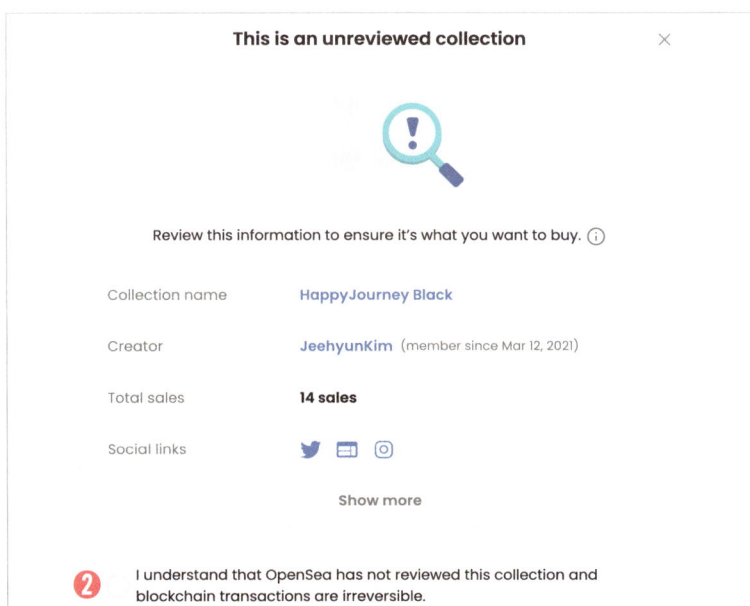

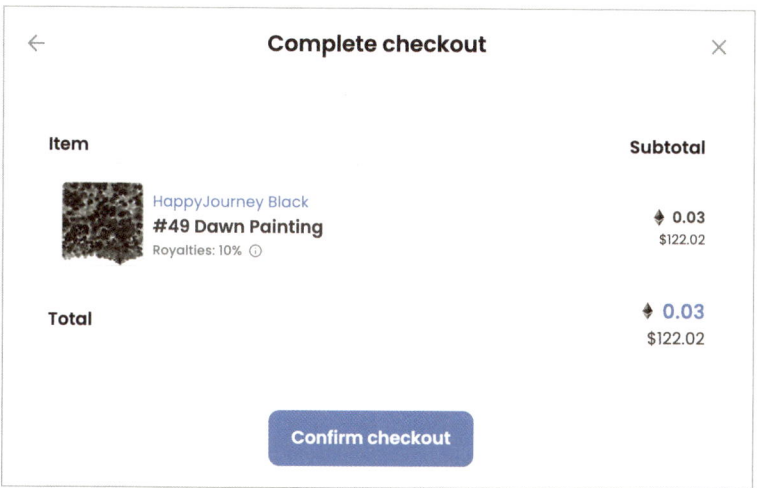

　가격이 낮다는 뜻이 작품성이 떨어진다는 뜻은 아니다. NFT의 가격에는 여러가지 요인이 있다.

1. Buy Now 버튼을 누르면 구매단계가 시작된다.

- 앞에서 설명한 것과 비슷한 화면이다.
- Collection Names; Happy Journey Black은 특수문자가 없기 때문에 앞에서 나왔던 특수문자 경고가 나오지 않는다.
- 하지만 여전히 조금 잘나간다 싶은 콜렉션은 '스캠'이라고 부르는, 그림을 그대로 훔쳐서 똑같이 전시해놓은 가짜가 판을 친다. 그렇기 때문에 작품을 구매하기 전에 기본적인 소셜 링크 확인 절차를 거쳐야 한다.
- 이곳은 필자가 이미 명확하게 아는 곳이지만 구매를 할 때는 습관적으로 트위터 팔로어인 김지현 작가님https://twitter.com/kim_Jeehyun의 트위터를 방문하여 그곳의 링크를 타고 콜렉션으로

들어온다.

- 따라서 NFT 구매를 위해서는 선호하는 작가그룹과 트위터 팔로잉, 커뮤니티에 속하는 것이 필수적이다.

〉 2번의 I understand that…의 왼쪽 체크박스를 체크.

Complete checkout 팝업 창이 뜬다. 앞서와 마찬가지로 가격 정보가 표시된다.

- 콜렉션명, 작품명, 로열티 10%, 코인 가격, 달러환산가격 총계가 표시된다.

〉 Confirm checkout 버튼 클릭.

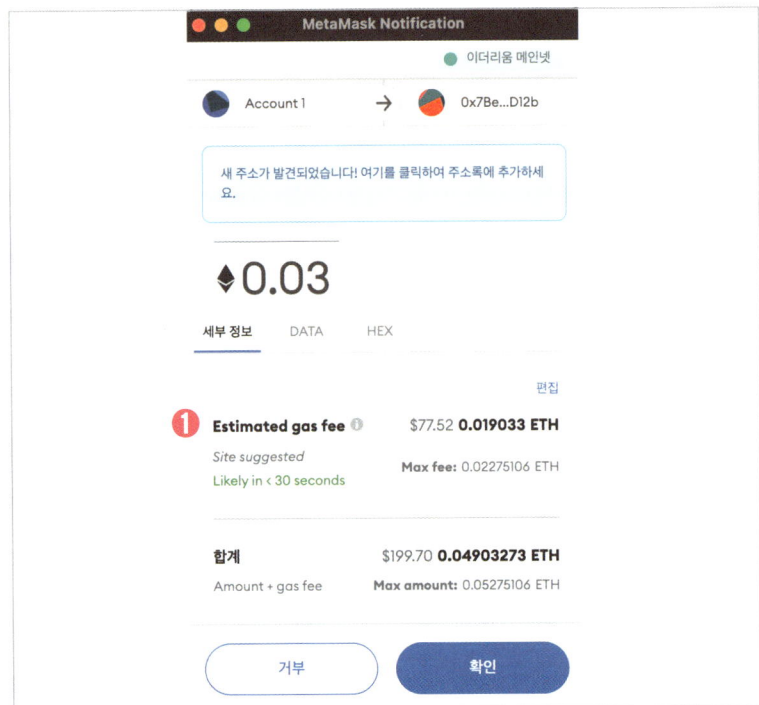

이 단계는 메타마스크 팝업이 뜬다.

- 이더리움 메인넷; 현재 지갑의 블록체인 기반. 이더리움으로 이더리움 NFT 작품을 사는 중이기 때문에 이더리움 메인넷이 맞다.
- Account1→0x7Be…D12b 이것은 김지현 작가님의 지갑주소이다. 트위터에서 링크를 타고 온 본인의 계정에 이 지갑주소가 적혀있다.

1. 이더리움의 가장 큰 부담은 가스피^{Gasfee}이다. 가스피는 책 본문에서 자세히 설명하고 있다. 지금 예시의 경우 0.03이더^{ETH}의 작품을 사는데 가스피가 0.019이더^{ETH}가 소요된다.

- 그래서 합계 0.049 약 0.05이더^{ETH} 중에 40%가 전송비용이 된다.
- 그래서 소액 작품의 경우 가스피가 들지 않는 폴리곤 블록체인이 애용된다.

〉[확인] 버튼 클릭

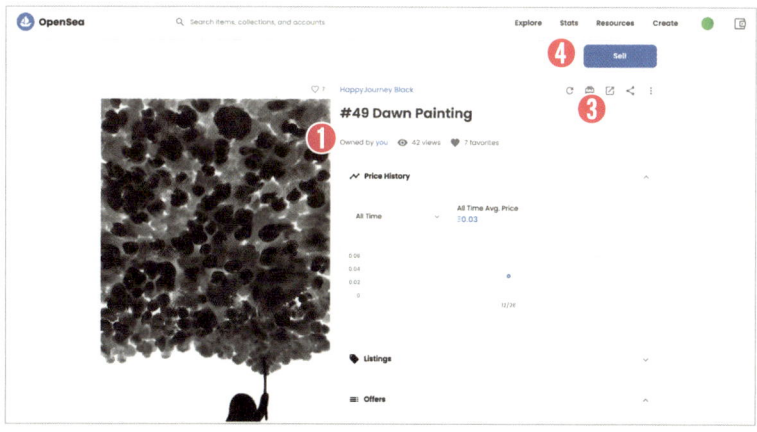

다시 이 작품페이지로 돌아오면 몇가지가 바뀌어 있다.

1. Owned by …; you 로 바뀌어있다. 이 작품은 1 of 1이라고 불리는 1개 수량의 작품이기 때문에 소유자 명이 바로 표기되고, 그것이 본인일 경우 you로 표시된다.

    · 방금 김지현 작가님의 #49 작품의 수집가가 된 것.

2. 1번 외에도 스크롤을 내려보면 2번에 몇가지 정보가 있다.

    - Minted; 최초에 작품을 발행하는 것은 민팅이라고 한다.
    - List; 리스트는 쉽게 말해 판매를 시작하는 것을 말한다.
    - Transfer; 이것은 작품이 다른 사람에게 전송되는 것이다.
    - Sale; 판매, 리스팅된 작품의 금액이 거래됨을 의미한다. Sale은 특성상 Transfer를 동반하게 되는데, Transfer가 판매는 아니다.

3. 못보던 버튼이 생겨있는데 이 쇼핑백처럼 생긴 버튼은 전송 Transfer 버튼이다. 이 버튼을 누르면 다수일 경우 수량을 적는 란을 포함해서 수령자의 전자지갑 주소를 넣는 창이 열린다.

- 이더리움은 전송에도 가스피가 든다. 발송자가 부담한다.
4. 마지막으로 작품을 소유하고 있기 때문에 '판매' Sell 버튼이 활성화 된다.

〉 판매 버튼을 누르면 판매가 시작된다. 다음은 NFT 판매이더리움을 설명한다.

° NFT 판매(이더리움)

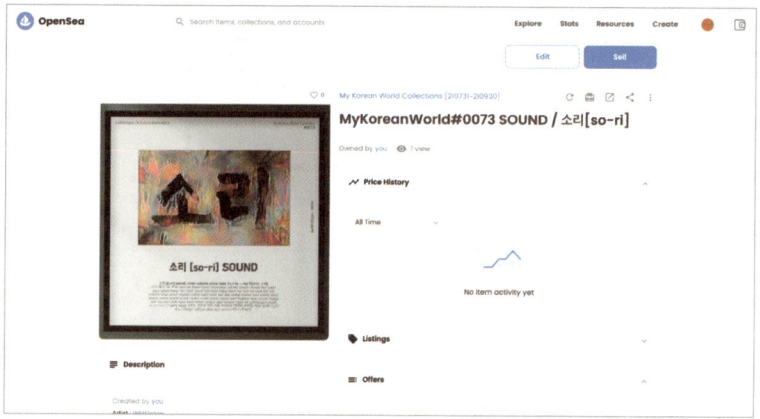

이 작품은 한글로 NFT작품을 만드는 My Korean World Collections에 속한 '#0073 소리' 작품으로 필자가 직접 제작하여 민팅한 작품이다.

판매는 직접 만들었으면 본인 소유, 구매했으면 본인 소유. 즉 본인 소유의 NFT를 판매하는 것이다. 본인의 것을 판매하는 것이면 1차 판매, 산 것을 판매하는 것을 n차판매라고 한다. 로열티가 설정되어 있다면 매 거래마다 작가에게 로열티가 지급된다.

1. Edit; 이것은 자신이 만든 작품이 타인에게 전송 Transfer되거나 판매되지 않은 때만 버튼이 활성화된다. 작품을 민팅할 때 입력한 정보를 수정할 수 있다.
2. Sell; 판매버튼. 이것을 누르면 가격을 설정하고 판매가 시작된다.
  > 판매 버튼Sell을 누른다.

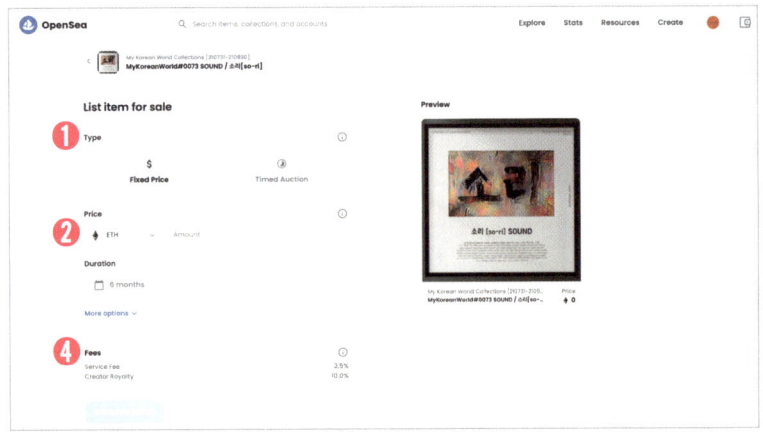

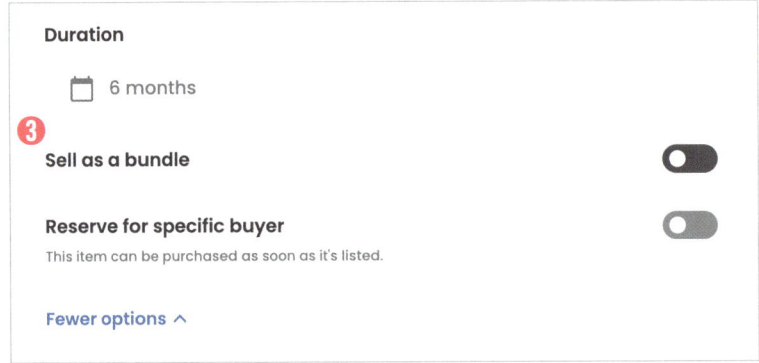

1. Type; 즉시 판매, 경매를 결정한다.

- Fixed Price; 고정가 판매
- Timed Auction; 시간제 경매.

2. Price; 가격
   - ETH; 이 작품을 구매하는데 쓰는 코인의 종류이다. V를 누르면 다른 코인 종류가 나오는데 오픈씨에서 이더리움 블록체인에서는 다이^{DAI}와 유에스디코인^{USDC} 코인을 선택할 수 있다. 이더리움이 가장 많이 쓰이지만, 달러와 가치가 연동되어있는 USDC도 종종 눈에 띈다.
   - Amount; 금액. 사용법을 설명하기 위해 가격은 임의로 0.01로 정하겠지만, 가스피$^{Gas\ fee}$가 근 0.02이더^{EHT}였다는 것을 생각해 보면 그리 좋은 가격은 아니라는 생각이 든다. 그렇다고 작품이 정가라는 것이 없긴 하지만, 통상적 거래가보다 너무 높힐 수도 없으니 어려운 선택이다. 필자는 이런 저런 고려 끝에 가스피와 비슷한 0.02ETH로 정하기로 했다.
   - Duration; 작품의 판매 기간. 누르면 달력과 시간, 판매 개시 시간을 정할 수도 있다.
   - More Option; 누르면 사진의 3번으로 확장된다.

3. 번들과 지정판매 2가지가 있다.
   - Sell as a bundle; 다른 작품과 묶음 판매를 하는 옵션. 누르면 번들 이름과 묶을 작품을 고를 수 있는 메뉴가 나온다. 같은 콜렉션의 작품을 묶을 수 있다.
     · 참고로 번들을 묶는다고 가스피가 1개분만 나오는 것은 아니다.

- Reserve for specific buyer; 구매자를 특정하는 옵션. 켜면 전자지갑 주소를 입력하는 창이 나오고, 이 전자지갑만이 지금 가격에 작품을 살 수 있다.

4. Fees; 수수료
    - Service Fee; 오픈씨에 지급하는 판매 수수료. 2.5% 작품이 팔릴 경우 이 수수료가 공제된 후 판매자에게 지급된다.
    - Creator Royalty; 이 로열티는 작품별이 아니라 콜렉션을 만들 때 정하며 수정가능하다. 작품이 판매되면 정해진 %, 지금 사진은 10%로 되어있어 판매액의 10%가 공제된 금액이 판매자에게, 10%는 작가에게 전달된다.

〉금액을 입력하고 활성화된 [Complet Listing] 버튼을 누른다

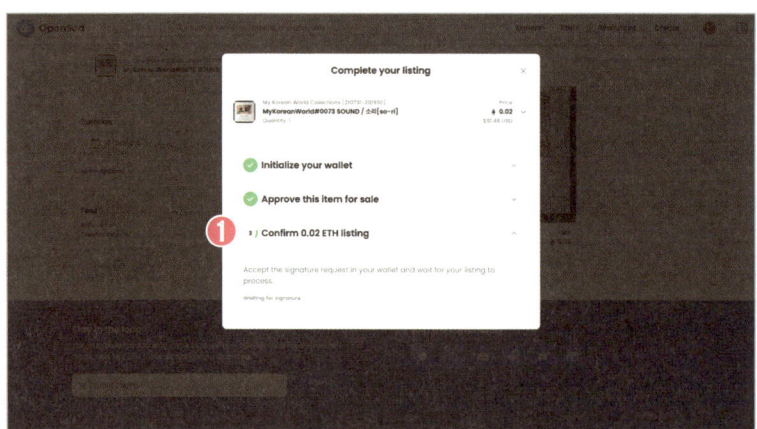

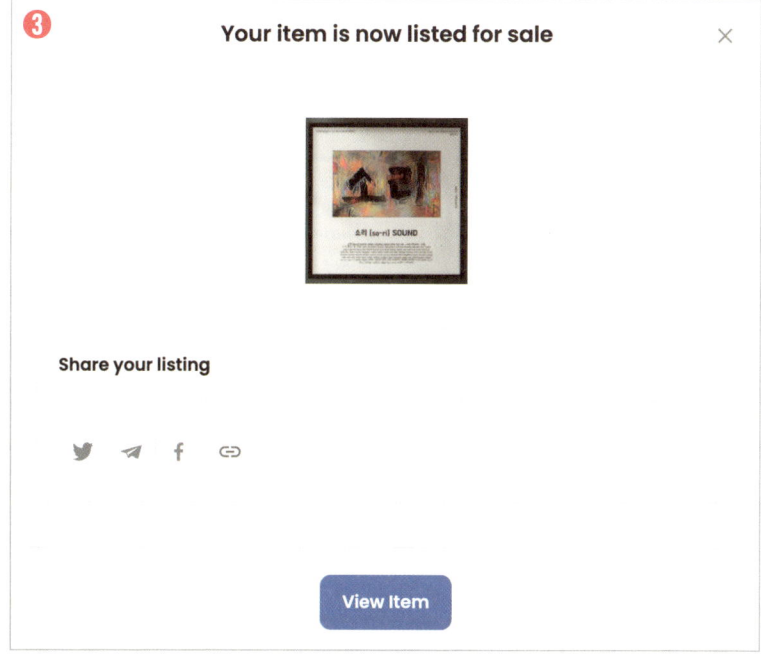

4장. 오픈씨에 계정을 만들고 거래하는 방법

[리스팅 완료] 버튼을 누르면 팝업이 뜨고 자동으로 리스팅 절차가 진행된다.

1. 사진의 3번째 단계인 Confirm 0.02 ETH listin단계에서 멈추는데, 승인을 기다리는 것이다.
2. 지금 단계에서 전자지갑이 열리면서 승인을 요청한다. 만일 팝업을 놓쳤거나, 뜨지 않는다면 브라우저에 표시된 메타마스크 아이콘에 1이 표시된다. 클릭해서 열 수 있다.

   〉[서명]을 누른다.
3. 판매listing이 완료되면 이 팝업이 뜬다. 공유할 수 있는 버튼이 나오지만, 지금만 할 수 있는 것은 아니고, 작품페이지에 있는 공유 버튼으로 동일하게 진행할 수 있다.

   〉View Item 버튼을 누른다. 판매 절차 끝.

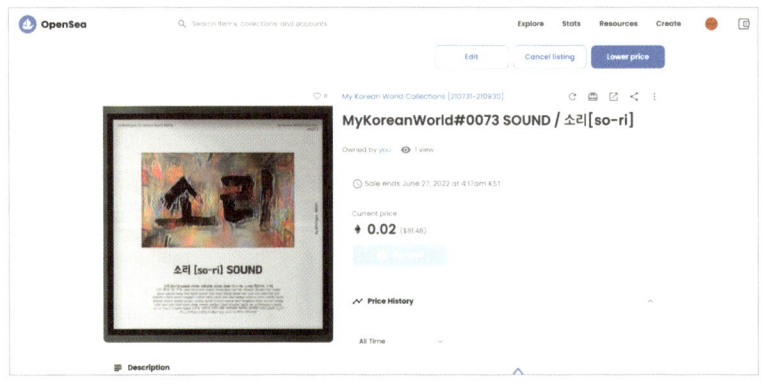

° NFT 판매 수정

1. 가격 0.02이더ETH로 잘 올라가있는 것을 확인할 수 있다.

2. Sell버튼이 사라지고, 다른 버튼 2개가 나타났다.
- Edit; 팔리기 전까지는 여전히 정보를 수정할 수 있다.
- Cancel listing; 판매 취소. 이더리움은 이것도 가스피Gas fee가 들기 때문에 대체로 Edit→Delete를 하고 다시 작품을 올리는 편이다. 다수개의 작품인 경우 일부가 타인의 소유라면 Edit도 Delete도 할 수 없다.
- Lower price; 가격 낮추기. 더 낮은 금액으로만 조정할 수 있다. 낮추는 것은 가스피Gas fee를 받지 않지만, 낮춘 가격을 취소하려면 비용이 든다.

비트코인은 '금', 이더리움은 '인터넷'이라는 말과 높은 가스피와 시세는 이더리움이 대세라는 것을 말해주지만, 0.003ETH 정도의 저가 작품들은 이더리움이 엄청난 부담이 된다. 그래서 최근은 저가 작품을 중심으로 '폴리곤-이더'라는 코인이 사용된다. 폴리곤 블록체인 기반은 전송과 구매에 가스피가 들지 않는다.

〉끝. 다음 항목 참조.

콜렉션; 폴리곤
°NFT 구매(폴리곤이더)

1. 사진은 오픈씨에서 지갑을 클릭하면 나오는 풀다운 메뉴
- 폴리곤은 Polygon/matic 이라는 블록체인 기반을 이야기한다.
- 이더리움에 비해 가스피가 저렴하고 오픈씨에서 전송과 구매에 가스피가 (거의) 들지않는다는 장점이 있어서, 저가 NFT를 중심

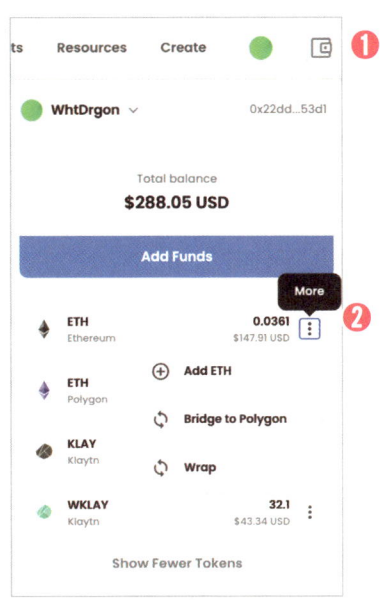

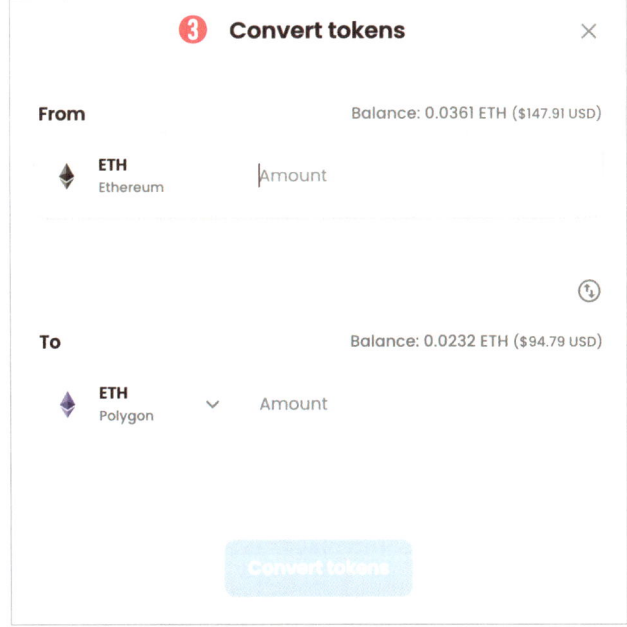

으로 빠르게 확장해가고 있다.
- 단, 오픈씨에서 사용하는 폴리곤은 '폴리곤-이더리움' 토큰이다.
- 폴리곤용 배송블록박스 안에 이더리움을 채워놓았다고 생각하면 이해가 빠를 것이다. 즉, 폴리곤 체인에 맞추어 재포장된 이더리움이다. (실제로 정확히 이런식은 아니다.)

 2. 사진의 점 3개 아이콘을 클릭하면 또 메뉴가 열린다.
- Add ETH; 선택하면 세부 메뉴에서 한국에서는 쓸모가 없는 Buy with Card 메뉴가 있고, Deposit crypto 코인입금 메뉴가 있지만 기능이라기보다 ETH를 본인의 지갑주소로 이체하라는 내용의 안내이다.
- Bridge to Polygon; 이더리움을 폴리곤-이더리움으로 변환하는 메뉴가 열린다. ❸
- 시세도 이더리움과 동일해서 이더리움으로 변환시키려면 가스피가 들어간다. 이를 처리하는 것/곳을 '브릿지'라고 한다.
- 클레이튼에도 클레이튼 블록체인에서 쓸 수 있는 이더리움인 Keth라고 부르는 토큰이 있다.
- Wrap; 랩을 씌웠다는 표현인데, WETH는 빨간색 이더리움으로 표시된다. 정작 WETH는 오픈씨에서는 그리 많이 쓰이진 않는다. 이걸 고르면 ❸과 동일한 화면이 열리는데 To가 빨간색 WETH 코인인 것만 다르다.
- 이상한 말이지만 이더리움 자체는 이더리움 가족 코인들_{토큰}이 함께 쓰는 이더리움 표준인 ERC-20과 호환되지 않는다. 당연하

게도 ERC-20이 나오기 전에 나왔기 때문이다.

- 예를 들자면 우체국에서 편리한 표준 박스를 만들어서 트럭과 창고가 모두 그 사이즈에 맞추는데 정작 우체국의 옛날 박스가 그에 맞지 않아서, 표준박스에 재포장해야 하는 식의 상태이다. (이것도 실제로 정확히 이런 방식은 아니다. 이해를 돕기 위한 설명이다.) W가 붙는 Wrapped 는 보통 ERC-20표준에 맞추어 가공했다는 뜻이다.

- 사진에 WKLAY가 보이는데 이 역시 클레이튼의 클레이를 ERC-20에 맞추어서 오픈씨에서 거래가 가능하게 했다고 봐도 크게 틀린 것은 아니다.

3. Convert token 컨버트 토큰. 지금은 토큰과 코인은 같은 의미라고 생각해도 된다. 이 메뉴는 ETH를 폴리곤-이더로 환전하는 기능이다. 가스피$^{Gas\ fee}$가 들기 때문에 소액을 전환하면 더많은 가스피가 나오는 것에 유의해야 한다.

다음 단계에서 설명을 위해 폴리곤-이더의 작품을 찾아 사고 팔며 설명을 하고자한다.

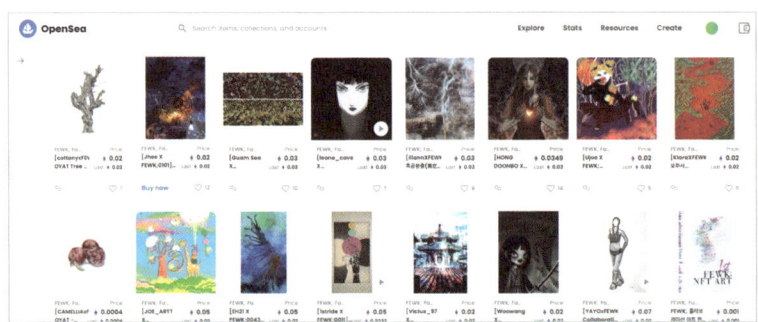

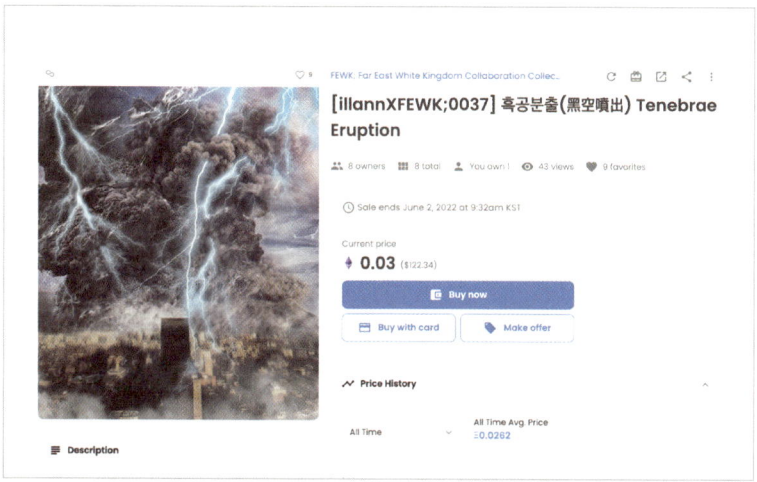

- 여기는 필자의 FEWK; 세계관 NFT와 콜라보하는 수많은 작가들의 작품들이 올라오는 콜렉션이다. https://opensea.io/collection/fewkcollaboration
- 여기 작품들이 폴리곤-이더로 올라오기 때문에 이곳을 골랐다.
- 현재 의도적으로 필자의 폴리곤-이더의 잔고는 0.0361이더리움과 0.03폴리곤-이더ETH가 안되는 0.232폴리곤-이더ETH이다.

〉작품 중에서 0.03 폴리곤 이더를 골라 구매하기 위해 NFT작품 중 illann 작가님의 작품 흑공분출 썸네일을 눌렀다.

- 폴리곤-이더라고 해도 여전히 방식은 똑같다.

〉Buy now 버튼을 누른다.

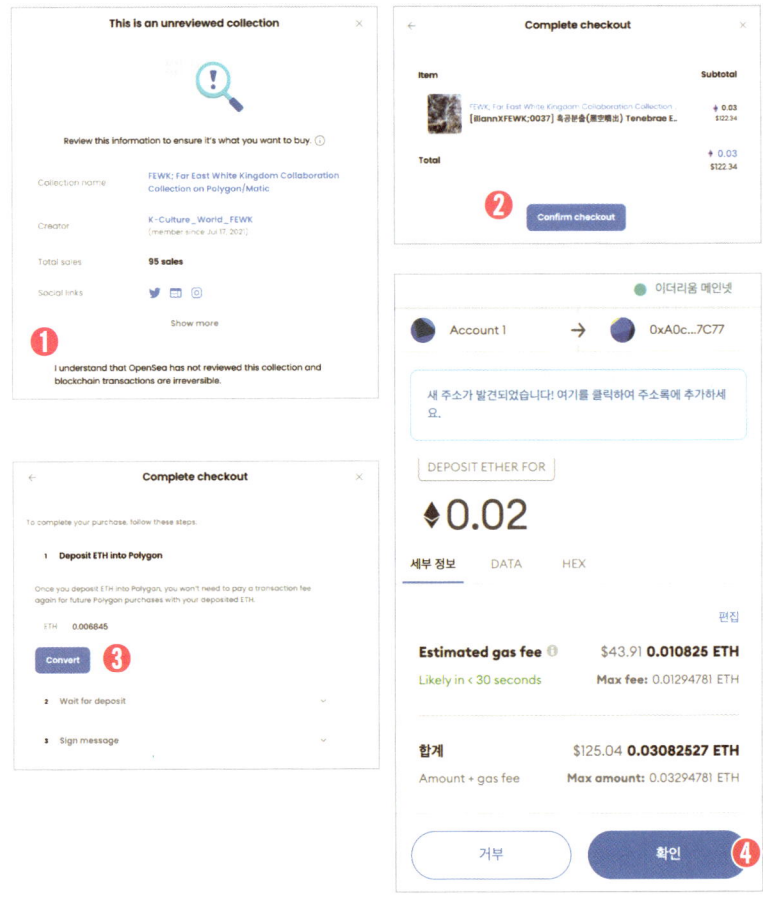

1. I understand that…옆의 네모칸을 누르면 다음으로 넘어간다.
- Buy now를 누르면 이전에 보았던 콜렉션 이름, 제작자, 전체 판매갯수와 트위터, 홈페이지 등이 나오는 것은 동일하다.
2. Complete checkout 수량과 가격을 확인한 후, Comfirm checkout을 누르면 컨펌을 위해 전자지갑 팝업이 열려야하는데, 그 전에 ETH 잔고는 있는데, 폴리곤-이더가 부족한 상태이기 때문에 환

전 메뉴창이 열린다. 적혀있는 0.006845는 현재 딱 부족한 금액이다.

3. 필자는 기왕 바꾸는 김에 넉넉하게 바꾸도록 0.02를 넣고 Convert를 눌렀다.
4. 결제 승인을 받기 위해 전자지갑창이 열렸다.
   - 변환 금액은 0.02이더^{ETH}인데, 가스피gas fee가 0.01이더^{ETH}이다. 합쳐서 0.03이더^{ETH}이며 0.01이더는 집필시점에서 약 5만원 정도이다.
   - 필자가 글을 쓰는 동안 그 사이에 가스피가 바뀌었다. 가스피는 처리비용의 실시간 시세라서 세계의 밤낮에 따라 처리요청량이 달라져서 금액이 변화하는데, 보통 미국이 심야가 되면 가격이 내려가는 경향이 있다.
   - 폴리곤이더라도 이더리움과 관계될 때는 이더리움급 가스피가 소요되는데 그나마 그것도 이더리움에 비하면 싼 편이다.
   - 독자들도 이 4번 창에서 가만히 기다리면 가스피가 변화하는 것을 볼 수 있다. 잔고가 아슬아슬하다면, 그 와중에 잔고부족으로 확인 버튼이 비활성화되는 것도 볼 수 있다.

   〉4번 확인을 누르면 다음스텝으로 넘어간다.

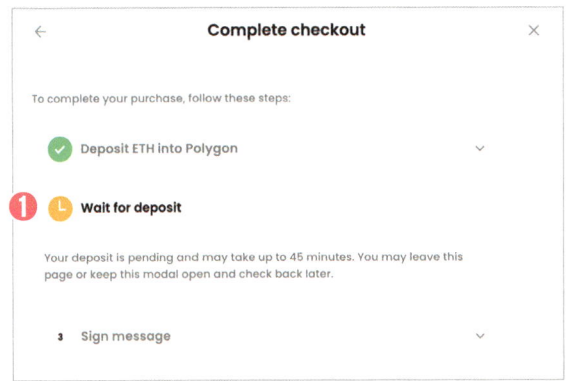
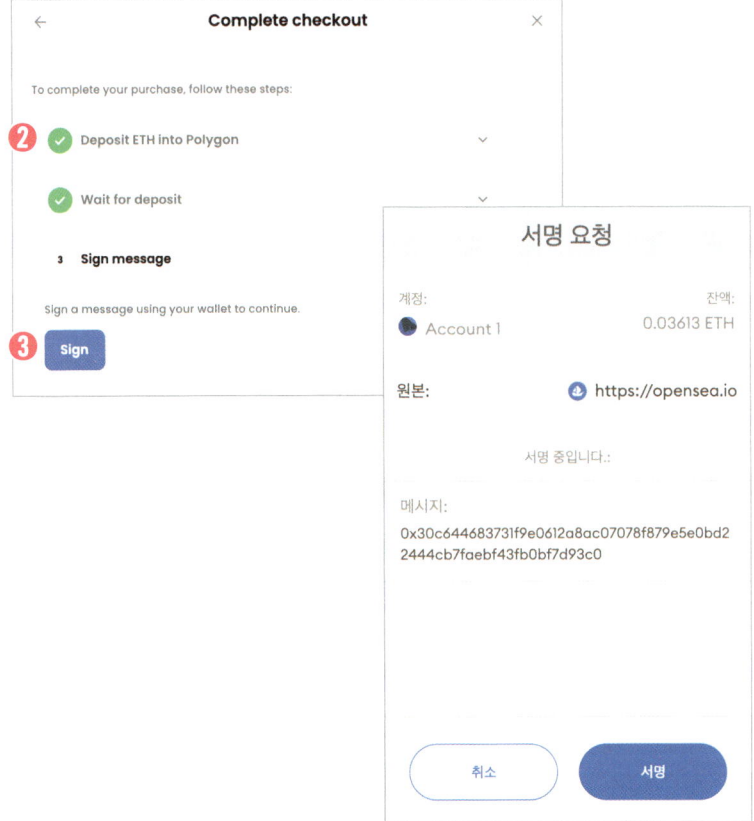

1. 변환에는 시간이 걸린다. 안내문구의 45분보다 실제는 조금 덜 걸리는 편이지만 꽤 기다려야한다는 것은 여전하다.
   - 주의해야 할 것은 전자지갑은 블록의 전달이 순차적으로 처리되기 때문에 너무 빠르게 무언가를 해서는 안된다.
   - 처리되고 있는 동안 다른 작품을 구매하거나 하는 것은 잠시 미뤄두는 편이 안전하다.
   - 혹시 이 과정에서 창을 닫거나, 문제가 생겨서 진행과정을 확인해야 한다면 지면 관계상 지금 자세히는 설명하지 못하지만 https://wallet.polygon.technology/에 접속해서 메타마스크 지갑으로 연결하면 지갑의 환전이나 트랜잭션 (전송) 상태 등의 정보를 보여준다.
2. 입금 완료
   - 입금이 완료되면 초록색 체크가 뜬다

   〉Sign 버튼을 누른다.

   3. 메타마스크 팝업이 열리면서 최종 승인을 요청한다.
   - 이때 취소해도 구매가 취소될뿐, 환전과 입금이 취소되는 것은 아니다.

   〉서명 버튼을 누른다.

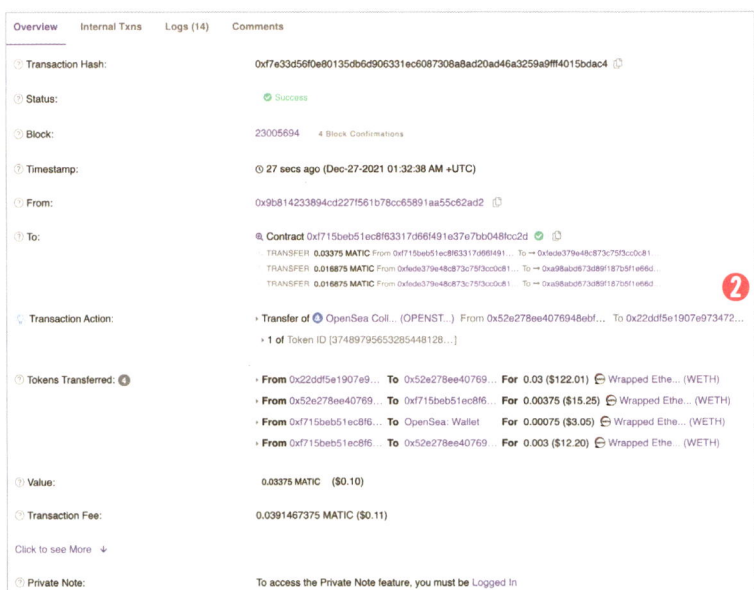

1. Your purchase has processed

- 구매가 완료되면 이런 팝업이 뜬다.
- 창을 닫기 전에 설명을 위해 Transaction Hash를 짚고 넘어가자

  〉Transaction Hash 글씨 아래에 있는 파란색 0x알파벳열을 누른다.

2. https://polygonscan.com/

- 블록체인은 장부의 상세내역이 영구적으로 분산저장된다.
- 각 블록체인마다 이 내역을 공개하는 웹서비스가 있다.
- 우리는 지금 폴리곤이더로 거래했기 때문에 이 기록은 폴리곤 블록체인에 남는다.
- 아까 누른 Transaction Hash는 지금 이 구매를 위해 코인을 환전하고, 지불하고, NFT를 받은 거래기록의 번호이다. 이것을 해쉬라고 한다.
- 특히 2번 표시가 되어있는 부분이 내가 구매한 NFT가 누구의 지갑에서 내 어느 지갑으로 왔는지 표시된다.
- 이 사이트의 검색을 찾아보면 폴리곤 블록체인의 코인, 지갑, 토큰, NFT 등의 다양한 거래기록들을 볼 수 있다.
- 이더리움은 https://etherscan.io 이다.
- 클레이튼은 https://scope.klaytn.com/ 에서 볼 수 있다.

  〉폴리곤 이더 구매 종료. 이전 오픈씨 창으로 돌아가자.

°NFT 판매(폴리곤이더)

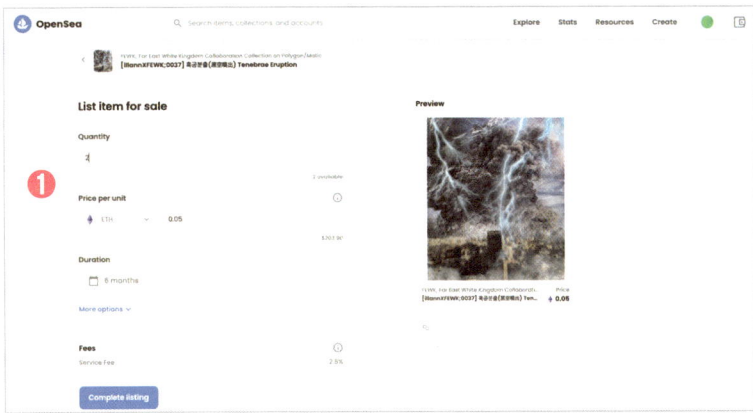

1. 판매창

- 독자들에게 설명을 위해 돌아가자마자 Sell 버튼을 눌러 판매창을 열었다.
- Quantity; 수량. 판매할 수량을 적는다. 필자는 이 설명을 작성하기 위해 하나 더 구매한 것이라 현재 2 available 즉 2개 판매가 가능하다.
- 설명을 위해 2라고 적었다.
- Price per Unit; 제목대로 개당 가격이다. 0.02에 샀지만 가스피가 0.01이나 들었고 2.5%의 수수료도 나간다. 로열티는 표시가 안되어있으면 없는 것이므로 0%이다.
- 어쨌든 여러가지를 고려하고 이더리움도 더 벌고 싶어서 가격으로 0.05이더리움을 걸었다.
- 왜냐하면 내가 방금 구매하면서 이 작품이 매진이 됐기 때문이다.

- 만일 팔린다면 0.03폴리곤이더를 들여 0.02폴리곤이더의 작품을 사서 차익으로 약 0.02에 약간 못 미치는 2차판매 수익을 얻게 된다. 이건 과연 팔릴지 두고 볼 일이다.
- 만일 내 계정 페이지에서 설정에 이메일을 남겨두었다면 판매되면 오픈씨로부터 Your Item Sold!라는 멋진 메일을 보내준다.

〉Complete listing 버튼을 누른다. 폴리곤이더 판매 설명 종료.

오픈씨의 코인들
° 콜렉션과 코인 WETH

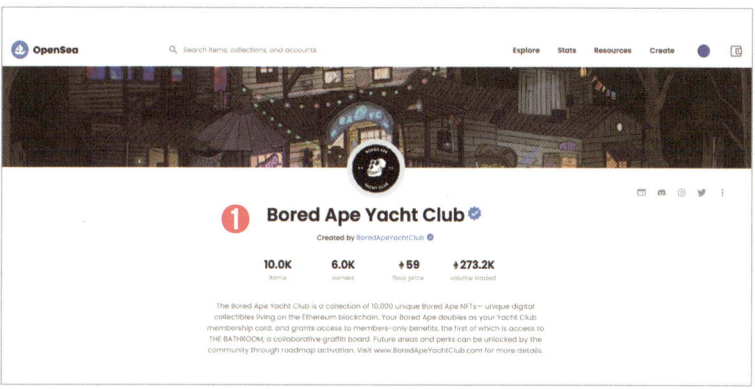

- 콜렉션은 하나의 블록체인 기반을 가진다.
- 콜렉션이라는 것 자체가 블록체인과의 계약이기 때문이다.
- 즉, 파일을 보관하는 디렉토리도 엄연히 하나의 파일이기 때문에 윈도우 디렉토리, 맥 디렉토리, 안드로이드 디렉토리가 같은 속성을 가진다고 보면 된다.
- 이더리움 블록체인 콜렉션은 다양한 이더리움들ETH, WETH 등을 사용할 수 있다.

1. Bored Ape Yacht Club은 이더리움 기반의 오래된 NFT 콜렉션이다. 이 콜렉션은 지금 이더리움의 상징 아이콘 마름모에 Wrapped됐다는 뜻의 빨간색이다. 즉 WETH.
   - 오리지널 이더리움ETH은 뒤에 이더리움이 확장되면서 나온 이더리움 표준인 ERC-20과 호환되지 않아서 여기에 맞게 만든 이더리움이 WETH이다.
2. Bored Ape Yacht Club의 NFT
   - 오픈씨는 콜렉션을 만들때 이더리움 블록체인 기반을 선택하면 여러 이더리움을 쓸 수 있다.
   - 하지만 수집가에게 필요한 코인을 통일하기 위해 하나로 통일하는 편.
   - 여기는 WETH로 되어있다. 빨간색 이더리움.

° 오픈씨의 코인들

- 클레이튼은 블록체인 이름이고, 클레이는 코인단위이다.
- 폴리곤은 블록체인명, 매틱은 코인 단위.
- 이더리움은 블록체인명, 이더는 코인 단위.
  - 이더 ETH - 검은색 마름모
- 이더리움ERC-20은 이더리움 블록체인의 표준양식, 랩드 이더는 코인단위다.
  - 랩드 Wrapped
  - 이더 ETH
  - 랩드이더 WETH - 빨간색 마름모
- 폴리곤은 블록체인명, 폴리곤이더는 폴리곤 기반의 이더리움이다.
  - 폴리곤 블록체인에 이더리움이 거래되기 위해 폴리곤식 이더리움이 있다.
  - 폴리곤 이더리움 - 핑크색 마름모.
- 클레이튼은 블록체인명, K이더는 클레이튼 기반의 이더리움이다.

- 이더리움이 클레이튼에 거래되기 위해 이더리움과 1:1 교환되는 '클레이튼 이더리움'이 있다.
- 구조상 클레이튼 블록체인 기반
- 가치상 이더리움 코인이다.

1. 복잡해보이지만, 미국 1달러가 마치 북한의 '달러와 바꾼 돈' 같이 북한이라는 특정 블록체인 하에서 소통되기 위해 존재하고, 같은 가치의 코인이라고 보면 된다.

콜렉션; 클레이튼
°오픈씨와 클레이튼

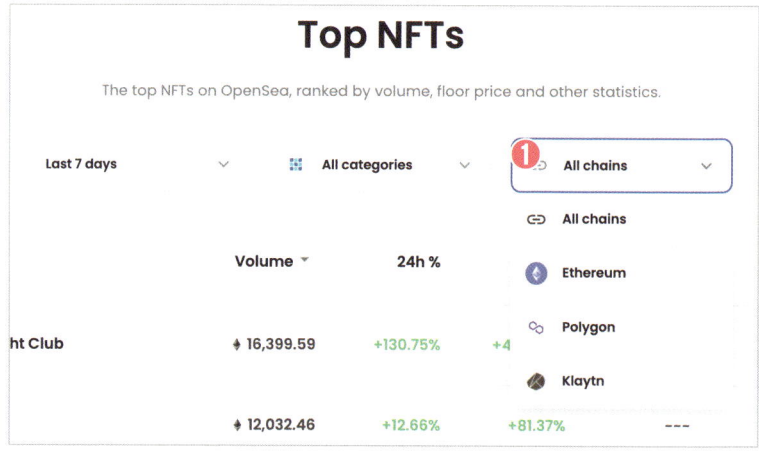

1. Chains
   - 랭킹이 콜렉션들의 랭킹이라면 소팅에서 특정 블록체인만 보여주는 이 메뉴는 오픈씨 코인들의 랭킹이라고 할 수 있다.
   - 클레이튼은 오픈씨의 3대 랭킹이라고 말할 수 있는 것.

˚ 클레이튼 콜렉션

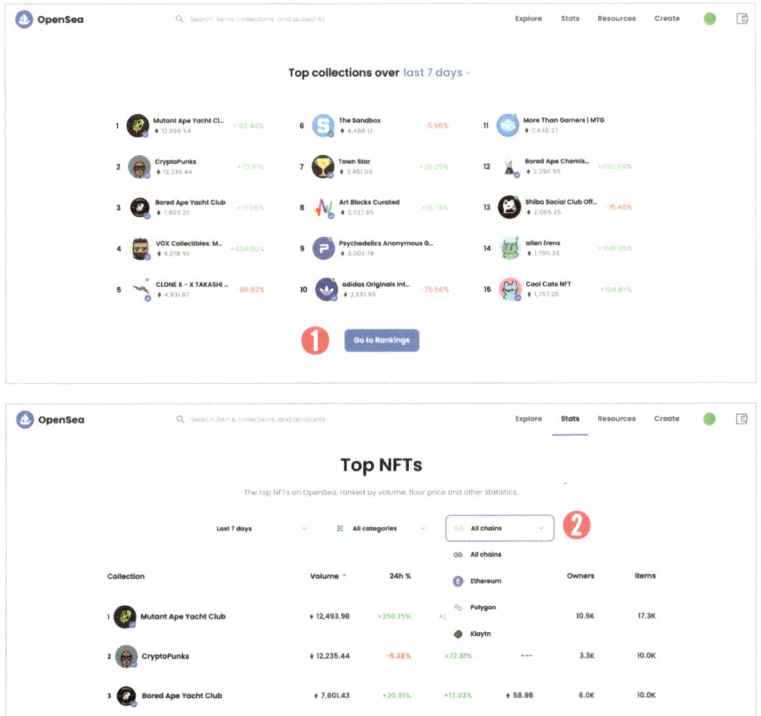

1. 오픈씨 메인화면

왼쪽 위의 오픈씨를 눌러서 첫 화면으로 돌아간 뒤 스크롤을 내리고 우리가 이 파트에서 처음으로 봤던 랭킹으로 가보자.

　〉Go to Rankings 클릭

2. TOP NFTs

All chains : 우측 상단의 All chains 를 누르면 풀다운 메뉴가 나온다. Top NFTs를 블록체인별로 보여주는데 여기서 Klaytn을 고른다.

　〉All Chains 〉Klaytn 선택

° NFT 구매(클레이튼)

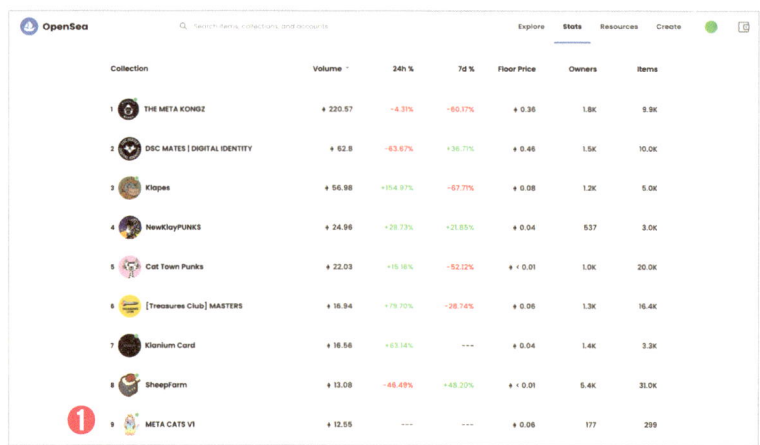

1. 클레이튼 랭킹
- 클레이튼은 한국의 코인이라는 특성으로 대부분의 콜렉션들이 거의 한국 프로젝트들이다.
- 지금 핫이슈가 된 The Meta kongz
- 한국 최초이며 가장 유명한 DSC Mates
- 꾸준히 떠오르고 있는 Klaps
- 그리고 큰 기대를 모으고 있는 Treasures Club 등등
- NFT에 대한 스타일이나 구성 등을 보기위해 하나하나 방문해보면 큰 도움이 된다. 1위는 곧 트렌드니까.

〉 스크롤을 내려 FEWK; 4teens DDOGG for Klaytn을 찾아보자

2. FEWK; DDOGG 필자의 NFT이다.

〉 클릭하여 컬렉션으로 들어간다.

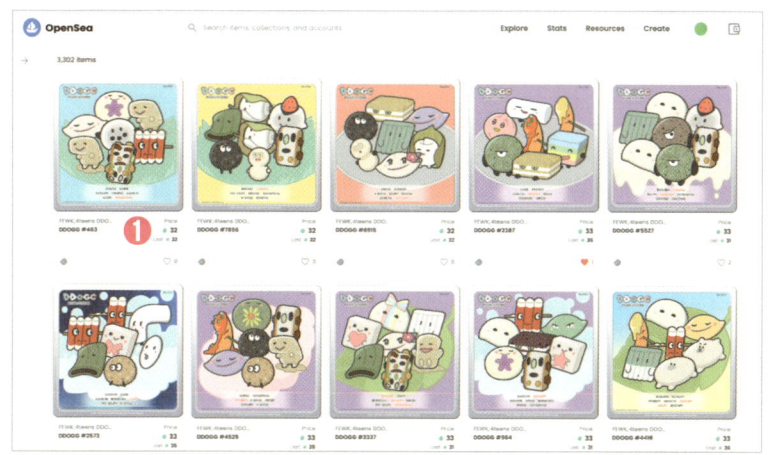

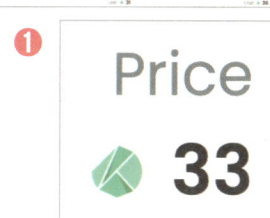

1. 이곳의 숫자는 클레이튼 숫자이다.

- 이더리움이 현재 500만원대의 거래소 시세를 가진 탓에 0.몇몇의 단위지만 이것은 클레이튼의 숫자다. 현재 거래소에서 1500원~1800원 정도의 시세를 가지고 있다.
- 클레이튼의 마크는 회색 각진 동그라미에 K가 안에 새겨져있는 모습이다.
- Wklay; 이곳은 클레이튼이 초록색 동그라미처럼 보이는데 이것

은 거래 단위가 WKLAY이기 때문이다.
- Wrapped의 약자인 W는 이더리움 블록체인에서 통용되기 위해 ERC-20이라는 이더리움 표준에 맞추어졌다는 의미이다.
- 랩이라고 해서 포장처럼 이야기하지만 실제 원리는 Klay를 보관하고, Wklay로 바꿔주는 맞교환 형식의 구조이다.
- 하지만 지금은 클레이가 없기 때문에 klay든 wklay든 살 수가 없다.
〉클레이를 구해야 한다.
- 하지만 클레이를 구할 방법보다 보관할 방법이 없다.
- 클레이는 이더리움 기반이 아니라 클레이튼 블록체인 기반이기 때문이다.
- 이 글을 쓰는 현 시점에서 확장성 좋은 메타마스크에 클레이튼 메인넷을 등록하는 방법이 있지만, 아직 카이카스지갑으로 로그인을 해야하는 클레이튼 서비스들이 많기 때문에 카이카스 지갑을 하나 만들기를 권한다.
〉클레이튼 지갑 카이카스^{Kaikas}를 설치한다.

전자지갑
°Kaikas 클레이튼 지갑설치

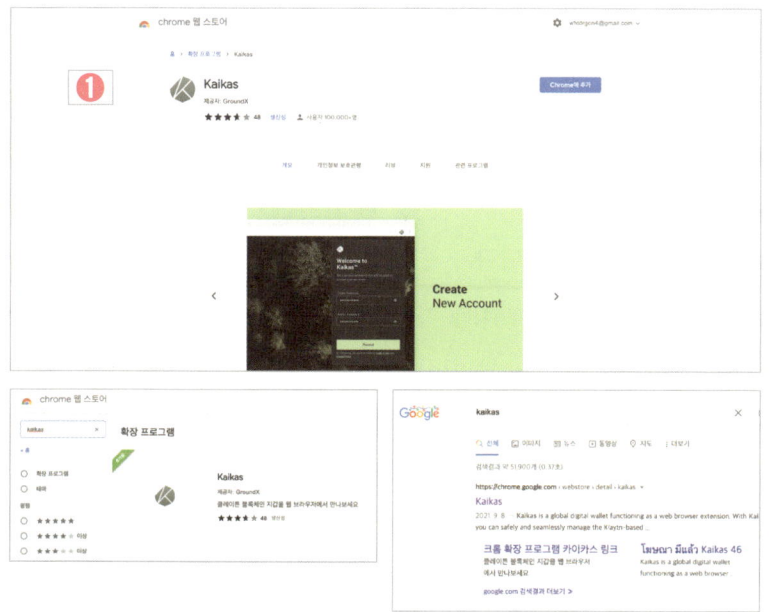

1. 클레이튼 설치

　이 부분은 앞서 설명한 메타마스크와 매우 유사하다
- https://chrome.google.com/webstore/ kaikas 검색
- 인터넷에서 kaikas 검색

　설치법도 비슷하다. 마이크로소프트 엣지에서도 크롬웹스토어 확장 소프트웨어 사용이 가능하다. 한번의 사용자 승인이 필요하다.

1. 설치가 완료되었습니다.

2. 구석에서 카이카스 꺼내놓기

3. 카이카스 아이콘을 클릭하여 창을 열기

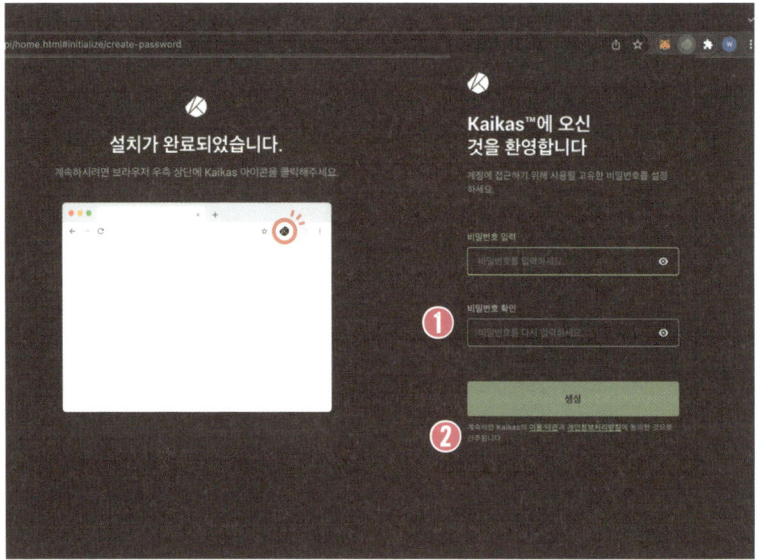

1. 비밀번호

   - 비밀번호는 8자 이상이기만 하면 된다. 이 설치본에 대해서만 작동하는 비밀번호이다.

- 만일 비밀번호를 잊어도 구문이 있으면 재설치하면된다.

2. 비밀번호 동일하게 2번 입력 후

   〉생성 버튼 클릭

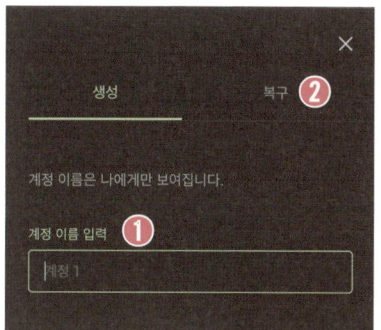 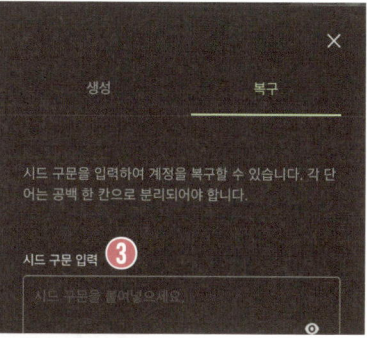

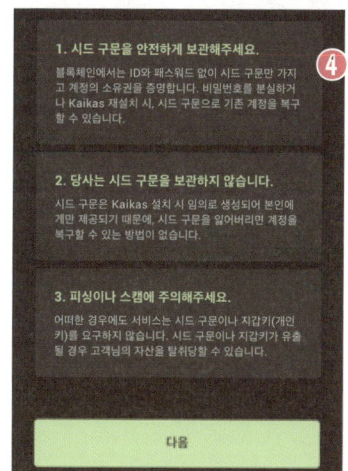

1. 계정이름 임의 입력. 안넣어도 디폴트 이름 들어감.

2. 만일 재설치라면 2번의 복구를 선택.

3. 구분을 입력하는 곳.

   - 메타마스크 구문 넣어도 작동안함

〉생성 클릭
4. 다음 화면에서 스크롤을 내려야 [다음] 버튼이 보임
  〉다음 버튼 클릭.

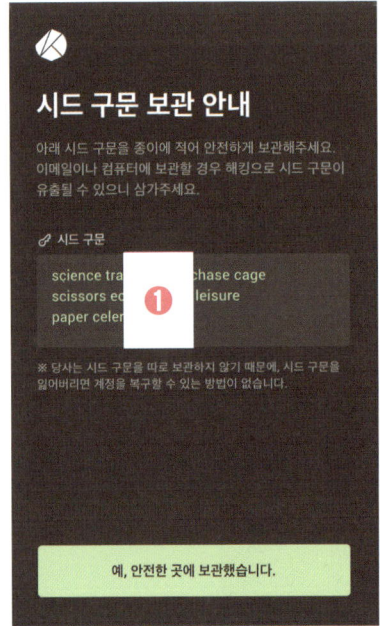 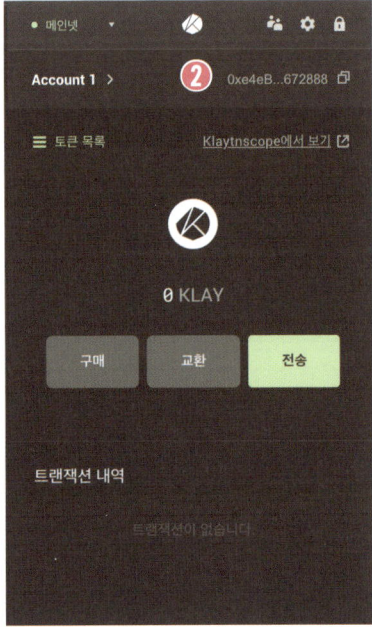

1. 시드 구문은 아무리 강조해도 지나치지 않다.
   - 지금 화면에 노출된 것은 내가 설명을 위해 한번 만든 뒤 삭제할 지갑이라서 이해를 돕기위해 노출하는 것뿐이다. 그래도 가린 것은 혹시 이 구문을 이용해서 지갑을 만들어서 쓰는 사람이 있을까봐 노파심에 가린 것으로, 구문은 남에게 보여줘서는 안 된다.
   - 전자지갑의 세계는 독자가 아니라 전자지갑을 조작할 수 있는 사람이 주인이다. 구문이 노출되면 막을 수 있는 방법이 없다.

- 현실적으로는 해킹보다 분실을 더 걱정해야 한다. 왜냐하면 한참 설치된 걸로 아무 문제없이 사용하다가 재설치할 때 구문이 필요한데, 그때가서 분실하는 경우가 많다.
- 다음 단계에서 구문을 물어보는데, 입력이 틀리다고 나오면 다시 돌아오면 된다.
- 카이카스는 비밀번호를 알면 설정>시드구문 보기>암호입력으로 구문을 볼 수 있다.

  〉예, 안전한 곳에 보관했습니다. 클릭

2. 완료.
   - 이제 카이카스 지갑이 만들어졌다.
   - 2번의 주소번호를 클릭하면 주소가 복사된다.
   - 이제 주소가 2개다
   - 메타마스크 1개, 카이카스 1개.
   - 다른 지갑이니까 주소가 당연히 다르고
   - 하나는 이더리움 메인넷이고, 하나는 클레이튼 메인넷이니 망이 다르다. 메타마스크에서 클레이튼으로 토큰을 전송하면 안된다.
   - 같은 이더리움도 ETH, ERC-20에서 쓰는 WETH, 폴리곤에서 쓰는 폴리곤이더^{PETH}, 클레이튼에서 쓰는 KETH 같은건 서로 교환된다는 것뿐 엄연히 다른 코인이다.
   - 하지만 편리하게 쓸 방법이 있다.

전자지갑; 두 지갑 주소 통일하는 방법
° 메타마스크 • 카이카스 지갑주소 통일

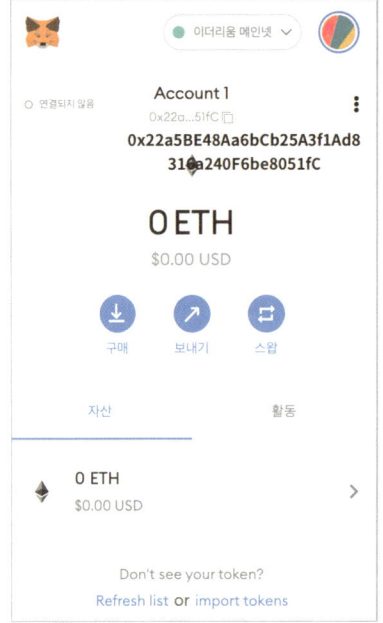 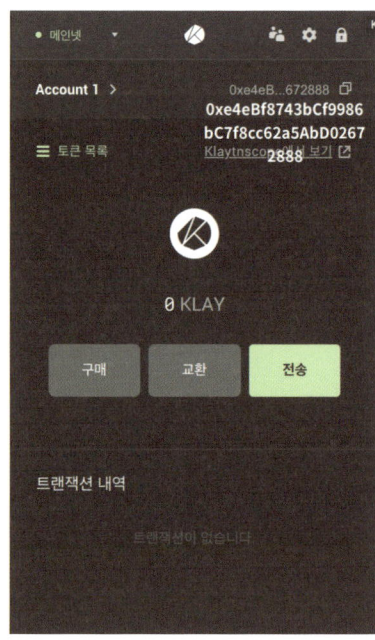

지갑주소 통일은 필수로 해야하는 일은 아니다. 나중에 필요해지면 그때 해도 된다.

1. 왜 지갑주소를 통일하나?
- 지갑이 2개면 주소가 2개라 주소기준인 오픈씨 계정이 둘로 갈라진다. 이게 편하면 이렇게 써도 된다.
- 합치면 코인을 주소로 보낼 때 이더리움이든 클레이튼이든 신경 안쓰고 보낼 수 있다. 대부분 메타마스크가 지원하니까 별 문제가 없다.

2. 원리 설명.

- 전자지갑에는 구문 말고, 비공개키라고 부르는 지갑 고유의 내부 번호가 또 따로있다.
- 한군데서 이 비공개키를 복사해서, 다른 지갑에 입력import하면 비공개키를 가져온 곳과 똑같은 지갑주소가 만들어진다.
- 예)
  - 이식 전, 메타지갑 0x78, 카이카스 0x90인 경우
  - 메타지갑에서 비공개키를 복사해서 카이카스에 그 비공개키를 import하면 카이카스에 주소가 0x78인 두번째 계정이 생긴다.
  - (먼저 있던 주소인 0x90이 지워지는 것은 아니다.)
  - 이식 후; 메타지갑 0x78, 카이카스 계정1=0x90, 계정2=0x78

3. 주소병합 두번째 방법

- 메타마스크는 멀티 메인넷을 지원한다. 카이카스 메인넷을 메타마스크에 등록하면 간단히 메타마스크가 카이카스 지갑 역할도 한다.
- 하지만 클레이튼 사이트중에서는 클립과 카이카스만 로그인 수단으로 인정하는 경우가 많으므로 카이카스도 설치해놓는 편이 좋다.
- 이것도 뒤에 설명하겠다.

  〉여기까지 할줄 알면 전자지갑 다루는데 자신감이 붙을 것이다.

° 메타마스크지갑 비공개키 꺼내기

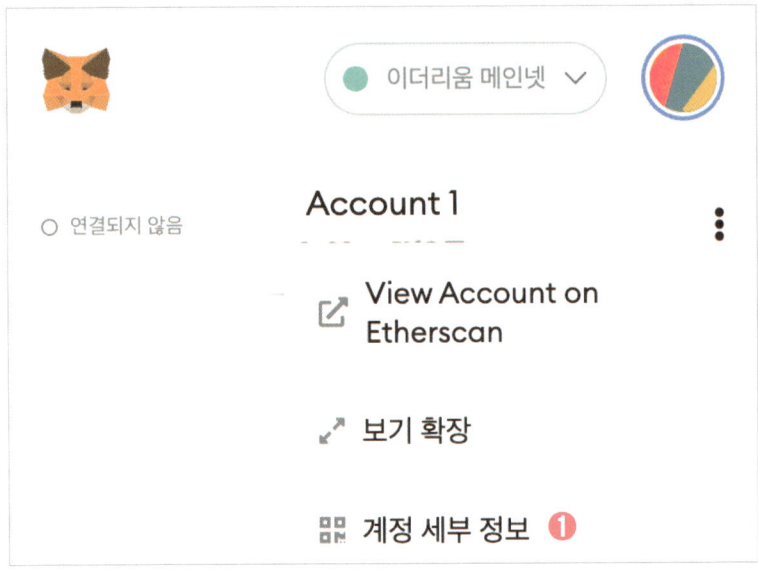

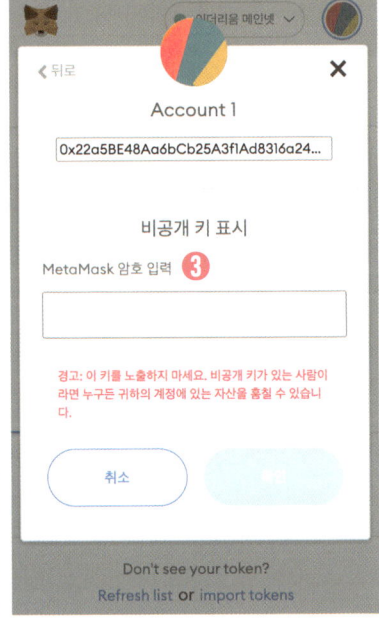

이미 오픈씨에 계정이 등록되어있는 지갑을 기준으로 합치는게 좋다.

1. 메타마스크 비공개키 복사방법.
   - 메타마스크를 열고 우측 상단 점 세개 아이콘을 누르면 창이 열린다.
   - View Account on Etherscan; 이 지갑의 정보를 앞서 말한 블록체인 장부를 조회하는 Etherscan 웹페이지를 열어서 보는 것. 모든 입출력 정보가 다나온다. 공개정보이다.
   - 보기확장; 창 확대.
   - 계정 세부정보; ❶ 지금 우리가 눌러야 할 것.

   〉계정 세부 정보를 누른다.

2 어카운트1 세부정보
   - 어카운트계정의 이름을 지을 수 있다. (연필모양)
   - QR코드는 이 지갑의 주소이다. 모바일에서 지갑주소 가져올때 쓰기도 하고, 남에게 보내주기도 한다.
   - 지갑주소는 계좌번호를 알아야 돈을 보낼 수 있으니 공개정보이다.
   - 비공개키 내보내기; ❷ 지금 우리가 눌러야 할 것

   〉비공개키 내보내기 버튼을 누른다.

3. 암호를 넣는다.

   〉암호를 넣고 확인버튼을 누른다. 비공개키가 뜨면 복사한다.

˚ 카이카스에 비공개키 넣기

1. 카이카스 계정관리
    - 카이카스 지갑 우측 상단의 2명의 사람 모양 아이콘계정관리을 누르면 화면처럼 계정관리 화면이 열린다.
    - 아래 버튼 중 [가져오기] 클릭
    〉카이카스〉계정관리〉가져오기 클릭
2. 메타마스크에서 복사해온 개인키를 붙여 넣는다.
    〉개인키를 복사해넣고 [가져오기] 버튼 클릭
3. Account 2
    어카운트 2가 생겼다.
    ❸의 주소가 메타마스크와 똑같으면 성공.
    〉카이카스의 주소확인 및 위의 2명의 사람 모양 아이콘계정관리을 눌러본다.
4. 계정관리
    - 기존의 계정 Account1 에 이어 Account2 옆에 [IMPORTED]라고 쓰여있다.
    - Account 1,2는 이름을 안붙였을 때 자동생성되는 이름이다. 구분하고 싶으면 계정 세부 정보에서 수정할 수 있다.
    - 아까 QR코드가 나왔던 곳에 이름 옆에 연필아이콘을 누르면 된다.

카이카스에서 비공개키 꺼내기

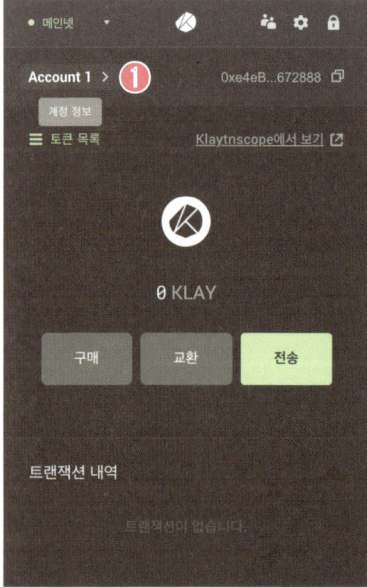

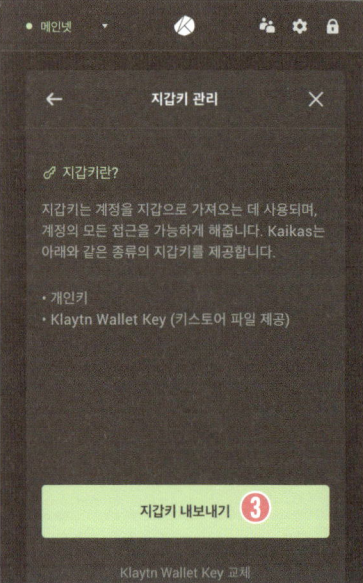
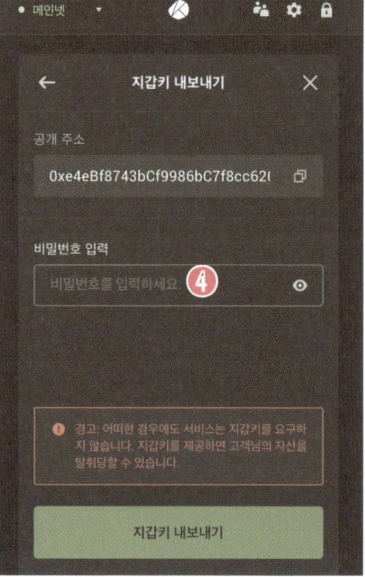

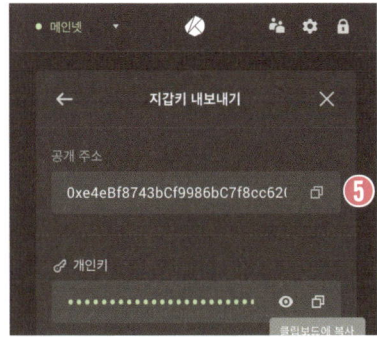 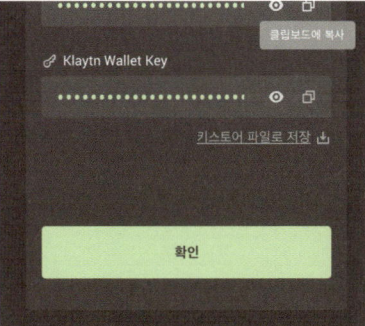

이 방법은 카이카스의 지갑주소를 메타마스크에 복제할 때 사용한다.

1. 카이카스 계정정보
   - 카이카스 계정정보는 Account 1 혹은 독자가 지은 계정이름을 클릭한다.

   〉왼쪽 위 계정명 클릭.

2. 계정정보
   - 여기도 마찬가지로 QR과 연필모양이 나온다.
   - 제일 밑에 ❷ 지갑키 관리를 누른다

   〉계정정보 최하단 지갑키 관리 클릭

3. 지갑키 내보내기

   〉지갑키 내보내기 클릭

4. 비밀번호 입력

5. 네모 두개 겹친 아이콘 (클립보드에 복사) ❺ 클릭

   눈 모양아이콘을 누르면 텍스트를 볼 수 있음. 직접 복사 가능.

   〉개인키 복사후 확인 클릭.

˚ 메타마스크에 비공개키 넣기

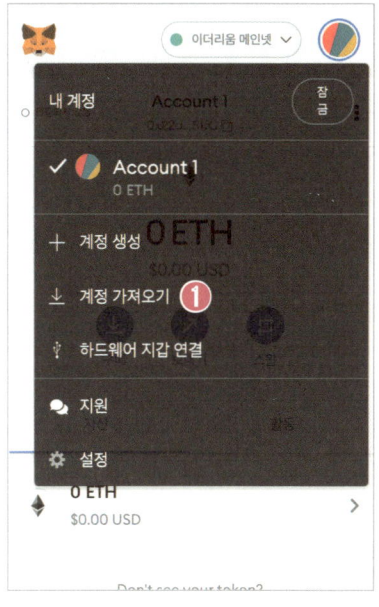
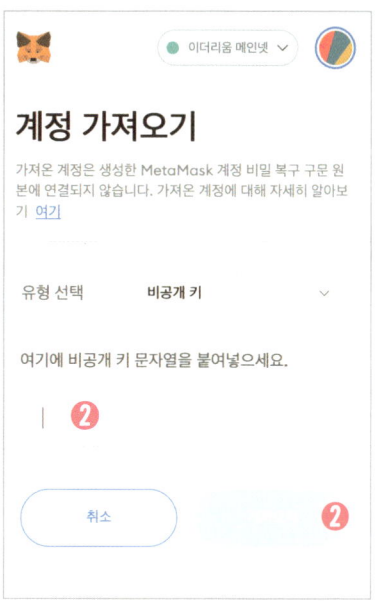
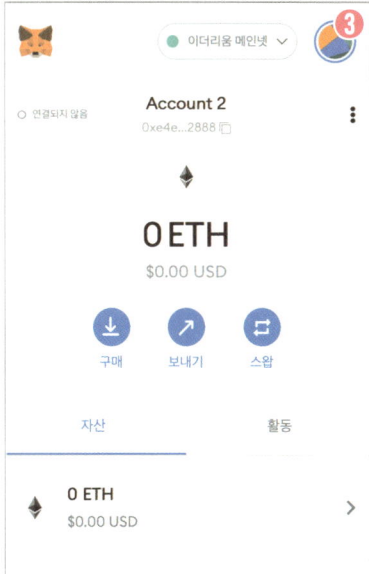
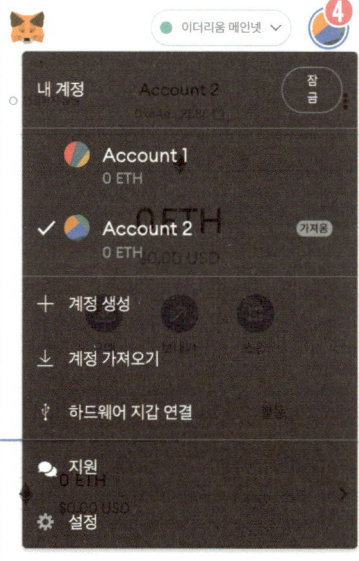

1. 메타마스크

    메타마스크 열고 우측 최상단 원형 아이콘^{프로필아이콘} 클릭.

    계정 가져오기를 클릭

    〉메타마스크〉계정정보〉계정가져오기 클릭

2. 계정가져오기

    - 카이카스에서 복사해온 비공개키를 입력한다.
    - 비공개키는 이런식으로 긴 전자지갑주소처럼 생겼다. 0x0bee2ee47052aaad409c55e26b8e2351cf9ca9d6290318f7f2e08c1c5d5aa333

    〉카이카스에서 가져온 비공개키 입력 후 가져오기 클릭

3. 메타마스크 어카운트 2

    - 어카운트 2가 카이카스와 같은 주소인지 확인한다.
    - 같으면 완료된 것.

    〉우측 상단의 프로필 아이콘 ❸ 클릭

4. 내 계정

어카운트 1; 설치시 만들어진 주소

어카운트 2; (가져옴)이라고 표시됨. 카이카스에서 가져온 계정이다.

    〉완료

NFT 구매와 판매; 클레이튼

° 콜렉션들

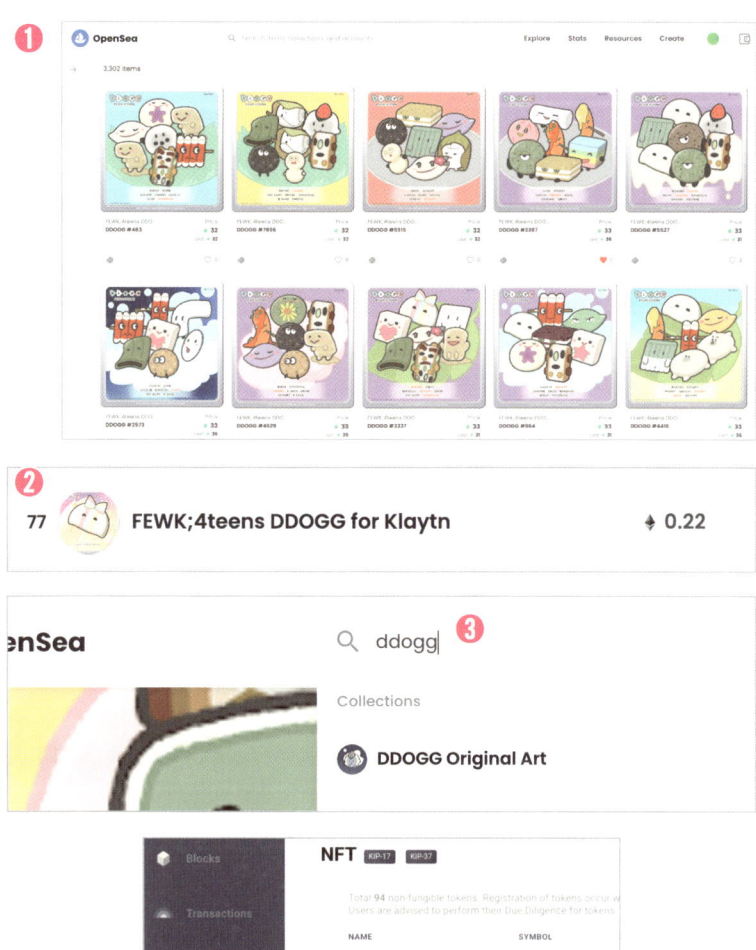

이곳으로 다시 돌아왔다.

1. DDOGG

- 콜렉션 이름은 FEWK;4teens DDOGG for Klaytn
- 콜렉션 URL은 https://opensea.io/collection/fewk4teens-ddogg-for-klaytn

2. 오픈씨 NFT 클레이튼 체인 랭킹

- 지갑 만들고 온 사이에 순위가 조금 더 올랐다.

3. 오픈씨 검색창

- 이곳에 DDOGG를 검색하면 Collections 항목에서 고를 수 있다.

4. https://scope.klaytn.com/nft

- 이곳은 클레이튼 NFT들이 모두 모여있다. 6번째에 DDOGG가 보인다.
- 클레이튼 블록체인 계약주소는 0x3d015bcc051e004683db5b7609cb5a4190eb2f51
- 클레이튼 블록체인 기록은 https://scope.klaytn.com/nft에서 검색창에 DDOGG를 치고 NFT를 고르면 된다.
- https://opensea.io/assets/klaytn/계약주소/1을 치면 클레이튼의 NFT의 첫번째 장을 볼 수 있다. 당연히 콜렉션명이 표시되니 클릭해서 들어가보면 된다.
- 이렇게 오픈씨 콜렉션은 블록체인의 계약기반이기 때문에 이 역시 탈중앙화라고 할 수 있다.

클레이튼 NFT 구매하기

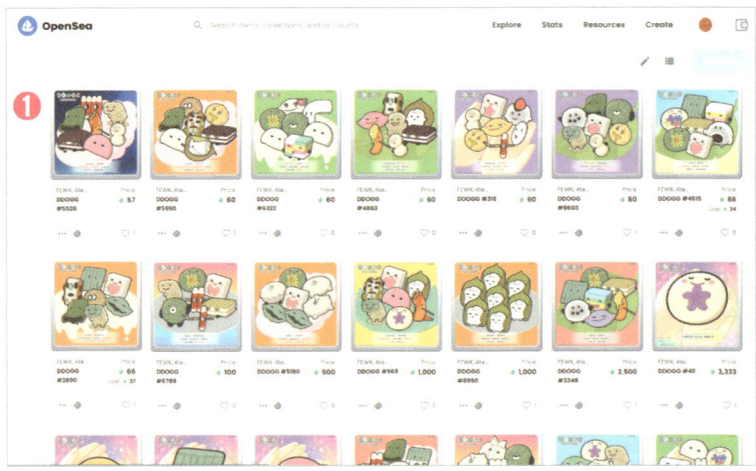

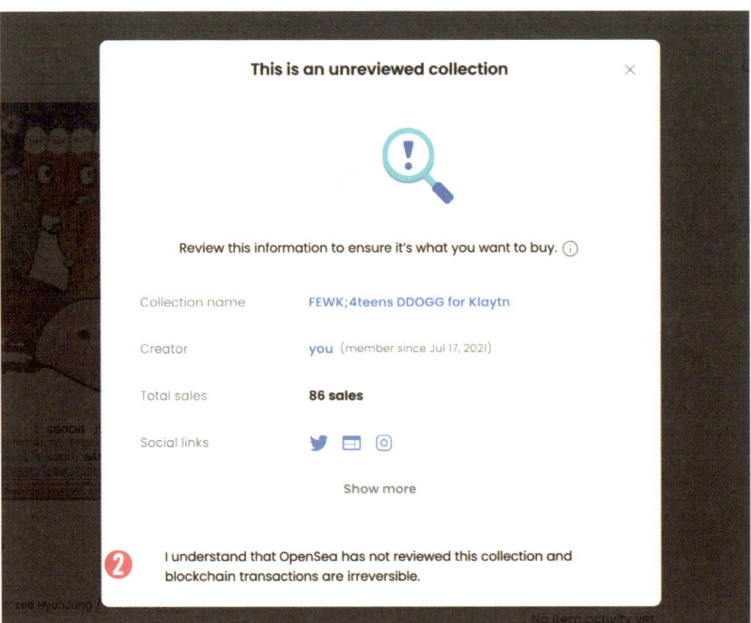

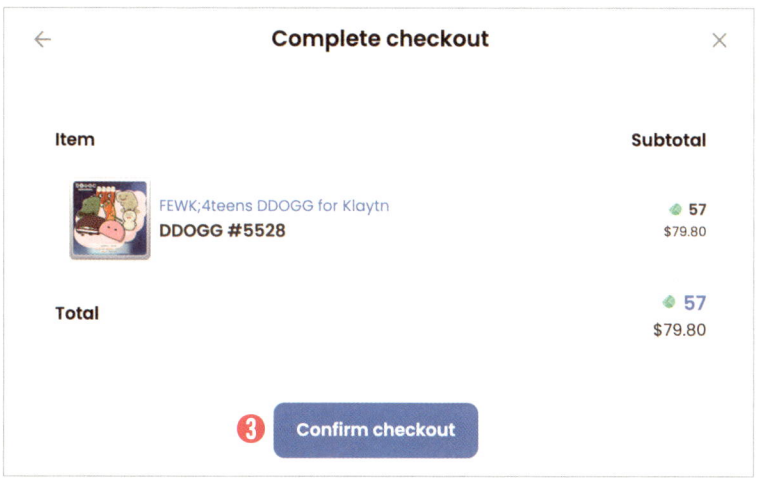

＊주의: 이 구매를 지금 따라할 필요는 없다. 이것은 1차 구매가 아니라 1차 구매한 사람들의 2차 판매이기 때문이다. 뒤에 서술할 '1차 민팅'이 아직 매진되지 않았다면 더 저렴하게 이 NFT를 얻을 수 있다.

1. 콜렉션에서 작품 선택
   - 검색이든, 랭킹이든, 링크든 클레이튼 콜렉션에 간 후
   - 인증된 트위터 등으로 진위 판단을 한 후 구매할 작품을 고른다.
   - 예시를 위해 하나를 골랐다.
   - 이 썸네일 상태에서도 가로점 3개를 누르고 BUY를 고를 수도 있고, 클릭해서 안으로 들어간 후 BUY NOW를 누를 수도 있다.

   〉 구매할 NFT를 눌러 BUY를 누른다.

2. I Understand that… 체크박스 누르기
   - 방식은 앞서 설명한 다른 구매와 똑같다.

- 콜렉션네임과 진위확인을 위한 트위터, 홈페이지 등의 추가정보, 판매량 등의 위조가 힘든 히스토리가 제공된다.
  〉I Understand that… 체크박스❷ 누름.
3. Complete checkout
- 작품, 가격, 수량 등이 표시된다.
- 클레이튼은 현재 오픈씨에서 다수 에디션 기능이 제공되지 않으니 단일 작품밖에 안된다.
  〉Confirm checkout ❸ 누름

° NFT 구매중 WKLAY 교환

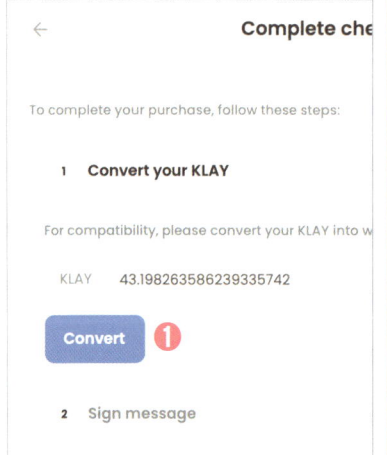
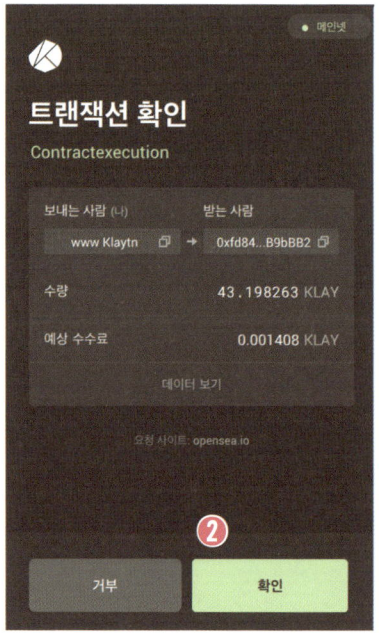

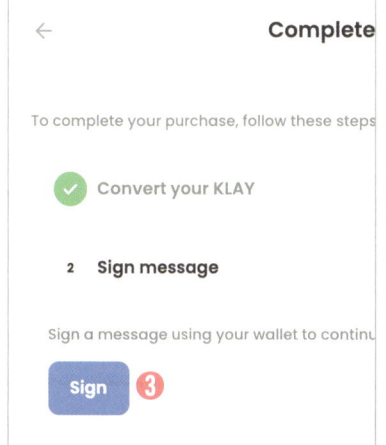
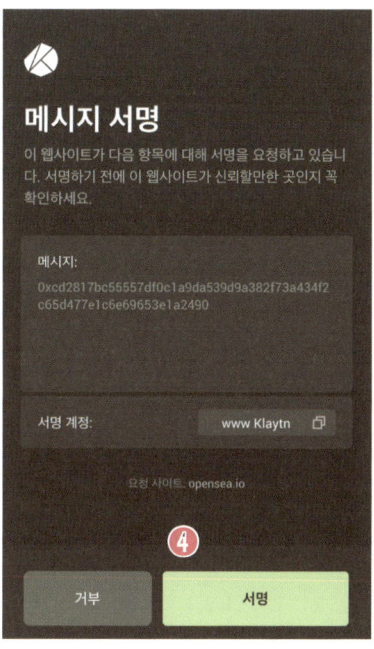

- 지금 이 화면은 KLAY는 충분히 가지고 있는데, 이 작품의 거래 토큰인 WKLAY가 부족해서 자동으로 나오는 화면이다.
- 43.198263586239335742라는 기묘한 숫자가 찍히는 이유는 부족금이 딱 그정도이기 때문이다. 이 판매가 57WKLAY이니 현재 WKLAY를 13.8017364138 개 가지고 있었다는 말이다. 암호화폐는 계산을 컴퓨터가 하고, 소수점 단위의 수수료가 나가거나, 2.5% 등의 퍼센트 차감 등이 이뤄지므로 긴 소수점의 잔고가 찍히는 경우가 있는데 신경쓰지 않아도 된다.
- 지금 이 교환을 하면 정확하게 0으로 떨어질 것이다. 이것을 판 사람은 오픈씨 수수료 2.5%를 제하고 받으므로 거꾸로 긴 소숫점이하의 WKLAY를 받게 될 것이다. 화면에는 적절히 짧은 숫자만 표시된다. 43.198263586239335742자리에 다른 숫자를 넣을 수도 있다. 지금 필요한 양과 내가 가진 잔고 사이의 숫자여야한다.

1. Convert 누름 → 트랜잭션 확인

Convert는 잔고를 움직이기 때문에 전자지갑 승인이 필요하다

2. 확인 누름
3. Sign message

- 다행히 클레이튼은 폴리곤-이더의 45분보다 교환이 빠른 편이다. 꼭 오픈씨에서 제공하는 이 교환을 쓸 필요는 없다. 미리 필요유형의 토큰을 준비하는 다양한 노하우들이 인터넷에 있다. 원래 환전도 공항에서 하면 비싸다.

4. 메시지 서명

- 아까는 교환에 대한 승인이었고, 지금은 대금이 준비완료됐으니 구매에 대한 승인이다.

  > 전자지갑 창에서 [확인] 누름

- Your purchase has processed!
- 구매 완료!

5. Transaction Hash 밑의 파란 숫자를 누르면 이 거래에 대한 블록체인상의 상세 페이지로 넘어간다.

°클레이튼 NFT 프로젝트의 민팅 사이트

꿈과 희망의 FEWK;세계에 오신 것을 환영합니다.

[민팅 나우]

앞에서 1차구매에 대해 이야기했는데, 오픈씨는 클레이튼 블록체인으로 NFT를 제작하는 기능을 제공하지 않는다. 즉 '민팅'이 안된다.

따라서 오픈씨에 올라오는 모든 클레이튼은 2021년 현재 다른 곳에서 만들어진 후민팅한 후 그 블록체인 콜렉션과 NFT아트들이 오픈씨에 표시되는 방식이다. 물론 오픈씨에서 거래는 된다.

클레이튼 NFT를 만들 수 있는 사이트들이 있다.

- 크래프터스페이스 https://www.krafter.space/ko/explore

- 마이템즈 https://mytems.io/
- 필자의 FEWK; 세계관 전용 NFT 갤러리에서도 자체 클레이튼 NFT를 제작한다.

위의 사이트의 문제는 해당 회사이름의 콜렉션에 작품이 속해버리기 때문에 다른 이들과 콜렉션이 섞이는 문제가 있다. 그래서 기술적으로 별도의 콜렉션을 갖추고 별도의 민팅 사이트를 갖추고 있는 경우가 있다. 필자의 DDOGG도 자체 민팅 사이트가 있다.

- DDOGG.World
  · 메인 사이트 https://www.DDOGG.World
  · 민팅 사이트 https://mint.DDOGG.World

이 사이트는 카이카스 지갑으로 로그인하고 Connecting Wallet 지불하는 순간 NFT가 제작되어, 본인 소유로 콜렉팅된다. 이 가격이 '최초가격'이라고 할 수 있다. 아까 설명을 위한 테스트 용도로 샀던 NFT는 56Klay였다. 이 콜렉션은 블록체인상에 올라가기 때문에 오픈씨 콜렉션 https://opensea.io/collection/fewk4teens-ddogg-for-klaytn 에서 확인 할 수 있는 것이다.

  · 여러 민팅 사이트들.

많은 클레이튼 프로젝트들이 자체 민팅 사이트를 갖추고 매진시까지만 운영한다. 이 사실은 보통 Twitter 등을 통해 홍보되는데 독자 여러분들이 지금은 수억에 이르는 콜렉션들이 아니라, 이 최초 단계에서 자신의 안목으로 NFT를 최초 가격에 구매하고 싶다면 트위터 계정을 만들고, #nftart 등의 키워드나, 여러 아티스트나 프로젝트 진행자들을 팰로잉 해 놓으면 미리 소식을 접할 수 있다. 거의 모든 프로젝트들은 트위터가 첫번째 홍보 장소이다.

필자의 NFT 공식 트위터 계정은 https://twitter.com/KCultureWorld1 이다. 오픈씨 랭킹은 최초부터 올라오기 때문에, 하위권 콜렉션들을 살펴보는 것도 방법이다.

이것으로 오픈씨 Opensea.io 둘러보기 준비편을 마친다. 단순한 내용이지만 처음에는 언제나 과할 정도로 세심한 설명이 필요하다. 처음 NFT를 접하시는 독자여러분들께 도움이 되길 바랄 뿐이다.

Created by WhtDrgon(김동은) • NFT 작품 • 지금

*5장

*도움 글 제공: 낙타 NAKTA

파운데이션에 경매하는 방법

Foundation소개

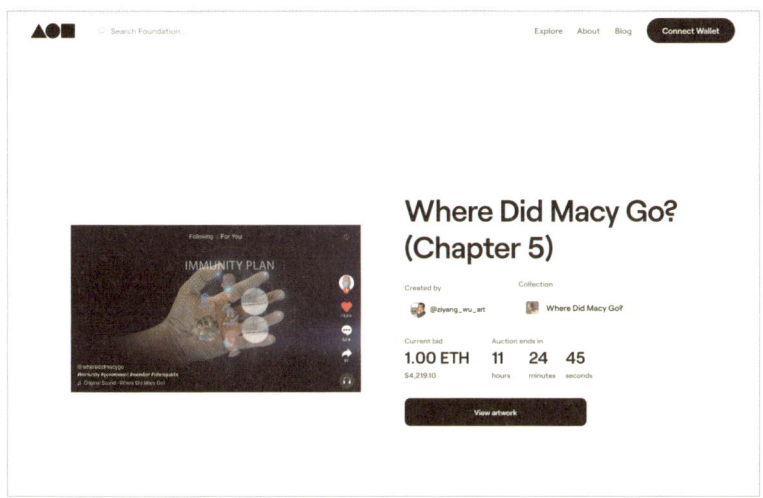

현재 NFT시장과 블록체인 기술의 급속한 성장세로 매우 다양한 NFT Marketplace들이 생겨나고있다. 한국에서 대표적으로 많이 알려진 슈러레어Superrare, 메이커플레이스Makersplace, 노운오리진Knownorigin, 니프티게이트웨이Niftygateway, 파운데이션Foundation, 오픈씨Opensea와 테조스Tezos기반의 칼라민트Kalamint등의 Marketplace들이 있다. 그중에서 Foundation은 다른 Marketplace와 다르게 오로지 경매 방식으로 진행되는 Maketplace이며, 작품을 발행하기 위한 크리에이터가 되기 위해서는 초대장을 받아 가입할 수 있는 초대형식으로 운영되어지고 있다.

Foundation의 경매 방식을 간단하게 소개하자면, 작가는 다양한 작품을 발행할 수 있고 자신이 발행한 작품의 가격을 최저 경매

가격Reserve price으로 설정하여 해당 금액의 bid입찰를 받으면 경매가 시작되는 시스템이다. 경매가 시작되면 24시간동안만 경매가 진행되며 더 높은 금액을 입찰한 컬렉터에게 낙찰되는 시스템이다. Foundation은 작품의 에디션이 여러 수량이 아닌 오로지 1 of 1이기 때문에 작품의 가치를 높일 수 있고, 컬렉터 입장에서는 소장하기에 매력적인 작품들이 많이 있는 Marketplace이다.

Foundation의 이용방법
° 계정생성하기

Foundation을 이용하기 위해서는 계정을 생성해야 한다. 먼저 이더리움 기반의 가상월렛인 Metamask가 계정을 생성하고자 하는 컴퓨터에 설치 되어 있어야한다.

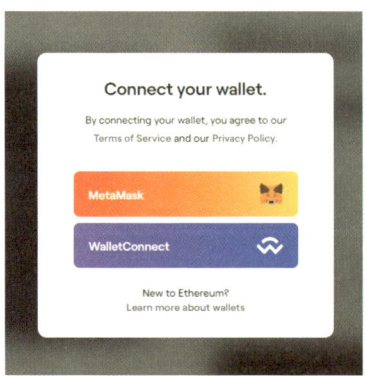

그림 1

Foundation의 우측 상단 Connect Wallet 버튼을 클릭하면 팝업창이 뜨면서 Metamask를 연결하라는 메시지가 표시되고그림1,

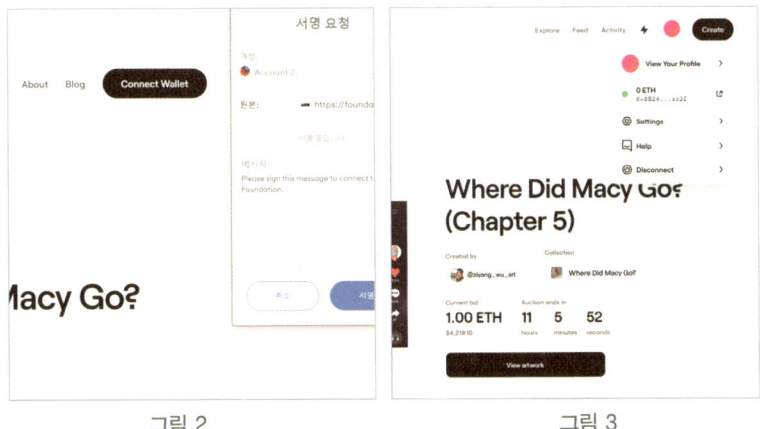

그림 2					그림 3

Metamask를 선택하면 Metamask의 알림창이 뜨면서 서명을 할 수 있게 된다.그림2

서명을 확인하면 계정이 생성되고 우측의 원형 프로필 이미지를 클릭하면 Metamask내 가상자산이 확인되며, 다양한 세팅과 프로필을 설정할 수 있다.그림3

여기서 View Your Profile를 클릭한다.

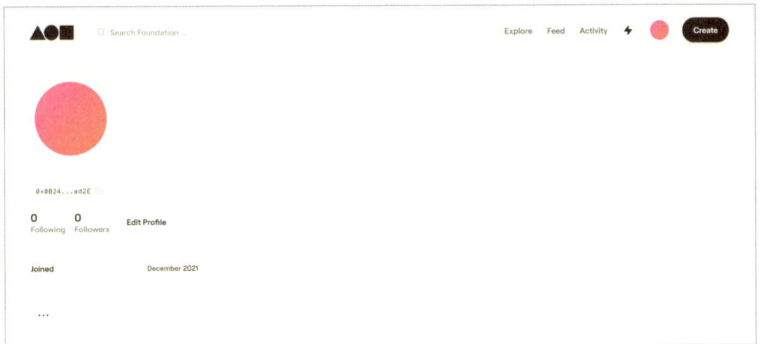

자신의 프로필을 클릭하면 위와 같이 자신의 계정 페이지로 넘어가게 되는데 여기서 팔로우들을 확인할 수 있고 자신이 발행한 작품

들과 수집한 작품 등을 확인할 수 있다.

계정을 생성한 후에는 Edit Profile에서 다양한 정보를 입력하고 나의 accountpage을 설정해준다. 페이지 왼쪽 편에 있는 Edit Profile클릭한다.

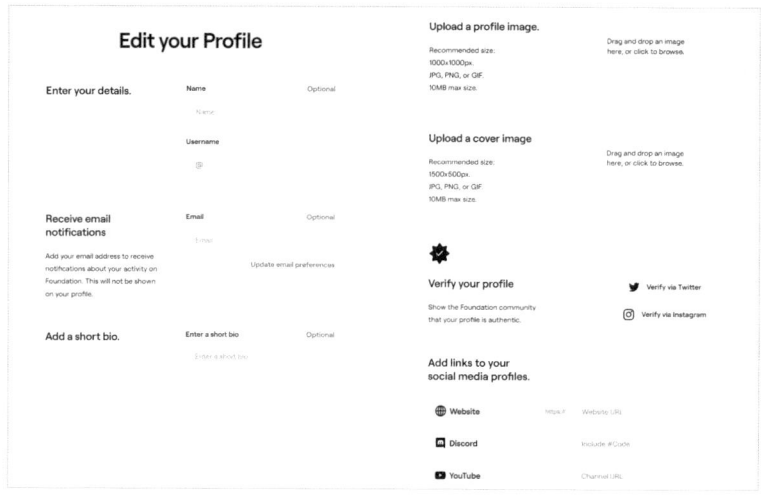

Name과 Username에는 본인이 Foundation에서 사용할 이름을 적어주면 된다. 보통 2가지 모두 같은 이름으로 통일하여 사용한다. E-mail칸에는 다양한 정보와 계정에 관련된 이벤트들에 대해 알림을 받을 이메일 주소를 입력한다. Enter a short bio 칸에는 자신의 계정페이지 왼쪽편에 표시될 짧은 자기 소개글을 입력해준다.

Upload a profile image와 cover image는 요구하는 용량과 사이즈에 맞추어 이미지를 준비해서 업로드 해준다. 그 다음으로 가장 중요한 Verify your profile이다. 이 과정을 거치지 않게 되면, 초대장을 받아 작품을 발행할 권한을 얻어도 작품을 발행할 수 없게 된다. 작품을 업로드하려고 시도해도 Verify your profile을 설정하라는 안내가 뜨는 데 이 때 꼭 해당 인증과정을 거쳐 설정해두는 것이 좋다. 그러기 위해서는 미리 트위터와 인스타그램 계정을 활성화 해두셔야 한다.

그 밑에는 다양한 SNS링크와 정보들을 입력할 수 있으며, 마지막으로 Save Changes를 클릭하여 프로필 설정을 완료된다.

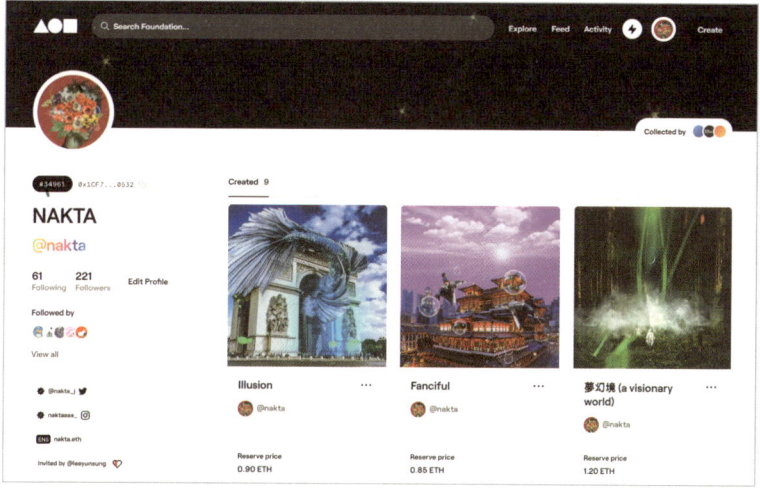

완료된 프로필은 위와 같이 다양한 정보와 발행된 작품들이 표시되게 된다.

Foundation에서 프로필 정보들은 중요하다. 작가 입장에서는 자신의 정보들을 알리고 꾸준히 활동하는 모습을 보여주면서 SCAM^{사기} 계정이 아닌 것을 알려야 한다. 동시에 잠깐 활동하고 마는 작가가 아니니 꾸준히 활동하는 작가라는 것을 보여주는 것이 중요하기 때문에 계정과 연결된 SNS 또는 홈페이지 등을 통해 여러 정보들과 활동 모습 등을 보여주어야 한다.

최대한 프로필을 잘 작성하고 설정하여 활용도록 한다.

° Artwork 찾아보기

컬렉터 입장에서 Foundation에서 좋은 작품을 찾기란 쉽지가 않다. 워낙에 많은 작품들이 발행되어 있고 최적의 검색을 아직은 잘 적용하고 있지는 않은 듯 하다. 여기서는 몇가지 작품들을 검색하여 찾아보는 방법들을 알아보도록 하겠다.

우선 Foundation 메인 화면의 상단 검색 창을 활용하는 방법을 통하여 작품들을 찾아볼 수 있다. 이 방법은 본인이 평소 알고 있던 작가의 활동명을 검색하여 작가의 계정페이지를 찾아가 작품들을 확인할 수 있고 또는 작품의 제목을 검색하여 작품을 찾아 바로 확인할 수 있다.

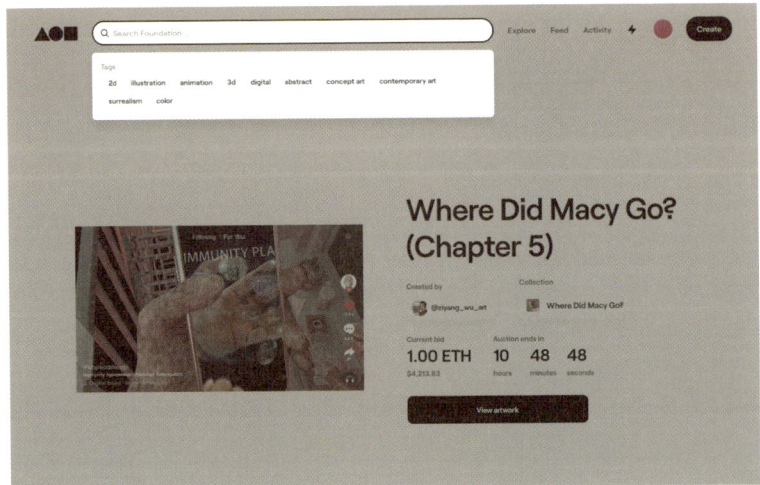

검색창에 클릭을 하고 있으면 하단에 몇몇 태그들이 뜨게 되는데 태그를 입력하거나 원하는 검색 키워드를 검색하여 관련 작품들을 확인할 수 있다.

두 번째로는 Foundation 상단 메뉴의 Explore의 Collections를 활용하는 방법이다.

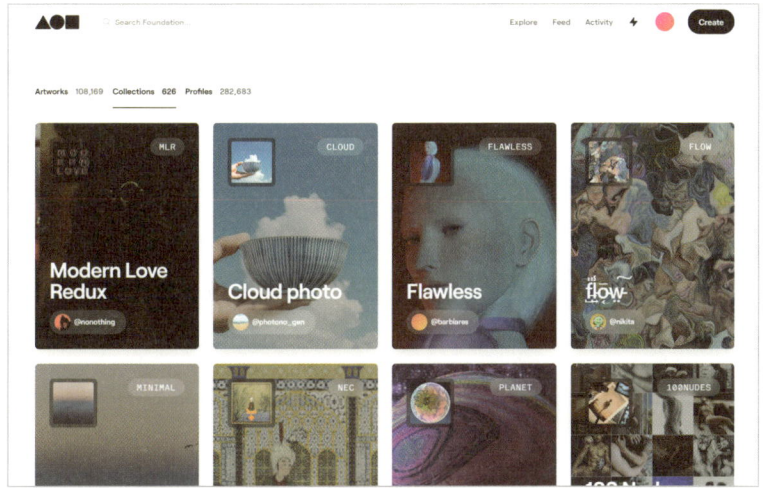

collections는 Foundation에서 최근 생겨난 기능으로 작가들이 각자의 작품들을 컬렉션 설정을 통하여 발행할 수 있게 되었다. 이에 따라 컬렉션 메뉴를 통하여 다양한 컬렉션들을 확인하고 원하는 컬렉션내의 작품들을 확인할 수 있다.

그 다음으로는 Explore의 Trending 메뉴와 Browse를 활용하는 방법이다.

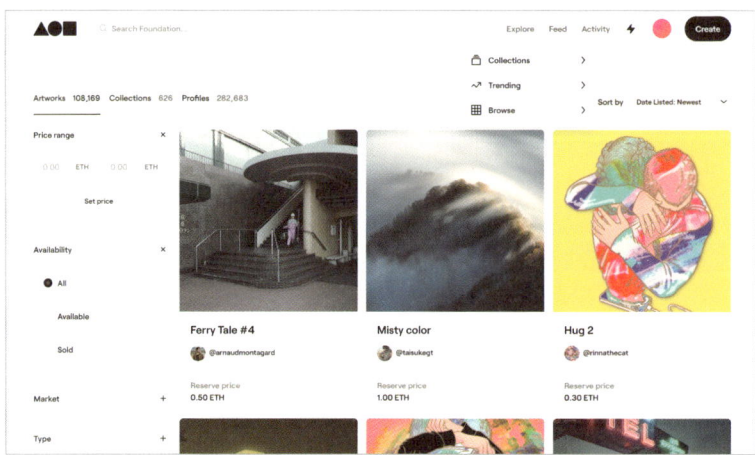

Trending 메뉴를 클릭하면 Trending Creators 페이지로 가게 되는데 여기서는 작가, 컬렉터, 컬렉션 별로 거래볼륨 상황을 볼 수 있다. 기간별로도 설정하여 확인할 수 있으니, 현재 Foundation내에서 활발히 활동하는 작가들과 컬렉터들의 계정을 찾아가 그들이 발행하고 수집하는 작품들이 어떠한 것들이 있는지 보고 지표로 삼을 수 있다.

Browse 메뉴 페이지에서는 왼쪽에 원하는 가격대와 작품들 검색 조건을 설정하여 다양한 작품들을 검색할 수 있다.

사실 Foundaiton에서는 메인페이지에 노출되는 작품들을 가장 많이 보게 되며, 그 외에는 작가의 SNS 채널에 걸려있는 작품 링크를 타고 들어오는 경우들이 대다수이다. Foundation의 검색 메뉴를 잘 활용하면 좋은 작품들을 많이 검색하고 볼 수 있으니 컬렉터 입장에서는 최대한 이 기능을 활용하여 자신에게 맞는 작품들을 찾아보는 것이 좋다.

° Artwork 구매하기

우선 작품을 구매하기 위해서는 자신이 원하는 작품을 먼저 찾아야 한다. 위의 검색방법 등을 활용하여 작품을 선택하였으면 작품을 구매하는 방법에 대해 알아보도록 하자. 선택한 작품을 클릭하여 작품페이지로 들어가면 아래와 같은 화면을 확인할 수 있다.

그림 4

해당 페이지에서 이 작품을 구매하고자 한다면, 최저 경매가격 reserve price로 설정되어있는 작품 가격만큼 bid입찰를 넣어야 한다. 가격 옆에 있는 Place a bid를 클릭한다.그림 4

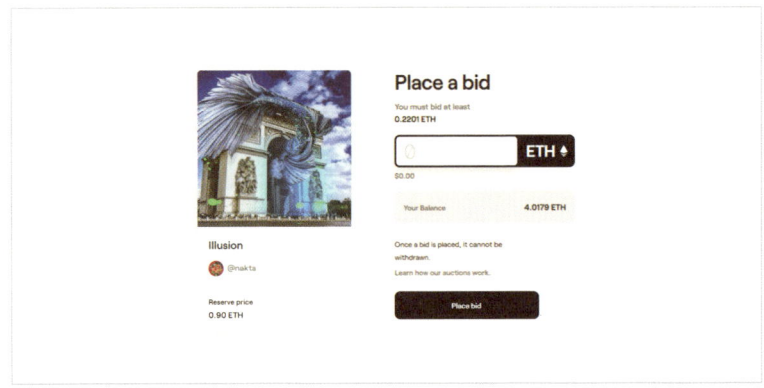

그림 5

bid를 입력하는 페이지로 전환되면 0ETH라고 적혀진 칸에 원하는 만큼의 이더리움ETH을 입력한다.그림 5 최소한 Reserve price만큼의 이더리움 개수를 입력해야 bid가 정상적으로 된다. 그러기 위해서는 미리 Metamask내에 충분한 이더리움을 가지고 있어야 한다.

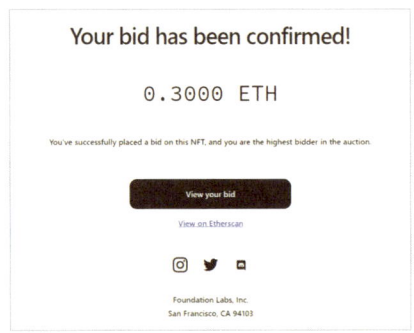

그림 6

비드가 정상적으로 마치면 해당이미지와 같은 안내 메일을 받게 된다.그림 6 "너의 입찰이 정상적으로 확인되었어."라고 생각하면 되고 이때부터 24시간동안 해당 작품은 경매가 활성화 된다. 다른 컬렉터가 더 높은 bid를 하게 되면, 아래와 같이 비드에서 아웃되었다고 안내메일이 오게 되고, 더 이상 bid를 하지 않아도 경매가 완료되기 1시간 전에 또 한번 안내메일이 오게 된다. 작품을 구매하기 위해 더 높은 금액을 bid해도 되고, 원하지 않는 금액만큼 높아졌을 경우 더 이상 bid를 하지 않으면 경매는 상위입찰자를 통하여 종료된다.

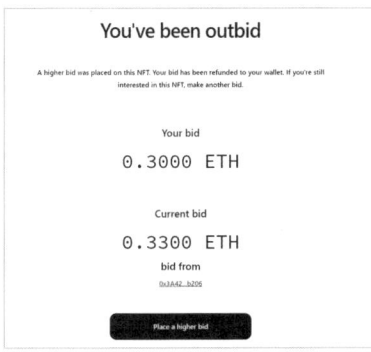
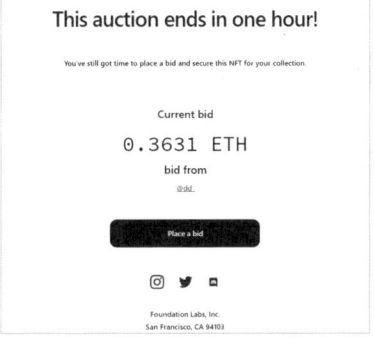

좋은 작품일수록 구매하고자 하는 사람들이 많다. bid가 계속해서 반복되고 작품의 가격은 reserve price보다 훨씬 높아지게 된다. 이미 경매가 진행중인 작품중 일부는 Foundation 메인화면에서 확인할 수 있으며 꼭 수집하고 싶은 작품이 있다면 이미 경매가 진행중인 작품에 가서 bid를 하고 경매에 참여할 수 있다. 해당 작품을 클릭하면 현재 경매 bid 상황도 확인할 수 있다.

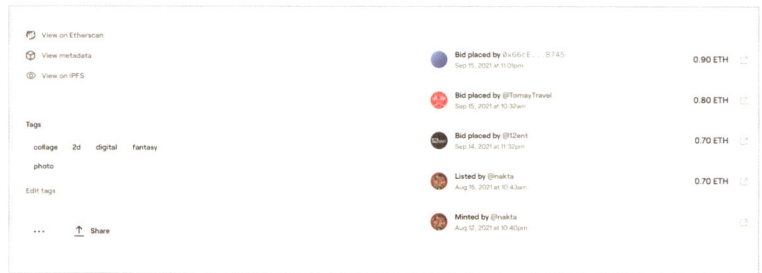

　이렇게 진행된 경매가 24시간 뒤에 완료가 되면 settle을 하라는 안내를 받게 된다. 가스비gasfee를 지불하고 settle까지 완료하여야지 해당 작품의 경매가 종료된다. 이렇게 구매한 작품은 자신의 페이지 Owned 탭에서 소유 확인을 할 수 있다.

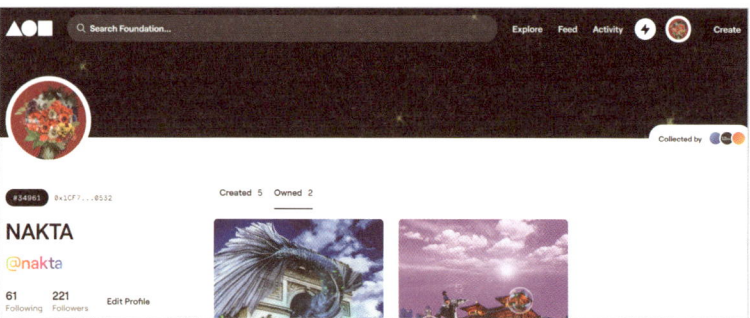

　컬렉터로서 좋은 작품을 선별하여 구매하기란 쉬운 일은 아니다. 좋은 작품을 수집하기 위해서는 많은 작품들을 검색하여 찾아보고, 작가들의 페이지와 SNS 링크를 통하여 작가의 활동 모습 등도 유심히 살펴봐야 한다. 또한 작품이 너무 좋아서 바로 구매하였는데 더 이상 작가가 활동하지 않거나, 갑자기 page가 사라지거나 하는 경우도 조심하여야 하며, 다른 작가의 작품을 무단 도용 및 복제하여 발행한 Scam 계정들도 조심해야 한다.

Foundation 크리에이터

Foundation은 다른 NFT Marketplace와 다르게 오로지 초대 방식으로만 작가로 가입할 수 있다. Upvote라는 시스템과 추천방식으로 아주 드물게 가입이 이루어지는 경우가 있기도 한데 가능성이 낮다고 생각하면 되고, 초대장을 받아서 가입하는 형태라 보면 된다.

° Foundation Upvote & Invitation

Foundation은 Upvote와 Invitation 방식으로 작가로 가입할 수가 있다. 우선 Upvote 방식의 가입은 계정을 생성한 후에 많은 유저로부터 추천을 받아 작가로서 등록을 하는 방법이다. 그런데 요즘에는 초대장이 많이 생겨나기도 하고 많은 작가들이 가입되어 있어 Upvote 방식은 많이 사용하지 않는 추세이다. 초반에 많이 사용되었다고는 해도 아주 높은 추천수를 받은 극히 일부의 사람들만 작가로서 가입을 할 수 있었다.

그렇기 때문에 그나마 쉬운 방법은 초대장을 받아 가입하는 방법이다. 초대장을 받아 가입을 하게 되면 작가로서 작품을 발행할 수 있다. 발행된 첫 작품을 판매하게 되면 새로운 초대장이 생성되게 된다. 예전에는 판매에 성공하면 5장의 초대장을 받았었는데 현재는 3장의 초대장이 생성된다. 생성된 초대장을 초대하고 싶은 사람들에게 보내주면 되고, 내가 초대한 작가가 첫 작품 판매를 성공하면 나에게도 2장의 새로운 초대장이 다시 생기게 된다. 그렇기 때문에 처음에 초대장을 나누어줄 때, 활발하게 활동을 하는 작가 또는 판매가능성이 높은 작가에게 나누어주기도 했다.

초반에는 초대장이 많이 퍼지지 않은 상태였기 때문에 구하기가 매우 힘들기도 했지만, 현재는 많은 작가들이 활동하고 있기 때문에 주변 작가들 또는 활동하는 컬렉터나 지인에게 정중히 부탁드려 받는 것도 방법이다.

초대장은 해당 이미지처럼 링크 형태로 받고 보내고 할 수 있다. 해당 링크를 클릭하면 Foundation 페이지로 넘어가 가입진행을 하게 된다.

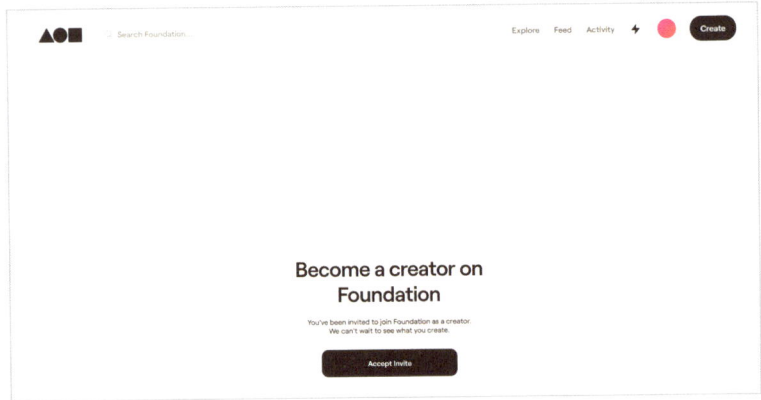

미리 Metamask를 만들어두고, Foundation에서 계정을 생성해두면 뒤늦게 초대장을 받아도 등록을 할 수 있으니 계정은 미리 생성해두도록 한다. 초대장이 없다면 계정을 생성해 두어도 작품은 발행할 수가 없다. 또한, 미리 SNS 인증을 해두지 않으면 작가로서 가입이 되어 있어도 작품을 발행할 수 없으니 꼭 SNS 인증도 함께 진행해두도록 한다.

°Artwork Mint & List

작가로서 가입을 완료하게 되면 작품을 발행할 수 있다. 가입 후 Foundation 우측상단에 Create 버튼을 클릭하면 작품을 Mint & List를 할 수 있다.

작품을 Minting민팅 한다는 것은 내 작품을 IPFS상에 블록화 시켜 올린다는 것이고, Listing리스팅은 Minting된 내 작품을 가격 설정하여 판매등록을 시작하는 거라고 보면 된다.

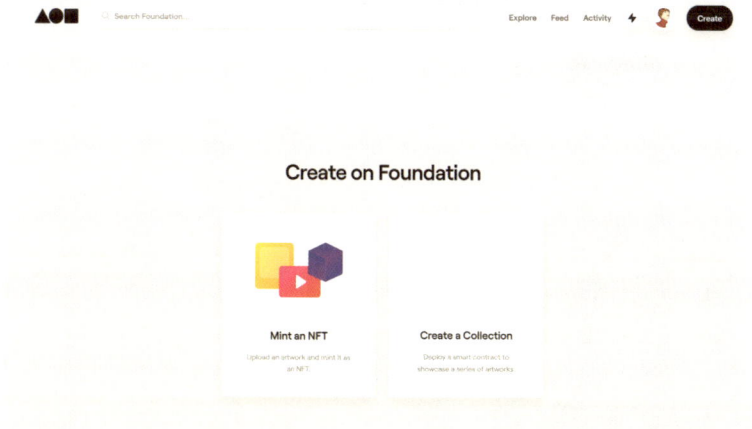

Create 버튼을 클릭하면 위 이미지처럼 Mint an NFT를 통하여 작품을 발행할 수 있다.

Mint an NFT를 클릭하면 위의 왼쪽 이미지와 같이 작품을 업로드하라는 화면이 보이는데, 파일형식과 용량 등을 잘 확인한 뒤에 파일을 업로드 하도록 한다. 업로드를 하고 나면 IPFS상에 파일이 업로드 되어지고 있다는 화면을 볼 수 있다.

작품의 업로드가 끝나면 작품의 타이틀과 설명을 입력할 수 있으며, 해당 빈 칸을 모두 채운후 Mint NFT 버튼을 누르면 현재 가스비 gasfee에 따라 민트하는 비용이 얼마인지 Metamask로 표시된다. 여기서 서명까지 완료해야지 Mint 과정이 완료된다. Metamask상에서 보이는 가스비 가격이 너무 비싸다 싶을 때는 거부를 눌러 가스비가 싸질 때 다시 시도해도 되고, Metamask에서 나타나는 금액은

30초마다 변동이 생기니 해당 단계에서 조금 기다리면서 변동하는 금액을 확인하면서 만족스러운 금액일 때 서명을 눌러도 좋다.

°실시간 가스비 참고 사이트 : https://pumpmygas.xyz/

위의 왼쪽 이미지에서 Mint NFT 할 때 Create a Split이라는 메뉴가 있다. 이 부분을 켜서 활성화 하면 다른 사람의 지갑주소를 입력할 수 있는데 다른 작가와 콜라보레이션을 할 때 사용하는 메뉴이다. 콜라보 하는 작가의 지갑주소를 입력하면 작품이 판매 되었을 때 자동으로 판매된 금액이 나누어져 정산되게 된다. 수익을 쉐어하는 경우가 아니면 이 부분은 그냥 활성화하지 않고 진행하면 된다.

여기까지 작품을 Mint하는 과정을 알아보았다. 이렇게 Mint를 완료하고 나면 이제 판매를 위해 Listing하는 과정을 거쳐야 하는데 Listing은 Mint 과정이 완료가 되고 나면 List를 할 것이냐고 물어보는 화면을 볼 수 있는데, 여기서 리스팅을 하려면 원하는 reserve price 입력후에 가스비를 지불하고 완료하면 된다. 아니면 Mint 과정까지만 거치고 추후에 Listing을 하고 싶다면 Mint 과정만 완료한 후에 본인의 계정 또는 프로필 페이지로 이동하면 된다. 민팅과 리스팅은 실시간 가스비 상황에 따라 진행이 매우 느릴 수도 있으므로 과정 진행 중에 새로고침이나 진행중인 인터넷 창을 꺼버리는 일이 없도록 한다.

Artwork 홍보하기

Foundation은 한편으로는 매우 폐쇄적이다는 생각이 들 정도로 Foundation 플랫폼 자체내에서의 작품홍보 활동이 어렵다. 본인의 작품으로 유입량을 늘리기 위해서는 Foundation 메인화면에 작품이 올라 오는 게 가장 좋은 방법인데, 실제로 이러한 방법은 매우 어렵다. 예전에는 경매가 활성화된 시간 순대로 메인화면에서 노출을 해주었는데 현재는 높은 bid를 기록하고 있는 작품이거나, bid가 여러차례 이루어지고 있는 작품이거나, 높은 팔로워 수를 기록하고 있는 인플루언서 같은 계정의 작품들을 주로 보여주고 있다.

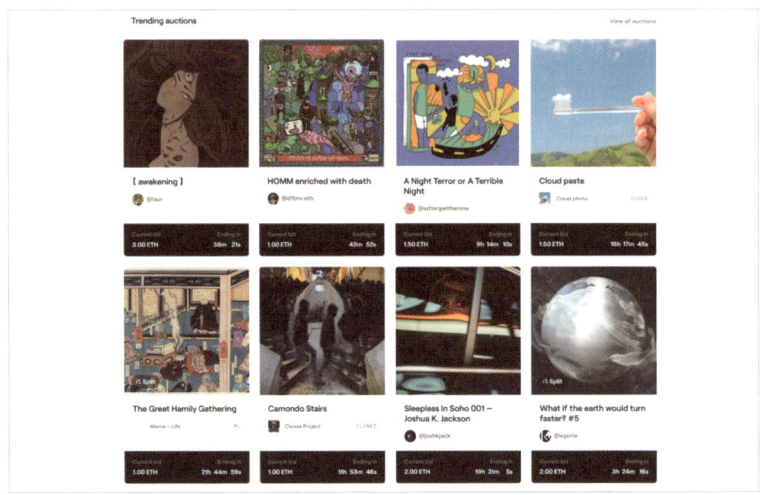

메인페이지의 트렌딩 옥션 카테고리에 노출된 작품들

메인페이지 하단의 Featured artworks에서도 몇몇 작품들이 노출되고 있다.

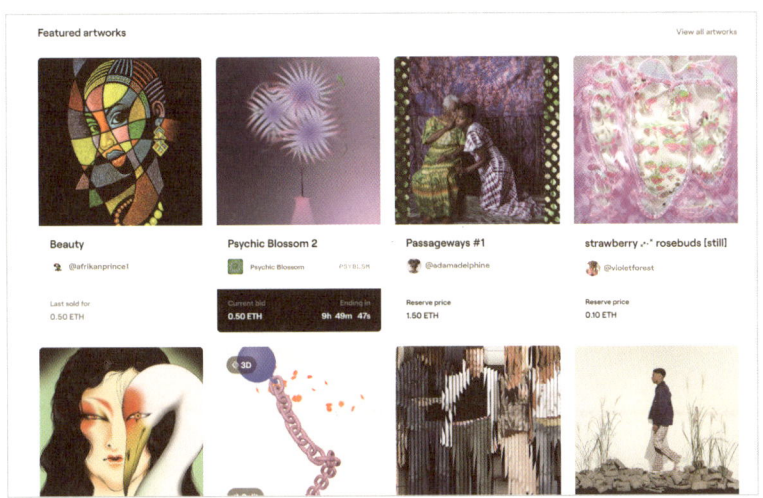

　메인페이지에는 등록된 전체 작품들 중 매우 극히 일부분만이 노출되어지기 때문에 따로 작품 홍보활동을 열심히 해야한다. 현재 가장 많은 작품 홍보활동이 이루어지는 곳은 역시 트위터다. 트위터를 통하여 많은 작가들과 컬렉터들과 팔로우하면서 소통하고, 자신의 작품을 적극적으로 올려서 홍보하여야 한다.

　작품의 URL과 함께 작품 이미지를 트윗하고 많은 리트윗을 유도해야한다. 디스코드도 많이 활용되어지고 있으니, 다양한 SNS 채널을 자신에 맞게 잘 사용하는 것이 중요하다.

° **Bid의 진행과정**

　자신의 작품이 잘 홍보되어 좋은 컬렉터를 만나 경매가 시작된다면 경매를 알리는 메일이 도착하게 된다.

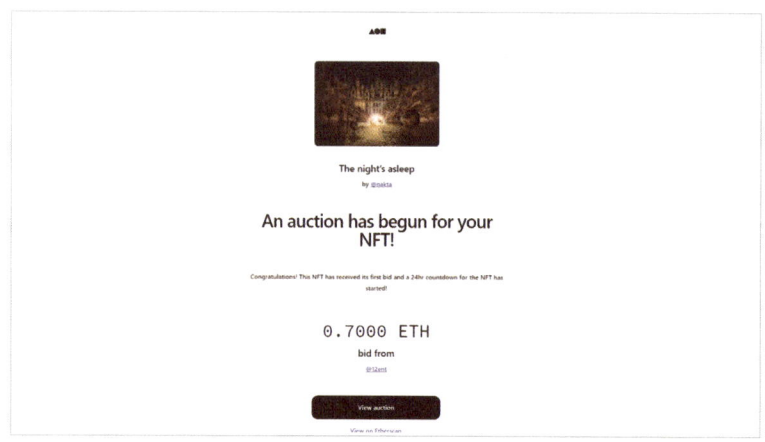

경매가 시작되면 24시간 카운트가 시작되고, 자신의 작품에서도 시간이 카운트되어지고 있는 것을 확인할 수 있다. 또한, 추가적으로 bid를 받게 되면 받을 때마다 메일이 오게 된다. 그리고 경매 시간이 한 시간 정도 남았을 때에도 추가적으로 이메일을 받게 된다.

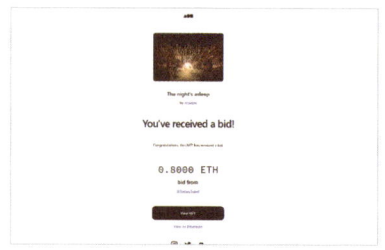 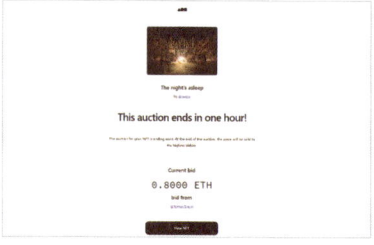

경매가 완료되면 Your NFT was sold라는 메일을 받게 된다. 이때 메일 내용 하단에 settle auction이라는 버튼을 볼 수 있는데, 작가든 컬렉터든 settle auction을 확인하는 쪽에서 가스비를 지불하고 작품은 컬렉터에게 소유권이 넘어가게 된다.

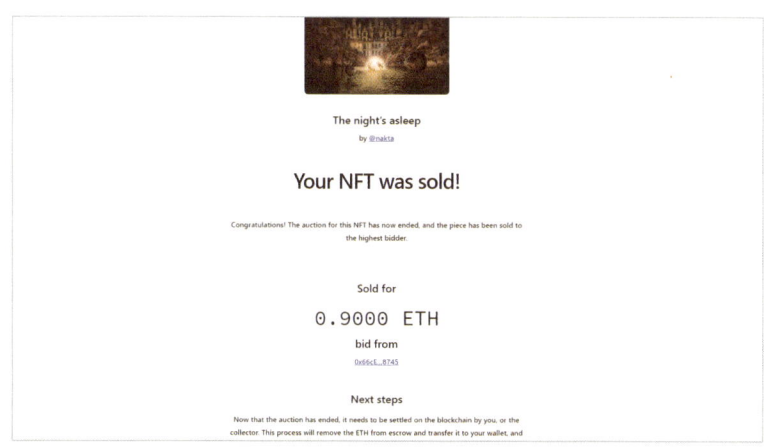

해당 단계까지 완료하게 되면 모든 경매과정이 완료된다. 또한 첫 판매를 성공했다면 Foundation 초대장이 생기게 된다. 초대장은 우측 상단에 자신의 원형 프로필을 클릭하면 Invite a creator메뉴를 확인할 수 있다. 해당 메뉴를 클릭하면 아래 이미지와 같이 초대장 개수와 링크를 확인할 수 있다.

이미 사용되어진 초대장은 블러 처리가 되어 있으며, 아직 사용하지 않은 초대장들은 위와 같이 Copy invite URL 버튼이 활성화되어 있는 것을 볼 수 있다. 해당 버튼을 클릭하여 링크를 복사한 후에 원하는 상대에게 보내주면 된다. 해당 링크를 타고 접속한 작가들은 작가로서 가입을 할 수가 있게 된다. 또한 내가 초대한 작가가 첫 판매를 하게 된 경우, 새로운 초대장이 생겼다고 알람메일을 받게 된다.

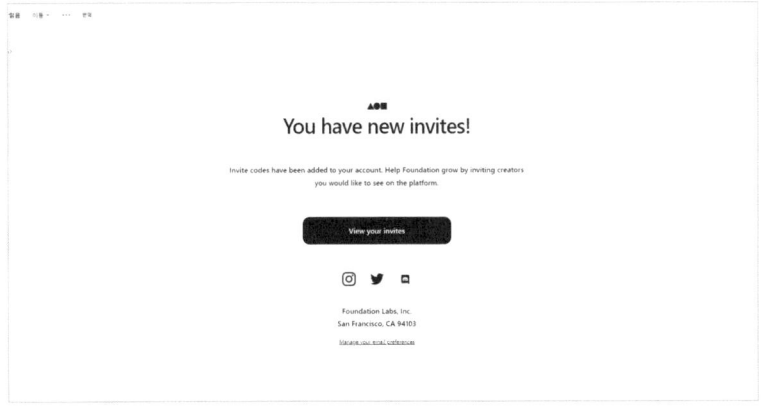

위와 같은 메일을 받게 된 경우, 내가 초대한 작가가 첫 경매를 성공시킨 경우이니 같이 축하해주고 소식을 공유하는 것도 좋은 방법이다. 이렇게 경매가 이루어지는 모든 과정과 초대장이 어떻게 사용되어지는지 확인해보았다.

Foundation은 작품의 노출도 쉽지 않고 매번 높은 가스비와 높은 수수료율_{판매 금액의 15%}을 비용으로 지불하기 때문에 활동하기에는 꽤 부담되는 플랫폼이기는 하다. 다만 경매라는 방식과 컬렉터 입장에서는 타 플랫폼에 비해 작품 구매시 가스비가 저렴하며 좋은 작품을 1 of 1으로 구매할 수 있다는 매력이 있어 많은 분들이 이용하는 플랫폼이기도 하다.

활동하는 작가들 역시 Foundaiton을 메인으로 이 플랫폼만을 이용한다면 매우 힘들어질 수도 있지만, Opensea와 같은 다른 플랫폼들과 함께 이용한다면 충분히 활동 영역도 넓힐 수 있고 다양한 컬렉터들을 만날 수 있는 기회들도 있다.

그만큼 쉽지 않지만 매력적인 플랫폼 중 하나이기에 많은 사람들이 사용하는 곳이 아닐까 생각된다.

작품의 가격이나 컬렉션 사용, 작품의 기획 등 다양한 전략을 충분히 생각해본 다음 진입한다면 충분히 좋은 결과를 낼 수 있는 플랫폼이 아닐까 생각된다.